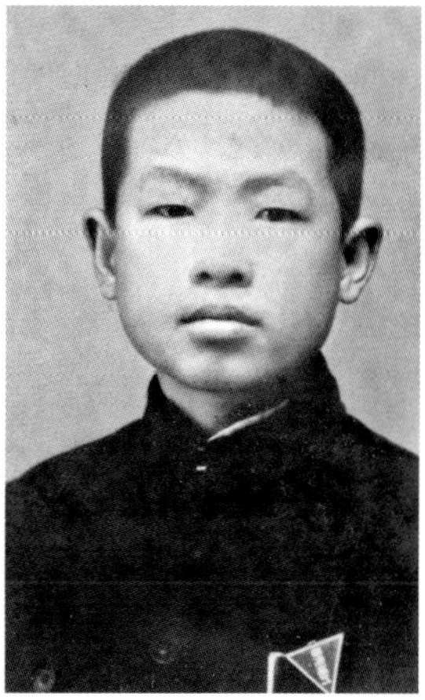

上图左 / 1947年，高中阶段的邢圣苗（“邢圣苗”是邢球痕的曾用名）

上图中 / 1953年，初到哈军工时的邢球痕

上图右 / 1961年，在西安三所时的邢球痕

下图 / “上游二号”试验人员合影（前排左起：邢球痕、金宏猷、徐兰如、王海涛、吴一正）

上图 / 科研人员把发动机样机抬进山里做试验（前排左起：易先富、阮崇智、张庆泰）

下图 / 1984年1月15日，张爱萍（前）视察四院（右为邢球痕，左为宋健）

上图 / 1979年，邢球痕（右）与黄纬禄（左）合影
下图 / 1998年，邢球痕（左）与张爱萍（右）合影

上图 / 1998年，邢球痕（左）与丁衡高（右）合影

下图 / 1997年，邢球痕（右一）与聂力（右二）、钱维崧（左二）、王永峰（左一）在聂荣臻元帅肖像前合影

上图 / 2012年10月，邢球痕探望任新民院士及夫人虞霜琴老师（左起：邢一红、滕叙兖、任新民、虞霜琴、邢球痕）

下图 / 1997年夏，邢球痕与四院老专家李乃暨及四院科技委成员合影（左起：杨英、许定宇、邢球痕、阮崇智、李乃暨、林德春、陈立学、王连生）

上图 / 在航天四院举行的祝贺邢球痕当选中国科学院院士座谈会上，邢球痕接受孩子们的献花

下图 / 2015年9月3日，在纪念中国人民抗日战争暨世界反法西斯战争胜利70周年阅兵式上，东风31A导弹方队通过天安门广场

上图 / 邢球痕和周慰君的结婚照

中图 / “文革”中，邢球痕一家在呼和浩特市街边留影

下图 / 1982年，邢球痕的全家福

2000年春节，邢球痕一家在西安兴庆宫合影（左起：女婿李坚、女儿邢一红、外孙女李炯卉、夫人周慰君、邢球痕、孙女邢诗萍、儿媳孙芸、儿子邢一星）

邢球痕院士传记

Academician Xing Qiuhen's Biography

《中国航天院士传记丛书》总编委会 组织编写

滕叙兖 著

中国宇航出版社

·北京·

图书在版编目(CIP)数据

邢球痕院士传记 / 滕叙兖著 ;《中国航天院士传记丛书》总编委会组织编写. --北京 : 中国宇航出版社，2015.9(2016.4 重印)
(中国航天院士传记丛书)
ISBN 978-7-5159-0984-4

Ⅰ. ①邢… Ⅱ. ①滕… ②中… Ⅲ. ①邢球痕-传记
Ⅳ. ①K826.16

中国版本图书馆 CIP 数据核字(2015)第 211685 号

责任编辑　张铁钧
责任校对　王　妍　　**装帧设计**　文道思

出　版
发　行　中国宇航出版社

社　址　北京市阜成路 8 号　**邮　编**　100830
(010)60286808　(010)68768548
网　址　www.caphbook.com
经　销　新华书店
发行部　(010)60286888　(010)68371900
(010)60286887　(010)60286804(传真)
零售店　读者服务部
(010)68371105
承　印　三河市君旺印务有限公司

版　次　2015 年 9 月第 1 版
2016 年 4 月第 2 次印刷
规　格　787×960
开　本　1/16
印　张　22.5　**彩　插**　8 面
字　数　316 千字
书　号　ISBN 978-7-5159-0984-4
定　价　68.00 元

本书如有印装质量问题，可与发行部联系调换

《中国航天院士传记丛书》总编委会名单

编审委员会

主　　任　许达哲　高红卫

副 主 任　雷凡培　曹建国

委　　员　李金生　方向明　袁　洁　李　跃　包为民

编撰委员会

总 主 编　许达哲　高红卫

副总主编　李　跃　包为民

委　　员（按姓氏笔画排列）

于世元　马礼谦　王亚文　邓宁丰　朱芝松

朱忠元　任玉琨　孙玉斌　李　明　李　锋

陈学钏　张连成　周晓飞　侯　晓　贾　可

梁小虹　谭永华

总编委会办公室

主　　任　周晓飞　朱忠元　邓宁丰

成　　员（按姓氏笔画排列）

丁雅清　于　宁　于　希　王来成　李卫东

杨利伟　辛大广　张铁钧　范占英　唐　燕

徐　睿　戴品华

《邢球痕院士传记》编审委员会名单

编审委员会

主　任　张康助

副主任　侯　晓

委　员　孙凤周　杨卫东　张晓轮　张钢锤　任全彬

编审委员会办公室

主　任　孙凤周

成　员　杨　英　李　威　张建涛　蒲德汉

序　一
Preface I

中国航天事业自 1956 年创建以来，已经走过 50 多年的发展历程。在党中央、国务院、中央军委的亲切关怀和英明领导下，中国航天人团结一心、顽强拼搏、勇于创新、无私奉献，不仅取得了以“两弹一星”、载人航天工程和月球探测工程为代表的辉煌成就，孕育形成了航天传统精神、“两弹一星”精神和载人航天精神，也造就了一支技术精湛、作风优良的航天人才队伍。

航天系统的中国科学院院士和中国工程院院士就是这支队伍的杰出代表。中国航天科技集团公司和中国航天科工集团公司先后有 50 多位科学家和航天工程专家当选为两院院士。其中，有 7 位院士获得过“两弹一星”功勋奖章，2 位院士获得过国家最高科学技术奖。他们不仅是航天成就的主要创造者，也是航天精神的重要孕育者和忠实践行者。

中国航天事业是在新中国成立不久，工业实力、科技实力、综合国力都很薄弱，帝国主义严密封锁，苏联撕毁协定、撤走专家的情况下发展起来的。以航天院士为代表的中国航天人，自力更生，艰苦奋斗，奋发图强，顽强拼搏，在一穷二白的基础上，独立自主地创建起了中国的航天事业。

航天型号研制是复杂的系统工程，涉及很多领域，需要众人参与，必须大力协同、集智攻关才能完成。以航天院士为代表的中国航天人，在航天工程研制实践中，齐心协力，密切配合，实现了一次又一次技术突破，铸造了一项又一项辉煌成就。他们为祖国的航天事业作出了巨大贡献，却淡泊名利，不计得失，将个人利益置之度外。

航天事业属于尖端技术领域，难度大、风险高、技术复杂，在发展历程中碰到过很多难题，经历过各种坎坷，甚至遭受过重大失利。以航天院士为代表的中国航天人，在困难和失败面前不动摇、不退缩，树立百折不挠、锲而不舍、脚踏实地、严谨务实的工作作风，不断攻坚克难、勇攀高峰，取得了一个又一个胜利，树立了一座又一座丰碑。

今天，在由航天大国向航天强国迈进的征程中，航天院士的科学思想、创新意识、坚定信念和爱国情怀是全体航天人宝贵的精神财富。中国航天科技集团公司和中国航天科工集团公司决定出版《中国航天院士传记丛书》，不仅是为了宣传航天院士的科研成就，总结航天院士的成长规律，更是为了传承航天院士的宝贵精神，使之生生不息、薪火相传，为“续航天梦、筑强军梦、圆中国梦”的伟大实践提供精神动力和思想源泉。

许达哲

2014 年 1 月

序　二
Preface Ⅱ

中国航天事业创建半个多世纪以来，培养和塑造了一大批功勋卓著、德高望重的中国科学院院士和中国工程院院士。他们具有坚定的理想信念和强烈的爱国情怀，理论功底深厚，技术水平高超，善于引领科学发展和技术创新，在中国航天事业发展的关键时期发挥了重要作用，为中国航天事业取得辉煌成就、孕育航天精神作出了突出贡献。

为了全面、系统地总结航天院士的成长规律，把航天院士的科学思想和创新方法记录下来、传承下去，为中国航天事业积累精神财富，为航天强国建设提供有益借鉴，中国航天科技集团公司和中国航天科工集团公司研究决定，组织编写一套《中国航天院士传记丛书》（以下简称《丛书》）。

党的十八大描绘了坚持中国特色社会主义道路、全面建成小康社会、实现中华民族伟大复兴的宏伟蓝图，同时也为加强国防和军队现代化建设、推进我国由航天大国向航天强国迈进指明了方向。在中国航天事业“续航天梦、筑强军梦、圆中国梦”的新形势下，出版这套《丛书》，具有重大的现实意义和深远的历史意义。

记载航天历史。航天院士是中国航天事业的宝贵财富，他们的成长历程反映了航天事业的发展轨迹。这套《丛书》不仅是航天院士个人的传记，也从不同侧面记载了中国航天从技术到管理、从思想到精神的真实历史。

弘扬航天文化。宣传航天院士，就是站在科学的高度，向社会各界全面宣传航天事业，弘扬航天文化，使其成为中华民族文化宝库的重要组成部分，增强中华民族的自信心、自豪感和凝聚力，提升国家的软实力。

传承航天精神。航天精神是包括航天院士在内的几代航天人，在中国航天事业发展历程中，不断积累、提炼、传承而逐渐形成的，是民族精神、时代精神与航天实践相结合的产物，是中国航天事业之魂。《丛书》全面反映了航天院士的学术成就、科学作风和思想品格，有助于航天精神薪火相传。

培育航天人才。中国航天事业已经完成了新老交替，一代航天新人正在茁壮成长。《丛书》是泽被后世的人才工程，对于培育航天人才、发展航天事业、铸造新的辉煌将产生积极的促进作用。

总之，《丛书》是一套具有航天特色的爱国主义教材，是不可多得的精神食粮。相信这套《丛书》的出版发行，必将吸引更多的年轻人热爱航天、投身航天、奉献航天，以饱满的热情和昂扬的斗志再攀高峰，使中国航天事业后继有人，蓬勃发展，续写辉煌。

马兴瑞

2014 年 1 月

目　录
Contents

引 子

在我国浙江省东部曹娥江上游，四明山和会稽山环抱的沃野盆地中，有一座历史悠久的城市——嵊州。古代嵊州称剡，秦时建县，唐初曾设嵊州，北宋年间始名嵊县，至今已有2150多年的历史。据《剡录》记载：“谶曰：‘两火一刀可以逃’……故剡称福地。”意思是说，剡地多山，可以避难。自东汉末年起，北方多战乱，数百年间，逃避兵燹的北人不断南迁，著名的东晋书圣王羲之家族就是随琅琊王司马睿南渡的百族之一。王羲之晚年徙居嵊州金庭，卒葬瀑布山，成为当地千古胜迹。①

王羲之留下的千古名篇《兰亭序》生动描绘了嵊州的自然地理环境：“……此地有崇山峻岭，茂林修竹；又有清流激湍，映带左右，引以为流觞曲水，列坐其次。虽无丝竹管弦之盛，一觞一咏，亦足以畅叙幽情……”

嵊州隶属绍兴市，四面环山，峰峦叠翠。在众多佳山秀水中，尤以逶迤清

① 《嵊州市志》，方志出版社，2007年，第4页。

澈的剡溪为胜，溪山相映，风景如画。加之嵊州气候温和，民风淳朴，吸引了历代北方士族名士、文人墨客在嵊州游息定居。两晋之后，唐宋大诗人李白、杜甫、陆游等人都曾游历嵊州，留下了“东南山水越为最，越地风光剡领先”“此行不为鲈鱼脍，自爱名山入剡中”“剡溪蕴秀异，欲罢不能忘”等咏剡名句。

嵊州人以性情豪爽、耿直闻名于中国东南各省。自汉唐以降，时有农民揭竿而起，反抗官府和豪强的横征暴敛，在历史上留下了不少农民起义军不畏强敌、血染山川的悲壮故事。

800多年前的北宋王朝，发生了靖康之变，徽钦二帝被金兵掠走，北宋灭亡。大难之际，从东京（今开封）涌出的难民大潮中，有一个八岁的孩子随祖父逃避兵火。他叫邢达，字宏甫。邢家人南下逃往浙东，邢达随祖父定居山阴（今绍兴）。自幼苦读且颖悟超群的邢达果然不负众望，青年时代考中南宋进士，自号清风先生。曾任光禄寺丞等官职，后由德州刺史升迁枢密院知院士。他屡次上疏，纵论国之大事，极言守边为要，和议为非，遂与朝中奸党结怨不合。邢达慨叹：奸臣用事，安可在朝？他毅然挂冠，告归浙东，不与国政。后偕子游剡西，见溪山秀美，茂林修竹，土地富饶，民风淳朴，就在太平乡沃基村购置木石，筑渔樵轩，携家隐居，耕读为生，诗文传世。后南宋朝廷再召，封以枢密院直学士，邢达固辞不受。公元 1203 年，86 岁的邢达寿终正寝，卒后葬于大塘山。

剡西邢氏尊邢达为始祖，800 多年后，邢达后代繁衍生息，绵延西东，邢氏成为嵊州大姓望族之一，仅在长乐镇就有万余众之多。民国 17 年，嵊州邢氏宗族集资用力，在太平乡择一风水宝地，修建清风公祠，高山仰止，祈望先祖永享祭祀，庇荫子孙，世代长存。

邢达逝世后的 727 年，即公元 1930 年，在这同一片土地上，长乐镇太平村的一户邢氏贫苦农家诞生了一个男婴，取名圣淼。他就是本书传主邢球痕。

邢球痕

邢球痕院士传记

Academician Xing Qiuhen's Biography

第一章

战乱岁月 寒门子弟求学路

1930 年 9 月 3 日，邢球痕出生在浙江省嵊县长乐镇太平村一户贫苦的农家。他上小学那年，正值中国全面抗战。从小学到中学，这个在战乱年代长大的山区孩子，走过了一条艰难困苦的求学之路。

1. 祖孙三代相依为命

长乐镇是嵊县西南的一个大集镇，下辖的太平乡太平村是个古老的小山村，无数涓涓涧流奔下青山，汇成一条清澈见底的长乐江，汩汩淙淙，舒缓流淌。白墙青瓦的浙东双层民居沿河岸而建，邻里毗连，互为依托，绵延数公里。太平村村口有一道古老的青灰色大石门，上书“重镇雄关”。那苍劲雄健的四个大字穿越时空，蕴含着世代村民祈求抵御天灾兵燹、永保百姓太平度日的愿望。

清末民初，太平村有一位忠厚朴实的青年农民邢懋和，生在贫苦人家，无钱读书，自幼跟大人下田，为了温饱而辛勤劳作。到了成家的年龄，好歹置下一间带阁楼的旧房子和一亩水田，后来又在长乐租了一亩田。农闲时做点小生意，贴补家用。他心灵手巧，善做面点，精于各色包子和馄饨，手艺远近闻名。邢懋和夫妇育有一女一子，儿子取名仪华。

自远古以来，中国农村无论南北西东，都盛行“童养媳”的社会习俗。因为封建农耕社会贫穷落后，众多家境贫寒的农民娶不起儿媳妇，抱养一个女孩儿做童养媳，是个非常合乎情理、保障世间和谐的正当措施。生活困顿的邢懋和夫妇也得走这条路，早早为娶儿媳妇用心张罗着。邢懋和有一个魏姓朋友，是个木匠，住在离太平村两三公里远的黄金丛村。恰好魏家生了一个女孩儿，取名雪珠。两个好朋友推心置腹，肝胆相照，终于商量妥，两家做个儿女亲家吧！

于是，邢懋和把年幼的魏雪珠抱回家抚养，夫妇俩把小雪珠当成自己的亲生女儿，百般呵护，疼爱有加，日子再苦再难，也不能委屈了小雪珠。

春去秋来，寒暑更替，光阴如剡溪东逝水，倏忽间过去了许多年。不谙世事的邢仪华和魏雪珠都长大了。1926 年，青梅竹马的“兄妹”“圆房”成亲了。

翌年，魏雪珠生了一个女儿，邢仪华欢喜得很。他读过私塾，粗通文墨，酷爱越剧，对妻子说，女儿长大后，我要教她唱越剧。没有料到，女儿两岁时患急症夭折，爷爷奶奶也为失去孙女而伤心不已。

1929 年的冬天悄然来临，田地里的百草迎着阳光，顽强地抵御着寒风，露出尖尖细芽。魏雪珠发现自己又有了身孕，夫妻俩眉宇舒展，估算着孩子出生的日期。

1930 年 9 月 3 日，农历庚午马年的七月十一，阁楼上传来了婴儿响亮的啼哭声。雪珠的妈妈和婆婆帮助接生婆忙活了大半天，才满脸汗水地走下了楼梯。两个老太太喜滋滋地告诉坐立不安的邢仪华：“仪华啊！雪珠给你生儿子了，我们也有孙子喽！”

邢仪华喜不自禁，冲出家门，在大街上找到扎堆聊天的老父亲，告诉他自己得子的喜讯。

“我有孙子了，我有孙子了！”邢懋和搓着手，合不拢嘴地对身旁的老邻居们说着。他猛然想起什么，急匆匆地走出太平村，直奔黄金丛，给亲家公老魏报个喜讯，然后拉着老魏到长乐镇喝两盅绍兴老酒。

产后的魏雪珠面色苍白，一脸疲惫，看到睡在身边的儿子又黑又瘦，自然而然地想起那夭折的女儿，不禁忐忑不安起来。她对丈夫说，这孩子明显体弱，好养活吗？

孩子满月了，依着民间风俗，邢仪华请来一位算命先生，给孩子看看生辰八字，再取个大名。按邢氏家谱，孩子是“圣”字辈，叫个什么名才好呢？

走村串户的算命先生都是戴着墨镜的盲人，手持一根竹竿，频频点地。邢仪华小心翼翼地把算命先生引进家门。问过生辰八字后，算命先生掐着指头，口中念念有词。他说，这孩子命里缺水哟，得取个有水的名字，才能逢凶化吉。

魏雪珠茫然地看看丈夫，不知所措。邢仪华忙朝算命先生拱手作揖，笑道：“就请先生给孩子选个好字吧！”

算命先生沉吟道：“这个嘛，水自然要多些才好的，哪个字水多呢？我看，‘淼’字好哦，有三个水呢！孩子是‘圣’字辈，就叫他‘圣淼’吧！”

嵊县太平村民居，邢圣淼出生在这排老屋中间的那间

邢仪华给足了算命先生酬金，千恩万谢地把他送到村口。回到家里，他觉得心里踏实多了，对妻子说："圣淼，圣淼，好名字哦！"

圣淼一周岁多的时候，邢仪华带领一个越剧"小歌班"到浙西山区的乡镇演出，竟一去未归。

家里出了这样的大变故，魏雪珠痛苦难言，还要强作笑颜安慰伤心不已的公公婆婆。不久，圣淼的奶奶病故，魏雪珠既要抚养襁褓中嗷嗷待哺的小宝宝，又得赡养年迈体弱的老公公。她咬紧牙关，挺起腰来，用柔弱的双肩挑起千钧重担。她心想：邢家的日子再苦，也要过下去！

圣淼记事的时候，妈妈指着一直挂在阁楼墙壁上的相片，对他说："这就是你的爹爹。"

圣淼时常看看爸爸的相片，觉得自己长得像爸爸的地方多些。然而，天真无邪的小孩儿，怎么可能理解深藏在妈妈心中的痛楚和对不幸命运的哀怨呢？

1935 年，国民政府改革币制，禁止银元流通，改用法币。嵊县银根奇紧，工商界资金周转失灵，农产品价格骤跌，农民受害尤深。是年冬，留美博士、经济学家马寅初回到嵊县老家，看到嵊县经济凋敝，农村一片萧条，心情沉痛，做了《中国何以如此贫弱》等报告。马寅初博士是嵊县人引以为荣的大名人，其耿直敢言的性格、深厚超前的学养和针砭时弊的胆识在嵊县上层各界人士中颇具影响。①

像邢懋和一样的草根民众，自然听不到马寅初博士的大声疾呼。但生活的压力日益沉重，日子越发艰难而苦涩，如同鞭子在抽打着老百姓的脊梁。有一年，邢懋和因交不起地租和钱粮，乡长派人来抓他，他闻讯逃到黄金丛亲家那里躲避。幼年的圣淼看到两个黑衣人在家里大声喊叫，害怕地躲在妈妈的身后。

---

①《嵊县志》（修订本），方志出版社，2007 年，第 23 页。

妈妈赔着笑脸，说尽好话，好说歹说把逼债人送出了大门。

圣淼自幼体弱多病，妈妈和爷爷为他的成长提心吊胆，忧心忡忡。凡是到庙里或到清风公祠进香，他们都要虔诚地高举线香，在袅袅上升的烟雾里，默默地祈求菩萨和先祖保佑邢家这棵独苗儿。两代长辈把所有的爱都倾注到圣淼的身上，祖孙三代人相依为命，勉强温饱，惶惶度日。

圣淼懂事以后，看到的是爷爷和妈妈终日劳碌的身影。妈妈从爷爷那里学到一手做包子的好手艺，除了农忙下田外，平日就在门口摆摊卖包子。嵊县人把包子叫做馒头，有肉馅的、菜馅的、豆腐馅的，等等。妈妈做的包子馅足味佳，吃过一次就忘不了，回头客真不少。圣淼看着妈妈满脸流汗地卖包子，时辰一长就困了，自己不声不响地趴在桌子底下睡觉。有时让爷爷发现了，就把圣淼背在身上，在大街上走来走去。不一会儿，圣淼就在爷爷温暖的后背上睡熟了！

农村历来缺医少药，疾病是贫困人家头上的一把刀。圣淼生病了，妈妈只能请村里的老太太用偏方治疗。有一年，圣淼身上长了疥疮，又痛又痒，他不时地哭泣喊叫。妈妈把他平放在桌子上，用手指轻轻按摩红肿的患处。妈妈忧伤的眼神和额头上细密的汗珠，深深地刻在圣淼的记忆里。他经常想，我怎么还不长大？早点长大，好帮妈妈和爷爷干活啊！

2. 战乱年月的读书郎

浙江自古就是个重教兴学、人才辈出的地方。就以嵊县长乐镇为例，史料记载，自宋至清，从这片山区走出进士 16 人，中举者 19 人。清光绪二十六年（1900 年）正月，不愿意用名教纲常毒害学生的翰林学士蔡元培先生辞去绍兴中西学堂监督（校长）之职，应嵊县知县邀请，出任嵊县两所书院——二戴书院和剡山书院的院长。蔡元培不辞辛苦，奔走于教育救国之路。正值内忧外患、国家危殆的晚清末年，欧风劲吹，西学东渐，一场历史大变革正如钱塘江大潮滚滚而来。嵊县士人得风气之先，办教育，兴学堂，一时蔚然成风。即使在嵊县农村，但凡家里有一点米粮，也要送孩子去学校读书。乡绅富户解囊办学，造福桑梓，更是为人们所称道的民族好传统。辛亥革命中，投身革命的嵊县青年学生甚众，有35人为了推翻专制王朝，建立共和，献出了宝贵的生命。

在妈妈和爷爷的呵护下，圣淼一天天长大了，到1937年，该上小学了。别看爷爷和妈妈没有上过学，他们特别敬重读书人，无论家里有多么大的困难，也要供圣淼读书。

知道秋天就要上学了，圣淼兴奋得睡不着觉。他的家门口就有一所锦水小学，位于相互距离一公里的太平村、沃基村、坎流村中间平坦的土地上。圣淼常和小伙伴们跑到锦水小学操场上，躲在高大的香樟树后面伸头张望，羡慕地看着进出教室的小学生们。

锦水小学历史悠久，远近闻名。早在清朝乾隆初年，太平乡锦水溪畔有一所锦水义塾。1905年，坎流村的乡绅邢契陶先生创办了坎流学堂，办学20年，成绩斐然，名声鹊起，四方来坎流学堂求学者与日俱增。1926年，邢契陶先生在坎流学堂的基础上，又在太平乡兴办了锦水小学，学制六年，学生遍及嵊县西乡，原坎流学堂校长邢曰通为锦水小学第一任校长。从此，长乐、开元等乡相继办学。长、开、太的教育事业突飞猛进，成为嵊县的文化中心。[①]置身于如此文化氛围里的圣淼是幸运的，妈妈和爷爷就要送他进锦水小学读书了。

这一年的夏天特别热，时有暴雨来袭。不久，惊人的消息犹如高天上的隆隆滚雷，从县城传到长乐镇，再传到太平乡。

"东洋鬼子打进北平和天津了！"

"全面抗战开始了！"

"要和日本人打大仗了！"

村民们皱起眉头，竖起耳朵，听有文化的青年人讲述"卢沟桥事变"后的战事消息，毕竟浙东深山远离战场，山水依旧，鸡鸣鸭叫，表面上农民仍然过着面朝黄土背朝天的平淡日子。9月，圣淼穿上妈妈精心缝制的衣服，虽然是白粗布衣，却洗得干干净净，一尘不染。爷爷拉着他，一直把他送进锦水小学。

圣淼上小学后，老师推翻了算命先生"命里缺水"的高论。老师对爷爷说："这个'淼'字笔画太多了，不好写，改个好写好认的字吧！我看青苗的'苗'字就很好嘛！"

邢家人素来尊敬识文断字的老师，老师说改，那就改吧！

---

① 锦水小学历史资料，长乐镇锦水小学提供，2012年10月。

第一堂国文课，圣苗学了一个字——羊，第二课增加了一个字——小羊。他低头窃笑，原来认字就这么简单啊！在同龄的孩子里，自幼营养不良的圣苗个头矮小，身体单薄，但论智商，圣苗名列前茅。老师们很快就发现这个黝黑干瘦的孩子非常聪明，肯用功读书且很听话，所以大家都很喜欢圣苗。

圣苗和小同学们不再是拖着鼻涕稀里糊涂的顽童了。学校实施战时教育，老师每天都教育他们“抗战救亡”“打败日寇”“天下兴亡，匹夫有责”的大道理。回到家里，圣苗都要把老师说的话严肃认真地传达给妈妈和爷爷听，战争让圣苗迅速长大懂事了。

深秋的时候，老师告诉学生们，上海那边正打大仗呢，叫“淞沪会战”。到了 11 月，圣苗知道日本鬼子从杭州湾登陆，攻陷了大上海。又过了一个月，省会杭州沦陷了。年底，首都南京也沦陷了。

从学校回来，圣苗神情沮丧，他带着哭腔把一个个坏消息告诉妈妈和爷爷。爷爷叹道：“无怪这些日子从上海和杭州那边逃难到嵊县的人不少哩，咱们太平也来了一些城里的人，拖家带口，真可怜啊！”妈妈忧愁万分，叹息不已，她小声问圣苗：“日本人会不会打到咱们太平呢？”

没过多久，战争的阴影就笼罩了这片宁静的小山村，日本鬼子的炸弹“嗖嗖”地凌空投下来。1938 年 12 月 3 日上午，一架日军飞机在嵊县县城城隍庙上空盘旋，投了 3 颗炸弹，炸死炸伤很多人，大片民房被毁。从 1939 年到 1941 年，日军飞机轰炸嵊县县城及各集镇十余次，平民死伤惨重，被毁建筑物、车辆不计其数。①

圣苗的家乡长乐镇和太平乡成为日机重点轰炸的目标。1942 年元旦清晨，7 架日军飞机飞临嵊县上空，在长乐投弹 14 颗，在太平投弹 11 颗，庄严古朴

①《中共嵊州地方史》，杭州大学出版社，1997 年。

的清风公祠被炸毁，无辜民众的鲜血染红了古老的大地。爷爷和一群老人站在被敌机炸毁的清风公祠前，望着余烬和青烟叹息不已。

战火吓不倒倔强的嵊县人。自古以来，嵊县人就以顽强不屈、敢于斗争闻名于江浙一带。现在，面对强敌，嵊县民众在中共地下党的领导下，纷纷组织起来了。

1938年1月，中共浙江省临时工作委员会组织部长邢子陶回到家乡太平乡沃基村，主持成立了中共嵊县工作委员会，开展抗日民族统一战线工作。在国共合作的大背景下，各界抗日救亡组织如春笋破土般成立起来，其中我地下党领导的抗日社团组织——妇女合作社最为有名。①

邢子陶的家离圣苗的家咫尺之遥，他的儿子邢出非是圣苗的小学同学。圣苗曾到邢子陶家里玩过，认识这位同宗乡亲。只是圣苗才七八岁，不可能知道这位和蔼可亲的叔叔是中共地下党领导人，更不可能知道邢子陶的家就是中共浙江省工委和中共宁绍特委的领导机关所在地。

战火迫近太平乡，锦水小学照常上课。只是敌机来轰炸的时候，听到报警的钟声或鞭炮声，孩子们就从教室蜂拥而出，跟着大人逃向山里。有几次，圣苗跟着妈妈和爷爷逃向黄金丛，到外公家躲避，那里山高林密，比较安全。两位舅舅也时常来太平，关心圣苗一家人的安全。

1942年5月中旬，日寇发动浙赣战役，日军5个师团、2个混成旅疯狂扑向浙东，嵊县县城沦陷。日军一部于18日占领长乐，镇上的百姓大多逃往深山。日寇烧杀抢掠，奸淫妇女，无恶不作。次日拂晓，日寇离开之前，在大街上纵火，长乐大街的店铺被烧掉大半。

窜扰到太平村的一路日寇，也于凌晨离村前纵火，不少民居被付之一炬。

---

①《邢子陶纪念文集》，第7页。

圣苗跟着妈妈和爷爷从山里回到太平村，发现大街上到处是鸡毛、斩下的鸡头和猪脚，受害的村民哭声不绝。圣苗看到自己的家被鬼子糟蹋得惨不忍睹：门窗被捣破，桌椅被砸坏，坛坛罐罐都被打碎了，鬼子还在阁楼上拉屎，而且偏要拉到米缸里。圣苗大骂日本鬼子是魔鬼野兽，这个仇恨永远不能忘。他暗下决心，好好学习，长大好去杀鬼子！

1943 年 4 月，40 多个日本鬼子占领了长乐镇，强征民夫，在镇上设立据点，用 3 米高的竹篱笆和铁丝网把长乐围起来，又到山上大砍树木，修筑碉堡和炮台。他们还设置了一个慰安所，抓捕长乐的青年妇女，供他们淫乐。圣苗听大人说，那些日本鬼子有不少是朝鲜人，人称“二鬼子”，可这些“二鬼子”照样如狼似虎，凶狠残暴。

在敌人耀武扬威、无恶不作的时候，中共领导的浙东游击支队和国民党部队加强对敌人据点的袭击，在夜间出其不意地杀死敌哨兵，炸毁桥梁，破坏敌人的交通线。日本鬼子如惊弓之鸟，不敢轻易离开据点，特别不敢贸然进山。有一次，几个鬼子骑马进山，遭到游击队伏击，在逃窜中，一匹军马被打死。黄金丛村民把死马拖回来吃肉，圣苗还分得了一小块。

1943 年夏天，圣苗小学毕业了。圣苗是闻名全校的好学生，从初小到高小，每个学期都在年级考第一，学校凡有抗日救亡的宣传活动，老师总让他登台演讲。老师跟圣苗开玩笑说：“圣苗啊，你要毕业了，怎么感谢我们啊？”

圣苗一时语塞，他从内心感谢辛苦教育自己的老师们，可不知道怎样才能表达出自己的那份感激之情。

老师看圣苗涨红了脸，就笑道：“你妈妈的包子做得好吃，就请我们吃包子吧！”

圣苗展颜一笑，飞快跑回家，兴冲冲地告诉妈妈，想用包子来答谢老师们。妈妈连连点头，说：“老师们吃多少都行，我马上就做！”妈妈太激动了，双手微微发颤，不断用衣襟擦拭着眼角涌出的泪水。儿子高小毕业了，长学问了，人也长高了。这年头兵荒马乱的，为躲避日本鬼子，六年来老师操了多少心哪！正愁不知道怎么感谢老师们呢。可这些老师们的要求太低了，只想吃一顿包子啊！

妈妈拿出最好的绝活，蒸了十几大笼包子。她用小棉被包好，带着一个跟自己学徒的远房亲戚，把包子送到了锦水小学。

3. 跋山涉水的初中三年

1943年秋天，邢圣苗考上私立春皋中学。这所初级中学设在太平村西北方向20公里外的甘霖镇白泥墩村祠堂里，学生一律住校，每周可以回家一次。

天幕上繁星闪烁，太平村沉睡在黎明前的寂静中。妈妈老早就起来准备早饭，为了给圣苗送行，特地煮了粽子。吃过早饭，爷爷挑着行李，送圣苗去上学。妈妈打着灯笼，送他们出村口，望着祖孙二人的背影，她久久伫立，不肯转身回去，这是儿子第一次离开家门哪！

圣苗回过头，看见妈妈还孤零零地站在村口。山风吹来，使灯火忽明忽暗，也吹乱了妈妈的头发，可她还是一动不动。圣苗鼻子一酸，视线被泪花遮住了，他使劲朝妈妈挥了挥手，赶紧转身跟上爷爷。

山路曲曲弯弯，山涧水花飞溅。祖孙二人整整走了四个钟头，才到了白泥墩村。天色大亮，晨雾飘散，许多学生朝祠堂匆匆走去。

祠堂的大门两旁，镌刻着朱子《治家格言》里的两句话：

“一粥一饭，当思来处不易；半丝半缕，恒念物力维艰。”

老师温和有礼，把祖孙二人引进院内，安排早餐。

那天，爷爷在祠堂里住了一晚，孙子能考上初中，他乐得合不拢嘴。他悄悄告诉圣苗，我们邢家小房有六亩“荣田”，族里规定，出一个初中毕业生，能从六亩“荣田”里分得谷子，现在已经有了一个初中毕业生，如果你能成为第二个初中毕业生，就有三亩“荣田”的谷子可分。

千百年来中国民间竟如此重视教育，维系着中华传统文化的血脉不因战乱而断绝，后世的中国人岂能不感慨万分而传承发扬之？

开学后，国文的第一次作文课，圣苗以离家上学、洒泪别母为题，写出了母亲和爷爷对自己的爱怜以及自己刻骨铭心的感恩之情，文字流畅通达，感情真挚自然。老师颇为满意，给他打了 90 分，并在全班夸奖他写了一篇有情感、有内容的好文章。

邢圣苗在白泥墩村祠堂里度过了初一的两个学期。他用功读书，成绩优秀，还学会了打篮球，身体也变得壮实起来。

每到学校周六下午放学，圣苗都要和同学们结伴回家，看望妈妈和爷爷，那是家里最快乐的一天。妈妈对爷爷非常孝顺，她吩咐圣苗："去街上给爷爷打壶老酒去。"尽管是战乱岁月，穷人的日子艰难困顿，妈妈仍会尽力做点好吃的饭菜。望着快乐的祖孙二人，她微微笑着，眼里噙着泪花。

爷爷酒量很小，喝一小杯就面色潮红，微醺中话也多了起来。这个时候，圣苗会感到爷爷眯缝的双眼中透出的目光是那么慈祥可亲。爷爷虽然只是个目不识丁的穷苦农民，但在太平一带的邢氏乡亲中辈分最高，在乡亲中的口碑极好，是位"大家长"，每年祭祖上坟，族里要派两个轿夫抬他去。当时逃避战乱的人遍布浙东，太平村街上也常有乞讨的难民，爷爷总是对妈妈说，只要家里还有一点吃的，就不要让讨饭的外乡人空手离开。

每次回家，圣苗必做的一件事就是帮助妈妈记账。从学会做算术题的时候起，妈妈就买了一个小笔记本，让圣苗帮助记账。圣苗为此颇感自豪，因为他终于可以帮助妈妈做事情了。妈妈虽然不识字，但会算账，记忆力也特别好，谁欠了包子钱，她记得一清二楚。但到了年终，不少人依然是囊中羞涩，无钱还账。妈妈摇摇头，叹口气说："算了吧，这账不要了，兵荒马乱的年月，谁都不容易呀！"

1944 年 8 月，圣苗与一些春皋中学的同学转学到嵊县县立中学。这是一所成立于 1905 年的老学校，当年是绍兴府一府八县仅有的两所中学之一。嵊中深受陶行知教育思想的影响，孜孜办学，业绩斐然，为社会培养了数不清的人才，也为嵊县人赢得了一份荣誉。全面抗战爆发后，为避免日军飞机轰炸，嵊中不得不多次搬迁。①

在嵊中时，圣苗和家住开元镇的周纪扬（后改名周蔚如）同学成为最要好

① 《嵊州一中校志》（1905—2005），第 4—6 页。

的朋友。周父是开元小学校长、著名乡贤周樟潮先生，早年毕业于杭州师范，是一位爱国知识分子。他的夫人邢嫣卿，也算邢圣苗的远房长辈，常常悄悄给山里的游击队送盐、豆腐等吃的。那时候的邢圣苗怎么会想到，若干年以后，自己竟会成为周家的女婿呢？

每个星期一，晨曦初露，邢圣苗就赶到周纪扬家，两人搭伴返回学校。六七十年之后，耄耋之年的周蔚如回忆起少年时光，还不忘好心肠的邢家妈妈："每次我到圣苗家玩儿，邢妈妈都让我吃包子，哎呀，非常好吃的包子……"

是年秋，学校搬到嵊县最西部与诸暨县交界的北山地区。

"去找山里的雅璜村吧！"老师指点邢圣苗与周纪扬等同学怎么走。于是这群少年背起行李，开始酷暑下的长途跋涉。地势越来越高，山路越来越陡，最后，一座大山让这些少年郎丢盔卸甲，狼狈不堪。当他们精疲力竭地爬到山顶，透过疏林，终于看到山坳深处有一个村庄，那就是雅璜村。

嵊中设在仄逼昏暗的裘家祠堂里，这是嵊中办学历史上最为困难的时期。校长张寄苔先生怀着一颗爱国爱民之心，筚路蓝缕，知难而进，带领师生们在这片人烟稀少的深山老林里坚持办学。

2012年10月，笔者在嵊州雅璜村采访时拍摄的裘家祠堂教室遗址

学生白天在祠堂里上课，晚上回集体宿舍——一个大户人家的阁楼住宿。嵊县农村自古有一个习惯，中年人早早地为自己准备好寿材，以备百年身后之事。所以，学生们上阁楼前，先要从摆在一楼的几口阴森森的棺材旁边穿过去。一开始，同学们心里都有点发毛，晚上会在梦里与妖魔鬼怪不期而遇，吓出一身冷汗，但日子一长，大家也就慢慢习惯了。邢圣苗想，我爷爷也有一口松木寿材呢，每年都要油漆一次，爱惜得很，棺材不过是几块木头板嘛，有什么可怕的！

雅璜村的秋景壮美迷人，连绵的大山色彩斑斓，大自然的神笔尽情挥洒着她的灵感；山脚下有一条大河，水势湍急，冰冷砭骨，从村前蜿蜒而过，撞击着大小石块，发出“哗啦啦”的声响。课余时间，学生们都跑到河里玩水，好不快乐。但是，冬天一到，寒风如刀似剑地朝山里人袭来，大山里的气温会降到 -6 ~ -7℃，河流结冰，湍急的大河也变得温顺起来，四周的高山密林披冰挂雪，在阳光下闪烁着耀眼的寒光。

像圣苗这样的穷家孩子，感到冬天实在是太难过了。他有时会突然想家，那种惶惶不安、神不守舍的滋味挥之不去。但雅璜村离太平村太远了，回不去啊，天寒地冻的，妈妈和爷爷怎么样了？

嵊县是中国著名戏种越剧的发祥地，各地的祠堂大都建有高大庄严的戏台，听越剧是老百姓唯一的文化娱乐活动。然而现在是战争年间，越剧早就在人们的愁眉苦脸之下沉寂无声了。裘家祠堂的戏台成为学校校长或督学给学生们训话的讲台。

嵊县中学有县府派来的工作人员，其中一位是督学，平日里总是板着脸，带着高人一等的派头，学生们都敬而远之。有一次督学坐在高高的戏台上，给全校学生训话，内容是动员学生参加“三青团”。他说，参加三青团对你们有好处，比如坐车可以不买票……

站在戏台下面的邢圣苗听了督学一番话，暗自思忖，这么说，“三青团”是有特权的了，那还能为老百姓办事吗？

督学训完话，给每个学生发了一张申请参加“三青团”的表格。

圣苗不想填，他去问周纪扬：“你想填表吗？”

周纪扬说：“我请个假，去我爸爸的学校问一问。”

第二天，周纪扬回到雅璜村，对邢圣苗说：“我爸爸说了，不要去参加那个东西。圣苗，你填表了吗？”

圣苗哈哈笑道：“我早就把那张纸丢到大河里去了。”

在雅璜村读书时，有一次，邢圣苗请谢老师在本子上留言。谢老师想了一下，挥笔写下一首诗，把邢圣苗的名字巧妙地嵌入诗里：

形端影子正，才高气自盛。

离离山上苗，凡夫可成圣。

1945 年春天，浙东的抗日形势开始好转，龟缩在长乐镇的日本鬼子在游击队的反复打击下逃之夭夭。浙东抗日革命武装金萧支队常在北山一带活动。嵊县当局唯恐嵊中师生被“赤化”，饬令嵊中东迁到崇仁镇的廿八都村，在瞻山庙里继续办学，直至日本鬼子投降的前夕。

艰苦卓绝的八年抗战终于以中国人民的胜利结束了。嵊县民众欢天喜地，燃放鞭炮，庆祝胜利。10 月，秋高气爽，嵊中迁返县城。原来条件较好的老校舍大都被日寇炸毁，所以仅高中部设于原址，初中部暂栖城隍庙。邢圣苗初三的两个学期就是在这座古老的庙宇里度过的。

1946 年 7 月，邢圣苗初中毕业。初中时期的三个年头，邢圣苗在嵊县四地的祠堂和庙宇里读书，在战乱环境中跋山涉水，饥寒交迫。他胸怀大志，勤笃好学，不仅打下了扎实的文学和数理化基础，更重要的是磨炼出了不惧艰难困苦、一往无前的执着秉性和顽强意志，从一个稚嫩单纯的山村少年跨进了朝气蓬勃的青年学子行列。

邢球痕

邢球痕院士传记

Academician Xing Qiuhen's Biography

第二章

走出山村
潜心苦读甬江畔

走出大山的邢球痕强忍丧母之痛，一心向学，幸运地考取了宁波高工。在宁波高工，他始终保持着刻苦用功的好习惯，学习成绩一直名列前茅。毕业的时候，他迎来了解放大军。

1. 丧母之痛

抗战胜利后的农村，老百姓依然没有过上安宁日子。1945 年 9 月，共产党领导的队伍奉命北撤，邢子陶这些老百姓拥护信赖的好领导，率领中共党政军干部匆匆离开了嵊县。不久，国民党大部队开进浙东，开始“清剿”和“清乡”，嵊县是他们的“双清”重点。国民党大兵走村窜户，四处搜查，要捉拿“共党分子”，弄得鸡飞狗跳，人心惶惶。

初中毕业前，邢圣苗从县城回到家里，他发现母亲的身体大不如从前了。

她周身乏力，气喘干咳，还伴有低烧。坚强的妈妈从来没有在困难面前唉声叹气过。抗战的年月，汉奸乡长寻衅踢翻了圣苗妈妈的包子摊位，还动手打了她。圣苗愤怒地握紧拳头，要挺身保护妈妈，可妈妈把圣苗拉到身后，她毫无惧色，蔑视奸贼，默默地收拾起地上的铁锅和打碎的碗碟。然而长期的生活重压，如难熬的严冬，使妈妈过早地衰老了。一头原本乌黑的青丝里悄悄混进了丝丝白发，深深的皱纹刻在了妈妈的额头上。

圣苗对妈妈说，他不想再读书了，可以找个工作，哪怕当个小学教师也行，挣得一份薪水，帮助妈妈和爷爷分担养家糊口的责任。

没有想到妈妈把眼睛一瞪，严肃地说：“你不要挂念我，你要继续读书，快回学校温习功课，准备毕业考试！”

圣苗吃惊地望着满脸病容的妈妈，一股热流冲击着五脏六腑，他一时竟说不出话来。

返回嵊县中学前，圣苗陪妈妈去找村里的一名老郎中看病。老郎中说妈妈的肺有毛病，开了一大堆中草药。圣苗还想陪妈妈找长乐镇的医生看病，妈妈不耐烦了，催促他快点返校。翌日清晨，妈妈照常早起为圣苗准备好早饭，又打着灯笼把他送到村口。走出老远的圣苗，还能听到妈妈的咳嗽声。

下一次回家时，圣苗发现妈妈的病情恶化了。她面色苍白灰暗，躺在床上喘息着，已经起不来床了。圣苗找到镇上的一位西医，但治疗肺炎的特效西药没有货。圣苗急得直流泪，爷爷也唉声叹气，束手无策。圣苗跑到舅舅家，请舅舅想办法救救妈妈。舅舅说，我看还是求求菩萨吧，你今天晚上跟我到庙里去烧香，把香灰带回来，兴许能救你妈妈。

圣苗有文化，根本不相信舅舅说的这些违背科学的话。可病急乱投医，他不好意思伤舅舅的心，只好跟着舅舅星夜爬大山，穿密林，到半山腰的庙里烧香拜佛，祈求菩萨保佑妈妈渡过难关。回到家里，舅舅把香灰冲成黑糊糊，让妈妈喝了下去。

妈妈气若游丝，对圣苗说：“别守着我，我……死不了，快回学校去……温习功课，快走吧！”

圣苗回到学校的第二天，太平村的邻居急急火火地跑来送信：“你妈妈死了，快回家看看吧！”

圣苗热血上涌，大汗淋漓地赶回家里。妈妈已经咽气，乡亲们把她从阁楼上抬下来，放在地上的一块长木板上。圣苗只觉得万箭穿心，两眼一黑，双腿一软，跪倒在妈妈身边，放声大哭起来。

妈妈死于肺炎，才38岁。

坐在门口的爷爷老泪纵横，泣不成声：“雪珠啊，我的女儿呀，你命好苦哟，你怎么比我先走了呀！”

屋子里挤满了人，两位舅舅里里外外张罗着妈妈的后事。溽热的天气，需要马上让逝者入殓，可棺木在哪儿呢？

爷爷擦干了眼泪，颤巍巍地指一指后门屋角处停放的棺木，却说不出话来。圣苗明白，爷爷要用他那口心爱的松木寿材安葬妈妈。

翌日出殡的时候，全村人都来为妈妈送葬，人们叹息这位善良苦命的妇女走得太早，扔下了16岁的儿子和70岁的公爹。披着白色孝衣的圣苗走在抬棺人的前面，为妈妈举幡引魂，亲友们一路抛撒着纸钱……

安葬了妈妈，已是暮色西沉。圣苗痴痴呆呆，守在新坟旁不肯离去。晚风吹过，不远处的竹林发出悉悉索索的声音，那是妈妈在跟自己说话吗？两位舅舅劝说了半天，他才一步三回头地往家里走。

夜深的时候，亲友们才离开邢家。阁楼上空空荡荡，只有圣苗一个人昏昏沉沉地躺在床上。他自小就没有离开过妈妈，一直睡在阁楼上。现在妈妈永远离他而去了，他第一次感到人生的孤独、险恶和恐惧。妈妈呀，我还没有尽孝，您怎么就走了呢！他想放声大哭一场。楼下传来爷爷剧烈的咳嗽声，他赶紧用被子捂住脸，不让哭声传出去，怕年迈的爷爷为自己担心。

翌日一早，圣苗告别爷爷，返回学校参加初中毕业考试。

2. 从绍兴中学到宁波高工

初中毕业后，邢圣苗以优秀的成绩考取了浙江省立绍兴中学的高中部。

然而，学费从哪里来？圣苗双眉紧锁。自妈妈病逝后，家里陷入困境，爷爷已经70岁了，还硬挺着下田劳作。他真不忍心让老人家为自己再受苦受累。

晚年的爷爷

爷爷早看出了圣苗的心思，对他说："学费的事，你不要发愁了，我已经为你准备好了，你就安心去绍兴读书吧！"

原来，爷爷瞒着圣苗，卖掉了一亩田地，把圣苗的学费筹措好了。

圣苗约上考取高中的同学，一起奔赴绍兴城。山里长大的苦孩子刚进大城市，顿感目不暇接，眼花缭乱。圣苗知道这里是著名教育家蔡元培的家乡，这里还是大文豪鲁迅的家乡，这里也是"鉴湖女侠"秋瑾烈士就义的地方……一种亢奋夹带着敬畏之感在心里油然而生。当他走进古老的校门，看到"求真"的校训，再听老师介绍学校50年的历史时，他为自己能踏进这一神圣的学府而欣喜若狂。

1897年春，山阴乡绅徐树兰先生捐银创办绍郡中西学堂，这就是绍中的前身。翌年，晚清进士蔡元培先生弃官回到故里，应聘出任该校总理（即校长），革故鼎新，招揽"极一时之选"的教员，倡导新式教育，使该校成为清末民初国内新式学堂的佼佼者。1901年，徐锡麟来校任经学兼算学教习，后升任副办（即副校长）。1910 年，鲁迅先生来校任监学兼博物教员。半个世纪来，多少志士仁人、学界精英，走进绍中之门，锐意探索，悉心树人。①

邢圣苗抚摸着校舍的灰石青砖，感受那隐入苍莽青史的名人脉搏，依稀看到绍中先贤们的身影，那一串闪光的名字让他肃然起敬。步入青年的圣苗把绍中当成一个新的起点，潜心向学，求真知，觅真理，做真人。课余，体育老师把和邢圣苗身材差不多的同学组织成一个“小小篮球队”。因为大家身材都不高，与身材高大的学长比试往往大败而归，但邢圣苗乐此不疲，屡败屡战。他心里有数，打篮球是为了锻炼体魄，为将来走向社会、胜任工作打好基础。一次赛球，他被重重地撞伤，下巴流血不止，治愈后留下一条终身不退的深深疤痕。同学们常取笑邢圣苗：“嘿，你打篮球打破了相”。

1947年，高中阶段的邢圣苗

①《浙江省绍兴市第一中学 110 周年校庆纪念册》，内部资料。

高中阶段，邢圣苗（左）与同学杨文龙（右）合影

然而，邢圣苗在绍中只读完高一的上学期，就不得不辍学，原因只有一个，爷爷再也无力支撑他的学费了。那个假期里，回到家乡的邢圣苗郁郁寡欢，一想到要离开心中敬仰的绍中，他就难过，常常夜不能寐。谁料到，天无绝人之路。此时，他恰好看到了省立宁波高级工业职业学校的招生广告，这所简称“宁波高工”的学校居然不收学费！每个月还给学生二斗三升米的口粮。在国共两党的内战打得难解难分、尸横遍野、血流成河的时候，浙东地区居然还有让寒门子弟求学有路、有书可读的学校！

圣苗兴冲冲地去开元镇找周纪扬商量。不久前，周纪扬的父亲周樟潮先生在一场火灾中奋勇营救学生，烧伤后伤口感染，不治而亡。周家顿时陷入困境，比圣苗晚毕业半年的周纪扬也正为升学的学费犯愁。两个年轻人的意见完全一致，既然家穷无力缴纳学费，就只有一条路：去上宁波高工。

1947 年草长莺飞的季节，邢圣苗与周纪扬结伴从家乡出发。爷爷好歹给圣苗准备了一点盘缠钱，那个时候国统区货币贬值，区区一点钱，纸币却是一大摞。邢圣苗与周纪扬穿一身黑色粗布棉大衣，把钱塞在胸前，鼓鼓囊囊的，小心地用双手紧紧搂着。

在那辆慢吞吞的破汽车上，有一个贼眉鼠眼的年轻人盯上了圣苗，挤到圣苗的身旁，明目张胆地伸手去摸圣苗的衣襟。圣苗早有防备，使劲抱紧胸前的钱，用肩顶开那个扒手，换到另一个地方站着。那人还不死心，但被圣苗愤怒的目光阻止住，回头看看圣苗还有一个同伴，只好下了车。

到了宁波，两个年轻人松了一口气，可到哪里去找宁波高工呢？招生广告上写道，高工校址在宁波高桥镇的接待寺。他俩人生地不熟，向多个路人打听，竟没有一个准确的说法。这时候，来了一个蹬黄包车的，那人说他知道接待寺在什么地方，俩人喜出望外，赶忙坐到车上。没想到，这个家伙存心欺负乡下的孩子，在路上绕了半天，说声“到了！”便伸手要钱。

两个人下了车，四处张望，这里没有什么接待寺啊！邢圣苗抗议道：“你没有把我们送到，怎么能要钱呢？”

那人伸手撸袖管，露出凶相：“不行，坐我的车，就得给钱！”

惹不起这号无赖，两个年轻人被讹去一笔钱。

太阳西沉，他们总算找到了高桥镇，远处那一片白墙青瓦的建筑群就是目的地。走到山门前才弄明白，这所寺院叫“接待讲寺”。

宁波高工创建于辛亥革命后的1912年。宁波临时军政府接受社会贤达的建议，筹措六邑公款，创建了宁波公立中等工业学校，以宁波江北岸泗洲塘原清朝海军学堂旧址为校舍，同年12月正式开学，招收初中毕业生，学制 3 年。这所学校是中国最早的工业专科学校之一，几经更名，于 1934 年定名为“浙江省立宁波高级工业职业学校”，简称“宁波高工”。在中国全面抗战之前的 25 年中，宁波高工不断发展，为国家培养了一大批工业专才。

抗日战争爆发后，宁波高工被日军飞机炸毁，为了躲避日寇空袭，不断迁徙，五年中迁徙六次，师生们颠沛流离，历尽磨难和重创。抗战胜利后，宁波高工从泰州的临海大田镇迁回宁波，鉴于原校舍毁于战火，1946 年 4 月，不得不到西门外的高桥镇接待讲寺暂栖身。①

接待讲寺是一所创建于唐代的古刹，1909 年由中国佛教协会首任会长圆瑛大师住持，历经 30 年的辛劳，全部殿宇焕然一新，四方高僧往来不绝。圆瑛在这里创办了佛教讲习所，故把原名“接待寺”改为“接待讲寺”，号称“海天佛地”，是当时浙东香火旺盛的一大名刹。圆瑛和他的后任弟子特别重视教育，所以当宁波高工前来求援时，寺院僧众鼎力相助，腾出房屋，提供一切方便，解决宁波高工的燃眉之急。

当邢圣苗前来报到时，宁波高工有 300 余名学生，设机械、土木和水利三个科。宁波高工有良好的校风，校长焦震严格要求师生，教员都是大学毕业生，不仅学问好，且尽职尽责，教书育人，不遗余力。学生一心向学，心无旁骛，连周日都不出去游玩儿。

圣苗是插班生，入机械科学习。有在绍中半年扎实的数理化基础，他的功课顺风顺水，学习成绩一直名列前茅。他始终保持着刻苦用功的好习惯，决心学好机械专业，练硬翅膀，将来成为一位合格的机械师。

1947 年秋季，宁波高工分批向宁波江东大河路严家祠堂搬迁，并租用民房

---

① 宁波高工校友会校志编撰组，《宁波高工校志》，1992 年 12 月。

2012年10月，邢球痕重访接待讲寺，与寺院住持合影

做校舍。新校长叫王诗诚，有教职员 66 人，学生 383 人。

宁波高工的师生们告别了接待讲寺这座雄伟恢宏的古刹，告别了为他们排忧解难的和尚师傅们。他们不曾想到，1949 年后，接待讲寺的和尚被遣散，寺院变成了粮库；到了“文化大革命”，千年名刹接待讲寺被红卫兵捣毁。

在依山傍海的浙江第二大城市宁波，邢圣苗继续他最后两年的学业。他埋头读书，从不单独到市区闲逛，偶尔和同学一起从横跨奉化江的灵桥上走到市区，也是为了买些生活用品，借机熟悉社会，了解民情，增长社会经验。

1948 年，国民党的统治摇摇欲坠，各种关于时局的传闻在宁波高工师生中间私下传播，邢圣苗知道国民党政府的日子不长了。那年秋天，因为学校的教官殴打学生，爆发了一场学潮，直到学生们把那个国民党教官赶走才算平息。学生中有中共地下党员在秘密活动，同学杨家驹与邢圣苗在绍中就熟悉，他经常向圣苗分析时局，告诉他，在解放军的凌厉攻势下，国民党军兵败如山倒，全国很快就要解放了。

转眼到了 1949 年年初，国民党党魁蒋介石宣布下野，回溪口遥控。国统区物价飞涨，人心动荡不安，有钱人纷纷逃走。不久，解放军跨过天堑长江，南京的国民政府逃到广州，解放军的大炮直指上海。

3月中旬，土木科的周纪扬把邢圣苗拉到一个没有人的地方，告诉他说："我要回嵊县老家了，家乡马上就要解放了，我想回去找事做。"周纪扬的一个舅舅是新四军的干部，想必知道一些别人不知道的情报。

邢圣苗说："我马上要毕业了，想拿到毕业文凭再走。"

周纪扬说："我不在毕业班，无文凭可拿。再说，我爸爸救学生让大火烧伤而死以后，家里困难啊，我也得回去照顾妈妈和小妹们。"

5月15日，宁波高工举行毕业典礼，邢圣苗拿到了毕业文凭。

5月23日，同学杨家驹把邢圣苗拉到无人之处，悄悄说："解放军快打过来了，这几天你找你熟

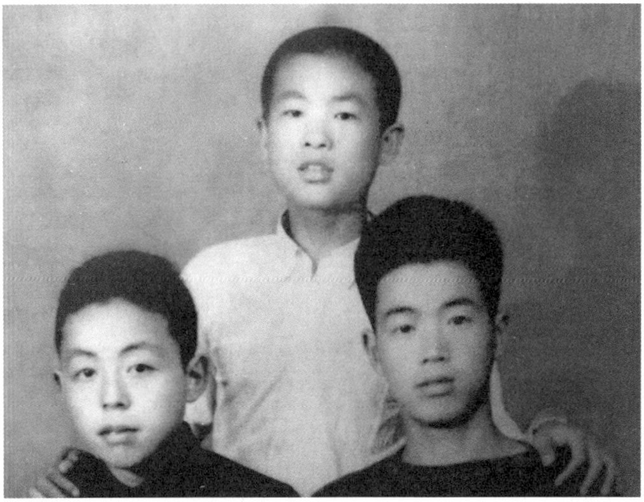

在宁波高工时，邢圣苗（中）与同学周纪扬（左）、俞淦泉（右）合影

悉的同学，告诉他们，不要回家，不要罢课，准备迎接解放军进城。”

与邢圣苗同班的黄伯恕是学生自治会主席，在同学中很有号召力。邢圣苗就把杨家驹的话告诉了黄伯恕。黄伯恕马上暗中串联，把宁波要解放了的好消息告诉大家。那天，邢圣苗碰到一位老师，一高兴，也把这些话对老师讲了。

5月24日一早，校长王诗诚把邢圣苗叫到办公室，他沉下脸，质问道：“邢圣苗，你想干什么？”

邢圣苗一怔：“我没有干什么呀！”他想，准是那个老师向校长告了密。

邢圣苗只好实话实说：“解放军快要解放宁波了，学校要组织同学欢迎解放军进城。”

王诗诚大声说：“你知道我是国民党党员吗？”

邢圣苗冷静下来，回答道：“不知道啊，可这和我一个学生有什么关系呢？”

王诗诚似乎觉得没有什么要说的了，摆摆手：“你走吧！”

出了校长室，邢圣苗觉得好笑，国民党就要垮台了，王校长你还神气什么呢？

那一天，解放军22军的3个师分几路向宁波进击。上午9时，沿杭甬公路急进的65师195团，在慈城的东山、西山迫使敌人一个连缴械后，解放了慈溪县城。下午3时，195团抵达宁波江北岸，旋即抢占灵桥，渡甬江插入江东。

5月25日拂晓，65师195团和64师190团在市中心会师，宁波解放。

邢圣苗吃过早饭，特地到校长室前瞅了一眼。好嘛！铁将军把门，王校长不知去向了。

上午，宁波市2000余名中等学校师生和市民涌上街头，举行集会和游行。邢圣苗和黄伯恕等宁波高工的同学们一起，兴高采烈地高呼口号，欢迎浩浩荡荡的解放大军。

邢球痕

邢球痕院士传记

Academician Xing Qiuhen's Biography

第三章

报考军校
展翅欲飞向蓝天

考取了军政大学，却因为回乡看望爷爷错过了入学机会，邢球痕不得已当了小学教师。但是，命运再次眷顾这个胸怀大志的青年，在新中国诞生的金秋十月，他和同学又踏上了报考军校之路。

1. 报考华东军政大学

宁波解放的第四天，即 1949 年 5 月 28 日，邢圣苗和黄伯恕等七位同学结伴离开宁波，徒步向西北方向的杭州前进。这八个年轻人要干什么呢？原来，他们从报纸上看到华东军政大学招生的消息，要去报考这所闻所未闻的新大学。

同学中有一个叫裘东里的，是邢圣苗要好的嵊县老乡。有一次，他俩到宁波市区办事儿，在一个巷子里偶遇嵊中初中班主任沈伯寅老师。他乡遇故知，大家喜不自禁。原来，抗战胜利后，沈老师离开嵊县到宁波定居了。后来，他俩经常到沈老师的家里坐坐。这次要去杭州赶考，邢圣苗和裘东里特地去向沈老师道别。沈老师问明白他们的计划，对他们说，走到杭州要好几天，你们都是穷学生，身上没有钱怎么行？沈老师拿出两块银元，交给邢圣苗说："你俩一人一块，路上要小心哪！"

八个愣头小伙子轻装上路。刚解放的浙东城乡，喜气洋洋，红旗招展。路上满是向南急行军的解放军部队，他们在追击向福建溃败的敌人。置身在中国改天换地的历史洪流中，那雄壮场面，那磅礴气势，让邢圣苗他们深受震撼和感染，不知不觉地把自己当成行军中的解放军战士。一腔热血，一股猛劲，大家先走到绍兴，休息了一夜，又兴冲冲地走到杭州，很快找到了招生处。解放军同志很是热情，让他们住到玉泉的一栋空房子里，告诉他们考试的日程安排。

走进考场，邢圣苗一看考卷就乐了。对刚从宁波高工毕业的优秀学生来说，这样的考试题，实在是太简单了。6 月 10 日发榜那天，邢圣苗和裘东里等同学都榜上有名，被录取为华东军政大学首期学员。

在杭州这几天，邢圣苗还参加了浙江干部学校的考试，也被录取了。当然，邢圣苗首选的学校还是位于苏州的华东军政大学，听听这个响亮的校名吧，多么令人神往啊！

考取了军政大学，就意味着参军入伍。上海的《解放日报》刊登了录取学员的名单，太平村有人看到名单里有邢圣苗，就告诉了他的爷爷。爷爷吃了一惊：啊！圣苗参加共产党了？让他回来看看我吧！家乡来人把爷爷的口信带给圣苗后，圣苗也觉得到苏州以后可能不准许回家看爷爷了。那天，邢圣苗与裘东里一起去找招生处的解放军同志请假，说想回嵊县看望家里的老人，然后再去上学。一个大个子干部说：“可以啊，只要你们 8 月底前到苏州报到就行了。”

邢圣苗离开玉泉的时候，发现藏在枕头下面的那枚银元不见了，怪可惜的，他只能沉默不语，怪自己不当心。他带裘东里到杭州一位本家姐姐家住了两天，裘东里与他道别先回嵊县了。一位做香烟生意的邢家伯伯对圣苗说：“你可以坐我的车回家嘛，四个多钟头就到长乐了。”

那是一辆破旧的老爷车，慢得如牛车。身无分文的邢圣苗坐在货物中间，他归心似箭，两年多没有回家了，爷爷他老人家还好吗？

2. 一波三折

回到太平村，推开破旧的家门，圣苗看到爷爷佝偻着身子，正坐在小凳子上摘菜。

“爷爷！我回来了！”圣苗扑向爷爷。爷爷吃了一惊，老眼昏花，看了看眼前的孙子，高兴地说：“是圣苗啊，你从哪里回来的？”

“爷爷，我从宁波高工毕业了！”圣苗扶住要站起来的爷爷，“我在杭州报考华东军政大学了！”

爷爷仔细端详着圣苗，他听不懂孙子说的什么大学，嘴里喃喃道：“大——学？我孙子考上大学了！”他突然发现圣苗是两手空空回家的，忙问：“你怎么没有带行李回来？”

“放在宁波呢，”圣苗安慰爷爷，“同学会帮我带回来的。”

爷爷拄着一根竹杖，乐呵呵地走出家门，见到熟人就说：“我家圣苗考上大学了！”

邢圣苗环顾家里，破破烂烂，几乎是家徒四壁。他知道家里没有钱，不禁为8月底去苏州的盘缠发愁。看来自己得赶快找份工作了。

老友周纪扬听说邢圣苗回来了，特地来太平村看他。

“我5月参加地方工作了，在甘霖镇。”周纪扬情绪高昂，他说自己已改名叫“周蔚如”，“我看你也留下来吧，咱们一起干，刚解放，县乡的各级政权正在筹组当中，到处都需要有文化的干部啊！你学问好、出身好，能干一番大事情啊！”

留在家乡当地方干部？邢圣苗没有兴趣。他刚在杭州接触过解放军干部，不久就要上华东军政大学。海阔凭鱼跃，天高任鸟飞。嵊县太小而天下大着呢！邢圣苗说：“我还是想去上学，看看爷爷我就走。”

“有空到我家玩儿吧！咱们再谈谈。”周蔚如工作忙，匆匆告辞了。

太平村有一所初级小学，正缺老师呢。学校负责人是比圣苗低一辈的邢樟涛。邢圣苗登门求他：“让我当一段时间老师，管我吃饭就行。”邢樟涛满口答应：“我们学校就三个老师，正为缺人发愁呢，反正你现在没有事做，就来学校当老师吧！”

邢圣苗说：“我可以不要薪水，但你得先借我 200 斤稻谷，我得管我爷爷吃饭哪！”

邢樟涛说：“这个没问题，你明天就来上班吧！”

邢圣苗当上了小学老师，教四年级学生。老师们不是初中同学，就是本家亲友，彼此早就熟悉。爷爷为此特别高兴，唠叨说，我家圣苗当老师了。

邢圣苗自己心里明白，他是迫于无奈才到小学教书的。他还惦记着去苏州报到呢，眼看就要到 8 月了！他暗暗着急。

那天，宁波高工的同学俞淦泉走了 15 公里来看邢圣苗。他比圣苗低一届。

“哎呀，你怎么回家了？”俞淦泉为邢圣苗惋惜，不客气地批评道，“考上了军政大学，多光荣！你就该直接去报到啊！”

“我没有钱哪，”邢圣苗一脸无奈，直言道，“恐怕要耽误军政大学的报到日期了。”

俞淦泉就是为了报考军校的事来和圣苗商量的。他说他看到个新消息，南京有个军校在上海招生，学校全名叫“华东野战军特纵特科学校”。

“你要是来不及去军大，咱俩就去报考这个特科学校。路费我帮你解决！”

“你有什么好办法？”

"我回宁波高工，把每月那二斗三升米换成钱。你等我的信吧，咱们在绍兴碰头，一块去上海参加考试。"

"太好了！"邢圣苗看到了新的希望，使劲拍一下俞淦泉的肩头，"你顺便再托人把我的行李带给我爷爷。"

眼看过了 8 月，到了 9 月上旬，俞淦泉还没有音信，又和裘东里联系不上，邢圣苗急得火上房。给学生们上完课，他心里烦闷得不行，就信步走到田野里转悠。

直到 9 月底，邮差才把俞淦泉的信送到了小学校。邢圣苗急忙拆信，顿时喜上眉梢。俞淦泉约他到绍兴会面，路费问题解决了。

邢圣苗向邢樟涛交代了工作，再三表达不能继续任教的歉意，拜托邢樟涛关照爷爷的生活。

1949 年 10 月 1 日，新中国成立那天，五星红旗也在太平乡高高飘扬，还没有离开家乡的邢圣苗和师生们一起参加了集会和游行。当日下午，他去舅舅家告别，请他们帮助照顾爷爷，又写了一封信，等他走后，请舅舅找人念给爷爷听。他怕爷爷不放自己走，当面告诉老人要去绍兴取行李，考军校的事，他写在了信里。

第二天，两个舅舅赶来送圣苗。圣苗看到苍老的爷爷依在门口，不停地朝自己摆手，心里酸酸的。

3. 改名

10 月 3 日，邢圣苗与俞淦泉在绍兴一个长途汽车站会合，乘车奔上海。浙江田野里一片金黄，空气中弥漫着秋日里五谷丰收的清香，满怀着走向新时代的瑰丽憧憬，两个快乐的年轻人一路上有说不完的话。

俞淦泉兴致勃勃，提出一个新建议："新中国成立了，我们应该起个新名字，表示我们彻底告别旧社会。同时也表示我们远走高飞，再也不回老家了。这样会减少家里人对我们的干扰。”

邢圣苗没有细想，就表示赞成。

俞淦泉接着说：“我们互相起名，你先给我起一个吧！”

邢圣苗想了想说：“我们要在革命的道路上不断前进，干到底，不回头，我看，你就改叫‘向前行’吧！哦，多了一个字，叫‘向行’怎么样？”俞淦泉反复念了几遍：“俞向行，俞向行，好，就叫这个名字吧！”

“你给我改个什么名字？”邢圣苗问。

俞淦泉看着邢圣苗，目光落在他下巴上那道深深的疤痕上，不禁笑起来，调侃道：“你迷上了打篮球，给脸上留下道痕迹，我看你就改叫‘球痕’吧！”

“不好，不好！”邢圣苗直摇头，“球痕，这叫什么名字？再说也没有什么意义呀！”

“要说意义嘛，”俞淦泉低头琢磨了一阵说，“球痕，球痕，谐音嘛，就是仇恨。有了，旧社会，特别是抗战八年，日本鬼子和汉奸们烧杀抢掠，我们绝不能忘记这些国仇家恨！不要忘记过去，我们才有奋斗的动力啊！”

邢圣苗一时也想不出更好的名字，他在兴头上，就接受了这个有点拗口的怪名字。

邢球痕

邢球痕院士传记

Academician Xing Qiuhen's Biography

第四章

青春似火 南京炮校新教员

在六朝古都南京东郊的汤山镇，邢球痕参军入伍，成为华东特纵特科学校的学员。经过8个月的学习，不满20岁的邢球痕，带着青春的气息走上三尺讲台，成为特科学校的文化教员。

1. 考入特校

1949年10月4日，两个改了名的嵊县小伙子头一次来到大上海，喧嚣纷乱的大都市弄得他俩晕头转向。天色渐晚，得先找个地方住下来。邢球痕早有准备，他有一位亲戚，是当年爷爷奶奶的养子，叫刘菊生，夫妻俩都是纱厂的工人。于是，第一天晚上，邢球痕和俞向行就住在刘叔叔的家里。老家来了人，叔叔婶婶都很热情，做了一小锅大米饭招待两位不速之客。饥肠辘辘的两个年轻人头也不抬，只顾吃饭，几乎把一锅饭扫荡一空。吃完饭才知道，刚解放的上海供给很困难，粮食都是按人头配给的，他们等于把叔叔婶婶一天的口粮都吃掉了。邢球痕和俞向行互相看看，不觉耳根发热，心里很不好意思。

翌日一早，邢球痕和俞向行告别叔叔婶婶，到曹家花园找军校招生处，婶婶追上去，塞给邢球痕两毛钱，说是乘电车得买票。

在招生处，他们见到了解放军同志。听说他们没地方吃饭，解放军同志哈哈大笑："来这里吃饭嘛，保证你们吃饱。"

办好手续就去参加考试。不用说，宁波高工的学生不怕考试，他俩轻松交卷，双双考中。当晚，部队就发给他们军毯和被褥，让他们住在招生处的小洋房里。第二天，他们与其他考生一起，坐闷罐火车去南京。

邢球痕来不及去向叔叔婶婶道别，心里挺不是滋味，只好到南京再写信表示感谢吧！

邢球痕一行人跟着带队的干部到达六朝古都南京东郊的汤山镇。好大的一片丘陵地啊！大片树林和小山中蕴藏着珍贵的温泉资源，许多民国时期的老建筑凝固成历史的音符。这里原是国民党 1931 年成立的陆军炮兵学校，即著名的“汤山炮校”，是中国历史上第一所兵种军校，当年的地位仅次于陆军大学和黄埔军校。

部队领导首先向新来的学员介绍这所新学校的历史。

1947 年 3 月，山东野战军和华中野战军合编为华东野战军后，在山东省沂南县苍子坡正式组建华东野战军特种兵纵队。当年从汤山炮校毕业的陈锐霆将军任司令员，张藩任政治委员。在建立各种下属部队的同时，3 月 18 日，华野特种兵纵队在沂水县后满堂坡村创建了华东特纵特科学校（简称“特校”）。学校以（彭）雪枫大学和山东军政干部学校合并而成的华东军政大学的炮兵大队为基础，加上从东江纵队调来的一批连排干部和 200 余名国民党“解放”人员扩充而成，校长陈锐霆，政委张藩，教育长孙权平。

南京解放后，特校进驻空荡荡的“汤山炮校”，开始招收新生，为我军正规化办学做好准备。

邢球痕穿上了崭新的解放军军装，成为特校的新学员，他与俞向行分在两个队。新学员们自然要问：“为什么不给我们发帽徽和胸章？”

指导员周克光说：“先进行一段基本的军事训练，然后再发帽徽和胸章，那时候就是你正式参加革命的日子。”

有一天，邢球痕去找周克光：“指导员，我想把名字改回原来的，我不喜欢现在这个新名字……”

周克光笑道："你的名字很好嘛，有特色，不用改了！"

"你知道我的名字？"

"你叫邢球痕嘛，浙江嵊县人。"

邢球痕暗暗吃惊，刚刚进特校，指导员要管许多学员，他怎么能记住那么多人的名字?

周克光告诉邢球痕，上级要求基层政工干部必须在两周内记住所有学员的名字、年龄、籍贯等个人资料，不准弄错了。

指导员真棒！邢球痕佩服极了。自此，他再也不为与下巴伤痕有关的名字而纠结于心了。后来参加航天科研工作，不少同事都夸他说："老邢，你这个名字起得好啊，你是要在地球上留下痕迹的人哪！"

军训开始了。山里长大的邢球痕不怕吃苦，很快就掌握了基本队列要领，立正、稍息、齐步走，摸爬滚打，投弹射击，他都是一点就透。但是打绑腿让他犯难，跟队长学了好长一段时间，才把绑腿打得差不多。部队的伙食好，自小营养不良的邢球痕发现自己身材变高了，心里好不自在。

1949年11月，进特校不久的邢球痕

军训结束后，邢球痕（中）与战友合影

军训结束后，学校领导给新学员颁发八一帽徽和洁白的胸章，邢球痕正式成为一位英气勃勃的革命军人了。他对着小镜子照了又照，觉得一股浩然之气从丹田升起。学员们都到照相馆照戎装照，邢球痕也跟大家去照了一张照片，又写了一封信，连同照片一起寄给了爷爷。

正课开始了，宁波高工毕业的邢球痕显然是出类拔萃的好学生，他经常受到领导的表扬。1950 年 3 月 8 日，学校发展第一批新民主主义青年团团员，邢球痕名列其中。

5 月 16 日，邢球痕获得一张“模范奖状”。周克光指导员在“模范事实简述”中写道:“学习好，情绪一贯高涨。因肯于帮助别人，由三组组长提升为副班长，又兼俱乐部学习干事。想办法组织学习，除积极讨论外，又出题测验。劳动家庭养成优良作风，进步快，入团无后补期，立即在团内当选为小组长、支委会组织委员，成为优秀青年团员。劳动中都是以身作则，以实干推动别人……”

2013年6月笔者在西安采访时，看到了这张保存了63年的奖状。青年时代的邢球痕立刻穿越时空隧道，英姿勃勃地显现在笔者的脑海里。

周克光大邢球痕两岁，两个年轻人结下了深厚的战友情谊。无巧不成书，分别16年后，他们竟在一次会议上偶然相遇。那是“文革”初期，中央决定对七机部实施军管，邢球痕去北京参加部里的大会，有一位军管干部正是当年的周指导员。从此，他们一直保持着密切的联系。2014年9月，笔者在参加“《中国航天院士传记丛书》编写工作研讨会”时，与主持会议的中国航天科技集团公司科技委秘书长周晓飞谈起了《邢球痕院士传记》的写作问题。没有想到，又是一个无巧不成书，周晓飞秘书长高兴地说：“我认识邢球痕院士，你书里写的那个周指导员，就是我父亲！”

再说爷爷收到邢球痕的来信后，托人给孙子写回信，告诉他家乡土改了，爷爷的成分被评为赤贫。学校寄来了革命军人证明书，爷爷成了受人尊敬的军属，分得的土地由村里代耕。爷爷的信让邢球痕心里宽慰了不少。

部队是个革命的大熔炉，同志们经常开展批评与自我批评。有一次，邢球痕挨了批评，起因是在主动暴露思想的生活会上，他说，我老想我的爷爷，

1950年，邢球痕（左）与战友张经农合影

要是能回家看看多好啊！结果在班务会上，同志们就批评他家庭观念重。革命嘛！要四海为家，不能老想着自己的小家。邢球痕只好检讨自己，可他心里还是想不通，革命者就不能想家啦？

1950年5月底，8个月的特校学习结束了，学校举行隆重的学员结业仪式，并分配工作。俞向行被分配到工程兵部队，到福建某部报到，邢球痕送他离开南京，两个好朋友从此分手了。

邢球痕被评为模范学员，留校工作，分配在宣传教育科下面的教研室当文化教员。

2. 走上三尺讲台

一走进校机关，邢球痕突然迎头碰到裘东里，两个人同时大叫起来："你怎么在这里！"原来，裘东里也报考了特校，结业后，分配到训练科当干事，两个嵊县老乡在他乡重逢，竟然成为了同事，别提有多高兴了。

还不满20岁的邢球痕带着青春的气息走上了三尺讲台。他的学生大都是炮兵部队的正排、副排级干部，岁数都比他大，是经过战争考验的老兵了，可就是文化程度太低，有的人是一个大字不识的文盲。邢球痕的任务就是要提高他们的文化水平，首先要扫盲，教他们识字。上级发下来的识字课本，第一课课文居然是"王二小过年，一年不如一年"。邢球痕忍不住笑起来，这个识字课本是谁编的呀，真有意思。

邢球痕（前排右一）和南京炮校的战友们在长江边合影

除了上课以外，邢球痕还要教会学员写自己的名字，这是颇费气力的工作。有的学员开窍慢，邢球痕手把手地教了半天，可等到第二天，三个字竟忘了两个。学员憨笑道：“邢教员，我太笨了，只会写一个字。”邢球痕好脾气，特别耐心，再从头教起，直到学员学会写自己的名字为止。他与学员们相处融洽，有一段时间生病了，学员们都来看望这个小弟弟教员，有的学员还送给他毛背心。邢球痕深深感受到革命大家庭里同志之间那种纯真的情谊和温暖。

是年秋，抗美援朝战争爆发。学校派他去江西接兵，招收初中以上的学生当炮兵。邢球痕完成任务返回学校，上级为知识分子定级，他被定为副排级。当学员时他的津贴费是旧币 6000 元（相当于新币 6 角），现在是干部了，他的津贴费涨到了 20000 元（相当于新币 2 元），建国初期的部队实行供给制，这已经不算少了。

1950 年年底，特校更名为中国人民解放军第三炮兵学校（简称“南京炮校”）。华东军区司令员兼上海市市长陈毅来学校授旗并做报告，华东军区炮兵司令员陈锐霆主持报告会。全校师生在大操场上昂首肃立，目不斜视，全神贯注地听陈老总讲话。陈毅浓重的川音在操场上空回荡：“美帝国主义纠集 16 个国家，以‘联合国军’的名义侵略朝鲜，那也没有什么了不起，我们一定可以打败它！”

1951 年春，南京军事学院院长兼政委刘伯承也来南京炮校视察。

亲眼见到这些叱咤风云的开国元戎，邢球痕激动不已。

春天来到南京，二月兰把大地点缀得宛如铺上了海蓝色的锦缎。入夏后，华东军区炮兵政治部从南京炮校抽调了包括邢球痕在内的 18 位同志参加理论训练班。领导说，他们毕业后要去志愿军炮兵师工作。1952 年 9 月，训练班结束，邢球痕没有去朝鲜，而是奉命到中华门外的炮兵速成小学任教。这里的学生大多是连级干部，年龄也比邢球痕大，“小老师”为“大学生”讲“社会发展史”。这门课内容极为庞杂，要从类人猿变成人讲起，一直讲到推翻蒋家王朝的解放战争。

邢球痕认真备课，旁征博引，把枯燥的社会发展史讲得既通俗易懂，又生动活泼，深受这些老资格学员们的欢迎。到了最后一课，邢球痕说，不讲了，

邢球痕（左）与战友们合影

你们都亲身参加了解放战争，大家讨论吧！我来当学生。

3. 突如其来的考试

1952 年 9 月 12 日，中央军委向全军下达了一份文件——《关于调查登记大学、专科学校学生及各种技术人才的指示》，要求各单位在 10 月底之前完成调查登记工作，并速报中央军委。南京炮校接到文件后，立即行动，把调查结果整理好，盖章上报，那名单里就有符合条件的邢球痕。政工干部弄不明白，在全军兴师动众地秘密调查登记“秀才”的目的是什么？问领导，领导说不知道，执行就是了。在严格保密的规定下，被调查的邢球痕自然是懵然不知了。

11 月 24 日，中央军委又向全军下达了一份文件——《关于抽调 300 名助教及 1000 名学员的指示》。文件写道：“为加速现代化国防军的建设，军委创办军事工程学院，培养各军兵种高级军事工程师和技术人员，决定从部队中抽调大学、专科以上理工科学生，对两种抽调对象分别进行文化考试、政治审查和体格检查。一次是对高中毕业和大学肄业一、二年的人员，另一次是对大学肄业三年以上和大学毕业的人员，前者合格即录取为学员，后者合格即录取为助教。选调的原则是：凡是学非所用或大材小用者，或用不了可能调出者均应抽调；报考的学员名额应超过录取数……限于 12 月底考试完毕，录取的学员于 1953 年 1 月集中。”①

直到这个时候，南京炮校的干部们才弄明白，原来从 9 月中旬开始的拉大网似的紧急调查摸底就是为了这所“工程学院”啊！

12 月底，教研室领导通知邢球痕：“小邢啊，去复习几天数理化，准备参加一个考试。先填个表格吧！”

---

① 滕叙兖，《哈军工传》，湖南科学技术出版社，2007 年，第 152 页。

“为什么去考试？”邢球痕一头雾水，他想问个明白。

领导含含糊糊地说：“好事啊，让你去上什么什么工学院。”

“什么工学院？在什么地方？”

领导一问三不知，只好用“军事机密，不许多问”来搪塞邢球痕。

邢球痕有点发蒙，心里七上八下的。他琢磨着，工学院都是地方大学啊，那我可就要脱军装退伍了，哎呀，我不愿意离开部队呀！

几天后，邢球痕奉命到离中华门不远的考场，遇到裘东里等炮校的战友们，他们也来参加考试。邢球痕一点也高兴不起来，见了熟人连话也懒得说。

考官是个中年军官。他先口试，问邢球痕：“你有什么想法？”

邢球痕说：“我不想考，过去学的课程，多年不用，我都忘了。”

考官态度严肃：“那可不行，必须参加考试，不准交白卷，会多少答多少。要是交白卷，我们可要找你们单位的领导。”

邢球痕只得硬着头皮答卷。他在考场上从来没有这样窝囊过，数学卷还行，化学卷难住了他，答得不好。

最后要写一篇命题作文，题目是《第二次世界大战的胜利是否因为美国人扔了原子弹？》

总算应付完这场突如其来的考试了，邢球痕估计自己大概不及格，那正好！我还不想离开炮校呢，管他什么工学院呢！

邢球痕

邢球痕院士传记

Academician Xing Qiuhen's Biography

第五章

松花江畔
名将名师育英才

走进陈赓大将创建的哈军工，师从一代航天元勋任新民，成为固体火箭武器专业的第一期学员，这是邢球痕人生的转折点。从此，他把忠于人民忠于党、献身祖国的国防科技事业作为自己终生不渝的奋斗目标。

1. 走进哈军工

转眼到了1953年元旦，邢球痕早把那场考试置之脑后，心情平静地当好他的社会发展史教员。2月中旬，教研室领导通知邢球痕："你被103部队录取了，车票在这里，快到哈尔滨报到吧！"

从领导手中接过录取通知书和火车票，邢球痕心神不宁。他弄不清这个103是个什么部队，什么学校，可又不准问，军人讲究服从命令。他匆匆与同事们告别，打起背包，向美丽的金陵古城留恋地眺望了一阵，才默默地上了北去的火车。越往北天气越冷，邢球痕那一身薄棉军装显然抵御不了北方的严寒，让江南水乡长大的他颇感不适。过了山海关，火车在大雪覆盖的关东原野里吃力地爬行，漫长的旅途折腾得邢球痕疲惫不堪。他靠在硬座上似睡非睡，觉得自己的大脑就像车外的雪原一样白茫茫的一片，此刻他还不可能意识到首次北上将揭开他人生崭新的一页。

整整两天两夜，火车终于到达终点站哈尔滨。邢球痕还没有走出车厢，就惊喜地看到几位军人上了车，他们捧着皮大衣、皮帽子，还有肥大的大头鞋，笑容满面地朝自己走来。

“你就是邢球痕同志吧？”一位老军人向邢球痕伸出手来，“欢迎你来到咱们军事工程学院。哈尔滨太冷，赶快换装吧！”

邢球痕这才弄明白，原来103部队就是军事工程学院，他不但不会退伍，还要上大学——一所全军最大最好的理工科大学。乖乖！真要高兴死了！他穿好皮大衣和大头鞋，戴上皮帽子，跟着103部队的同志们下了车，站到车站月台上。虽说哈尔滨天寒地冻，滴水成冰，可邢球痕全身暖融融的，他与同车到达的其他新学员一样，兴奋得满脸通红。

南岗是哈尔滨市地势最高的地方，军事工程学院校址就选在原哈医大的校园里，除了供奉孔夫子的文庙和当年日本关东军留下的四栋楼房外，这里基本上是一大片没有人烟的茫茫荒野。现在，中国历史上从未有过的多军兵种、综合型的高级国防科技学府——中国人民解放军军事工程学院（简称“哈军工”），就要在这片荒野上拔地而起。

哈军工第一期1000余名学员，还有300多位助教基本到齐，都是从全军选拔上来的优秀青年。报到后，邢球痕想尽快把喜讯告诉爷爷，他请好假，约上几个同学，去市里照相馆拍了张纪念照。一张初到北国冰城的戎装照带着他的无限思念寄回了几千公里外的嵊县太平村。他同时给好友周蔚如写信，告诉他自己的近况，请他帮助照顾年迈的爷爷。

哈军工的院长兼政委是叱咤风云的开国元戎陈赓大将，陈赓的传奇故事始终是学员们津津乐道的话题。能成为陈赓院长的学生，是第一期学员最引以为荣、感到自豪的事。邢球痕多次听过陈赓的报告，在工字楼学员大食堂，陈赓常来检查学员的伙食，亲口尝尝饭菜如何。邢球痕和同学们围着谈笑风生的陈赓，被院长幽默风趣的话逗得大笑。他把院长的话牢记在心间：“帝国主义欺负了我们100多年，现在还在欺负我们，你们一定要立志改变我军技术装备的落后状况，下决心学好专业，为国防现代化贡献出自己的力量。”

1953年，初到哈军工时的邢球痕

年初成立的新生大队分编为6个学员队，党团员占80%。经过几年军旅生活的磨炼，一期学员的政治素质都比较好。但由于参军后南征北战，又没有机会复习功课，学员们的文化程度参差不齐。

陈赓院长指示，立即依靠老教师和助教队，实施补习高中数理化课程的预科教育，并适当进行军政训练和语文学习，为大学本科教育打好基础。

3月9日，预科教育正式开始，军号响过，院区内一片安静。教室里，学员们第一次听教授讲课，只见教授空着手，没带一纸讲稿，深入浅出，推理严密，讲出口的每一句话，几乎都是不可少的。当下课的号声响过时，教授放下粉笔，恰好讲完了一堂课的全部内容，那整洁的板书就像是铅字印刷在黑板上。第一期学员对老教授们佩服得五体投地。但是教授们也很严厉，课程进度很快，作业很多，且必须按时完成。一门“解析几何”，19个学时就赶完了。于是，很多学员感到吃力、紧张和不安。成绩上不去的学员拼命“加班加点”，有人夜里辗转难眠，出现神经衰弱的症状。然而，邢球痕一直排在学习成绩好的行列里，当年在宁波高工打下的扎实的数理基础，使他能轻松自如地完成预科的学习任务，并经常帮助学习吃力的同学。

4月初，学院组织一次全面检查，陈赓亲自听取汇报，作出一系列重要指示。之后，学院按学员的实际文化程度重新编队，以利于教师因材施教。邢球痕自然编入成绩最好的那个学员队。

6月是哈尔滨一年中最好的月份。松花江水欢畅地滚滚东去，太阳岛上的丛林葱茏叠翠，白杨飞絮，刮起“六月雪”，丁香飘香，引来群蜂忙。

军工大院，出早操的学员们以班为单位，在文庙街上跑步，“一、二、三、四”的响亮口令声此起彼伏。一期学员经过84天的高中文化补习，已进入复习和准备本科入学考试阶段，人人努力向上，谁也不敢松劲。

月底，陈赓院长组织了一次重大活动，他把朝鲜战场上英雄的15军军长秦基伟请来，给全院人员作上甘岭战役的报告。

1952年10月，上甘岭战役在一块只有3.7平方公里的弹丸之地上展开。在44个昼夜的攻防争夺战中，三兵团15军和12军的将士们与敌人殊死搏斗，共歼敌2.5万人，取得了举世震惊的“上甘岭战役”的胜利。

邢球痕和同学们一起坐在小树林里，激动万分地望着陈赓院长陪同秦基伟军长走上讲台。秦基伟中等身体，紫铜色的脸膛，军容整齐，声若洪钟。

陈赓和院领导坐在最前排，和大家一起聚精会神地听报告。秦基伟的报告整整讲了四个小时，他从黄继光、牛保才讲到邱少云，志愿军的英烈事迹如霹雷闪电，震撼着人们的心房，冲击着人们的灵魂。当讲到邱少云在烈火中献身的时候，只见陈赓院长站起来，掏出手绢，擦着满脸的泪水，然后面向全场，举起右臂，大呼道："同志们！我提议，我们大家起立，为我们志愿军烈士们默哀三分钟！"

全场肃立，人们低头静默着，在心里向那些为国捐躯的英烈们致敬。

那天晚上，邢球痕没有去食堂。他双眼红肿，心情沉重，在院区小路上慢慢地走着。他在低头深思，对照志愿军，自己的人生之路应该怎样迈步？为了我们的战士今后不再吃上甘岭坑道战那样的苦头，自己必须学到真本领，将来制造出最先进的武器装备来。

8 月底，一期学员本科考试结束，开始分系报名。大多数同学一窝蜂地填报空军工程系，其次是海军工程系，报名最少的系是炮兵工程系，这让陈赓很不高兴。政治部副主任张衍特地给学员们作报告，说明炮兵在战争中的重要性。

1953 年 11 月，在第二期学员入伍仪式上，陈赓（左二）与徐立行（左一）、张衍（右一）检阅哈军工学生分列式

来自南京炮兵学校的邢球痕对炮兵有深厚的感情，他毫不犹豫地填报了二系——炮兵工程系。

9月1日下午，哈军工举行隆重的开学典礼，邢球痕和同学们一起，昂首走过主席台，接受中央军委代表团首长和陈赓院长的检阅。

2. 师从任新民

邢球痕被分配到二系固体火箭武器科。这是中国高等教育历史上第一个火箭专业，是哈军工唯一的绝密专业。该科只设一个班，共有20名学员。不久，科里任命莫仓圻为班长，邢球痕为副班长。

负责该科教学的是固体火箭武器教授会，教授会主任是著名的留美博士任新民教授。

任新民教授是安徽省宁国县人，生于1915年12月。1934年，任新民考取中央大学化学工程系。卢沟桥事变后，又转入重庆兵工学校大学部。1940年毕业后，任重庆兵工署21厂技术员，兵工学校大学部助教、讲师。1945年5月，任新民考取美国密歇根大学研究院的研究生，先后获机械工程硕士学位和工程力学博士学位。1948年9月，被美国布法罗大学聘为讲师。

身在海外的任新民十分关注中国时局的发展，看到新中国即将诞生，他感到欢欣鼓舞，1949年夏天，经过一番曲折的海上历险，他终于回到了祖国。

1941年，任新民与未婚妻虞霜琴在重庆

9月底，任新民与张述祖等一批兵工专家应邀到南京，组建华东军区司令部军事科学研究室，这是新中国最早的一个国防科研团队。

在陈毅和粟裕等首长的关怀下，研究室成立了四个课题组，任新民负责的课题是“用火箭发动机来推动鱼雷”。他在美国学的是机械工程，固体火箭发动机是个全新的课题，没有任何经验可资借鉴，但他兴趣盎然，非要弄懂不可。任新民与鲍廷钰一起，试制复合固体推进剂。他们想用过氯酸钾作氧化剂，但南京没有，后来得知上海火柴厂错购了一批过氯酸钾，任新民亲自跑到上海，以便宜价格购回了这批货。在中华门外的金陵兵工厂里，任新民自己动手，把废炮筒加工成试验燃烧室，装配固体火箭发动机。但他们遇到点火即爆的困难，通过摸索，对点火器的设计、药柱设计和火药加工工艺采取了一系列措施，终于取得初步成果，达到了正常燃烧要求。

抗美援朝战争爆发后，军事科学研究室的工作更加繁忙了。不久，上级下达了一项十万火急的任务。从苏联购买的“喀秋莎”火箭炮运抵中国后，试射时发现有哑炮现象，而前线急等着火箭炮上阵杀敌，延误一天，就意味着我们的战士多流一天血。中央军委知道华东军区有一批兵工专家，便急电粟裕，要求组织专家火速解决这个技术问题。

专家们只用了一周多的时间，就找到故障的原因在于引信装置有问题，同时提出简单易行的解决方案。重新试射后，“喀秋莎”火箭炮的巨响震撼着大地。

粟裕将军闻讯后，以手抚额，高兴地说："多亏了我们的专家们，这一下我们志愿军在前线有了'杀手锏'了。"①

后来，任新民的小组研制了新的火箭弹，制造数枚用于试验。结果证明，其性能与苏联的"喀秋莎"火箭弹不相上下。

史料表明，中国最早研制固体火箭弹的是钟林。抗日战争末期，时任50兵工厂成都分厂厂长的钟林仿制美国"4.5"火箭弹，于1947年试制成两枚样弹，由兵工署火箭科徐兰如等人在南京组织试射，结果尚佳。1948年，钟林到达解放区。1950年，他带领一批助手到沈阳52厂（后改称724厂）继续固体火箭弹的试制工作。后来，钟林调重工业部任副部长，试制工作由52厂厂长佟磊负责。这个研制团队里有徐兰如、李乃暨、吕去病、方俊奎、谢光选等一批优秀科技骨干。他们克服重重困难，研制出两种型号的火箭弹，于1952年批量投产，在朝鲜战场、越南奠边府战役和解放一江山岛作战中都发挥了重要作用。②

几乎与沈阳同时，南京军事科学研究室的任新民等人也在固体火箭弹的研制方面取得了可喜的阶段性成果。重要的是，独立摸索出研制经验的任新

① 采访任新民、许啃子、赵子立等记录，2000年。
② 采访徐兰如记录，2012年。

民在哈军工建立起中国高等工科院校的一个崭新专业，致力于培养中国自己的固体火箭科技人才。

回望时光60年，我们可以说，钟林和他的助手徐兰如、李乃暨等人，任新民和他的助手鲍廷钰等人，都堪称对中国固体火箭事业有开山之功的先驱者。

1952年8月中旬，南京军事科学研究室奉军委调令，成建制地调往即将成立的哈军工，成为组建哈军工的三支重要力量之一。陈赓慧眼识英才，任新民被任命为筹委会委员。尽管他还不是党员，却是陈赓倚重的助手。

1952年年底，筹委会工作收尾后，任新民匆匆北上，到了哈军工。1953年8月，他接受了新的任命：教务处副处长，与处长曹鹤荪教授搭档，主要任务是制定全校的教学计划。

1955年，任新民出任炮兵工程系（二系）火箭武器教授会主任，讲授固体火箭课。不久，又出任系教育副主任。他把主要精力都用在教授会的建设和培养学生上。那个时候，全中国有几个人懂得火箭呢？有在南京那几年的工作实践，任新民已经是哈军工首席火箭专家了。

1955年秋全军授军衔。鉴于知识分子干部军衔偏低，陈赓专门找总政干部部，要求提高他们的军衔。翌年7月，哈军工重新为知识分子授军衔，任新民与马明德、梁守槃三位教授被授予全院瞩目的

哈军工炮兵工程系领导合影（左起：任新民、刘吉林、贺振新）

最高技术军衔——技术上校。陈赓尊贤爱才，对任新民的器重可见一斑。

作为任新民的弟子，邢球痕和他的同学们深感荣幸，他们不仅跟任主任学习知识，还跟任主任学习做人。任新民凭借谦虚谨慎、坦诚宽仁的品格，刻苦执着、一丝不苟的治学精神，成为邢球痕终生的楷模。

在任新民的领导下，火箭武器教授会的中青年教师团结一致，形成一个特别能干的集体。建立起一个新专业谈何容易，除了有“喀秋莎”火箭弹为教学用的武器实物，谁也没有看见过真正的固体火箭，更不用说可以制导的固体弹道导弹了。教师们一边准备开课的讲义，一边建设实验室，五年里要开出 30 余门课程。除了任新民主任，还有两位老师给邢球痕留下了深刻印象。一是副主任金家骏教授，1919 年出生，1945 年毕业于兵工大学，也是从南京军事科学研究室调来的教师。他性格活跃，爱说爱笑，嗓门大，可以在王字楼大教室给学生上大课；二是年轻助教周曼殊，1929 年出生，1952 年从厦门大学毕业，哈军工一成立就被调进来，成为任新民的得力助手。由于业务精湛，深受学员欢迎，1956 年晋升讲师，1962 年晋升副教授，是哈军工导弹工程系的骨干教员之一。[①]

哈军工校风端正，教学相长。身为班干部的邢球痕，与教师接触多，师生关系十分密切。周曼殊老师只比他大一岁，他们就像亲兄弟一样无话不谈。

① 采访金家骏、周曼殊记录。

邢球痕（右）与池俊（左）抱着金家骏老师的双胞胎女儿在哈尔滨市留影

邢球痕在教室留影

3. 钱学森的身影

1955 年 10 月，著名旅美科学家钱学森回到祖国。11 月 22 日，钱学森启程去东北参观，第一站就是哈尔滨。钱学森提出，他在哈尔滨有两个朋友，一个叫罗时钧，一个叫庄逢甘，听说在军队的一所大学里工作，希望这次能见到他们。黑龙江省委立即通报哈军工，在北京的副总参谋长兼哈军工院长陈赓大将以最快的速度表态：欢迎钱学森博士来学院参观指导。

11 月 25 日上午，浓重的雾霾滤掉了隆冬的大部分阳光。当一轮硕大的红日从系大楼屋脊的“大老虎”后面冉冉升起的时候，钱学森在哈军工与清晨专程从北京飞回来的陈赓大将见面，他们紧紧握手的那一刻，成为中国航天事业的历史起始点。

上午，陈赓、刘居英等院领导及与钱学森分别多年的老同学周明鸂教授陪同钱学森参观学院。看完空军工程系后，陈赓不顾双腿隐痛，又陪同钱学森参观炮兵工程系。

任新民副主任带着钱学森看了火箭武器教授会的几个实验室，特别是室外的固体火箭点火试车的试验。任新民的工作引起了钱学森极大的兴趣。

任新民指着几个10多米高的铁架子，谦虚地说："不怕钱先生笑话，我们做比冲试验，方法很原始，另外用火箭弹测曲线，也是笨办法上马。"

钱学森认真地说："不容易！你们的研究工作已经有了相当的深度，尽管条件有限，已经干起来了嘛！迈出这一步，实在出乎我的意料！"

任新民拿出美国空军的一份短期训练教材，就固体火箭推进剂配方、装药中的材料和工艺等问题向钱学森请教，俩人谈得很投机。

钱学森对陈赓说："任教授是你们的火箭专家，我今天有幸认识了他！"

陈赓介绍说："任教授这几年一直在搞火箭方面的研究和教学。"停顿了片刻，陈赓缓缓问道："钱先生，您看，我们……能不能自己造出火箭来呢？"

钱学森双目炯炯，看着陈赓，不假思索地脱

口而出："有什么不能的？外国人能造出来的，我们中国同样能造出来，难道中国人比外国人矮一截不成？"

陈赓脸上掠过一丝惊诧，旋即眉峰一扬，开怀大笑。他趋前一步，紧紧握住钱学森的双手，以语到石穿的豪迈声音说："好！我就要您这句话！"

钱学森离开任新民的实验室时，沉静地看着任新民，两个人双手紧握。钱学森充满感情地说："我们一见如故，希望不久我们再见面，深入探讨一些问题！"

中国两位伟大的科学家、彪炳青史的航天工程大师是在哈军工的那个冬日，在编号为21号的教学大楼里，在陈赓大将的身边，第一次相识。从此，他们就像一对伴星，在中国航天科技的天空上闪耀着灿烂的光芒。

钱学森正在系里参观的消息，像一阵风一样传到一期和二期学员当中。同学们兴奋起来，七嘴八舌，都想看一看钱学森的风采。班干部商量后，提议大家在不影响学院这一重大活动的前提下，从远处看一看。那天，邢球痕有幸在远处看到了身穿黑色大衣的钱学森，心里别提多高兴了。

那个时候，学员们自然不可能知道更多的情况。史料记载，那天晚上，陈赓院长在大和旅馆设宴招待钱学森。席间，陈赓三句话离不开火箭，他向钱学森提出更深层次的问题。钱学森谈到如果研制射程为 300 ~ 500 公里的短程火箭，弹体及推进剂用两年时间可望解决，关键问题是自动控制技术，恐怕难以一下子突破。他看着坐在对面的任新民，问道："任教授，是不是这样？"

任新民点点头，他把今天火箭武器教授会同钱学森讨论的结论简单说了一遍。大家的话题都围绕着火箭，这个晚宴成了科技研讨会。

陈赓听大家和钱学森谈得投机，很是兴奋。他解开风纪扣，朗声道："钱先生的话让我心里有了底，我们一定要搞自己的火箭。我可以表个态，我们军工将全力以赴，要人出人，要物出物，钱先生只要开口，我们义不容辞！"说到这里，陈赓举起盛满红葡萄酒的高脚杯站起来，大声说："我提议，大家举杯，为欢迎钱先生参观我们学院，为发展我们中国自己的火箭事业，干杯！"

繁星在清冷幽深的夜空中闪烁，哈尔滨的街道上静悄悄的，可大和旅馆里仍然灯火通明，这是中国科学史上意义非同凡响的聚会。中国航天事业的第一个誓师会是在哪里举行的？实际上是在哈尔滨市，在哈军工，在陈赓为钱学森举行的这个小型欢迎晚宴上。钱学森在晚年的回忆中，深情地说："我回国搞导弹，第一个跟我说这事的是陈赓大将……陈赓接见了我，还吃了顿晚饭……"①

与钱学森相识不久，任新民萌生了中国应该发展可控地地火箭和地空火箭的设想，他与金家骏和周曼殊两位教师讨论后，三人联名写了一份对研制火箭武器和发展火箭技术的建议书，请学院党委转呈陈赓院长。

没过几天，任新民等人的建议书由陈赓转报中央军委，摆在国防部长彭德怀的案头。彭德怀很重视任新民关于研制火箭武器的建议，阅毕当即批给黄克诚和万毅阅。1956 年 1 月 20 日，彭德怀主持军委会议，讨论通过了这个建议，拉开了中国发展导弹的序幕。是年秋，有一次，陈赓请任新民吃饭的时候，开

① 钱学森，《周总理让我搞导弹》//《中国航天 50 年回顾》，北京航空航天大学出版社，2007 年，第 2 页。

玩笑说："任教授，你现在在全军名声大振哪！"

任新民不解，只是笑。陈赓补充道："你们三个人的报告登在中央军委的简报上啦！"①

1956年春，在周恩来总理亲自主持下，国务院组织了全国数百名专家集中北京，制定《1956—1967年科学技术发展远景规划纲要（草案）》，确定了57项重点任务，其中第37项是"喷气和火箭技术的建立"。任新民参加了这一部分的起草工作，在武器装备规划中，特别提出开展地对空、空对空各种防御性战术导弹的研究。

4. 鱼雁往还的爱情

1954年，品学兼优的好学生邢球痕光荣地加入了中国共产党。他积极上进，日臻成熟，在学习上总结出了一套行之有效的好方法，始终保持着优良成绩。哈军工学习苏联，考试大多是口试，一个一个进考场。成绩差的学员往往要求排在后面，以便争取多一点的复习时间。邢球痕相反，他常常要求排到前面，他认为拉长复习时间，反而弄得头脑昏昏，影响成绩。在同学们的眼中，邢球痕是个有独立思想的人。

1955年年底，哈军工为全院尉官授军衔，邢球痕被授予少尉军衔，级别比在南京升了半格，是正排级。不久，全军干部实行工薪制，邢球痕的工资是66元。寒门子弟第一次拿到这么多的钱，他从心里感谢党和国家。

系政委贺振新给全系学员讲党课，特别谈到怎么样对待工资的问题。"你们手里有了钱，可不能大手大脚由着性子乱花，"贺政委说，"别忘了家里还很穷，你们要把钱攒下来，寄给家里的老人。"

① 采访任新民记录，2001年8月。

1955年授衔后，邢球痕（前右）与同学们合影

贺政委这话说到邢球痕的心坎上了。他首先还了锦水小学200斤稻谷的钱，又买了生平第一块手表。他最挂念的是年迈的爷爷，每个月都要给爷爷寄去20元。他自幼养成了艰苦朴素、节俭自律的生活习惯，从来不乱花钱。

1956年秋，科里收到嵊县长乐镇的电报，说邢球痕的爷爷病重，要他“速归”。科主任赵文贤中校认为邢球痕一时离不开，就压下电报没有告诉他，并由科里给爷爷寄去60元的治病钱。很久以后，邢球痕才知道这件事，好友周蔚如来信告诉他，多亏哈军工寄来的钱，爷爷的病已经治好了。

邢球痕为此感动不已，他要把60元钱还给赵主任。赵主任说，这是组织上对你的生活补助，不用还了。邢球痕感谢哈军工，这是个让他一生都魂牵梦萦的温暖的革命大家庭。

哈军工建院之初，陈赓院长多次告诫学员，要专心致志搞好学习，不要急于谈恋爱。钱学森参观哈军工后，院系领导号召学员们以钱学森为榜样，

1955年冬，邢球痕与同学们合影（左起：刘树华、池俊、马宗光、邢球痕）

胸怀大志，努力学好专业。针对有的学员着急找对象的问题，领导说：“看看钱学森，人家很晚才结婚。你们年纪轻轻的，急什么呢？”

在客观上，哈军工除第一期招收了少量女学员外，从第二期起，多年不招女生，因此，女生十分稀缺。在男学员的海洋里，女生个个都是“宝贝”，绝大多数男生想找对象，环顾四周没有目标。第一期学员情况更特殊，他们都是部队选来的调干学员，年龄偏大，除了早已结婚成家的不算，要这些大龄单身汉清心寡欲，心如铁石，不考虑自己的婚事，那也是不切实际的。

1956年春天，科里领导突然宣布：你们第一期学员可以谈恋爱了，但是不要影响学习。单身汉们喜形于色，邢球痕这才突然意识到，自己老大不小了，是应该找一个女朋友了，可看看周围那清一色的男子汉，他心里凉了半截，在哈军工找对象——没戏！

一天，邢球痕收到周蔚如的来信，说到他的大妹妹周慰君到太原学习邮电报务工作。“哎呀，我怎么忘记了老周有个大妹妹呢！”邢球痕恍然大悟。读中学时，邢球痕常去周家，周伯母也是邢氏远亲，对他特别好。而周蔚君还是个“绕床弄青梅”的小姑娘，彼此连句话都没有说过。邢球痕居然想不起她长啥模样了。再说，女大十八变，天晓得她现在是个什么样子。

考虑了好几天，邢球痕决定试探一下，毕竟周家是自己知根知底的同乡近邻。他给周蔚如写了一封回信，直截了当地问道：“如果你妹妹没有对象，我可不可以同她谈对象？”

很快，邢球痕就收到周蔚如热情洋溢的回信：“我愿意当你和我妹妹的红娘……”信中写明妹妹在太原的地址。

临近暑假，邢球痕得知同班同学马野要回太原看望爱人和孩子，就拜托这位老大哥、自己的入党介绍人：“我在太原有个小老乡，请你抽空去看看这个姑娘，把我的信交给她。”

马野笑道：“老乡？是女朋友吧，神不知鬼不觉的，一下子就有对象了！”

邢球痕红着脸，把一封信交给马野。他在信里问了一句糊涂话：“你到了太原，怎么不告诉我？”信封里夹带了一张自己在哈军工的戎装照。当然，信的重点内容是：“你能送我一张照片吗？”

太原的回信让邢球痕心跳加快，喜上眉梢。他小心翼翼地拆开信封，一张照片翩然落下。姑娘面容清秀，楚楚动人，两条乌黑的大辫子垂在两肩，正朝着邢球痕微笑呢。小伙子看了又看，不禁怦然心动。姑娘在信里反问：“我连你在哪里都不知道，怎么给你写信呢？”

周慰君比邢球痕小六岁，1950 年小学一毕业就和表妹邢仪燕去绍兴参加工作，她们被分配到鲁迅越剧团，在小歌班学唱戏。虽说嵊县是越剧的发祥地，但嵊县人不一定都愿意唱越剧。周慰君喜欢听，可唱不来，别扭了好一段时光，领导不再勉强她，于是派她到鲁迅纪念馆上班。她喜欢读书，更敬仰伟大的鲁迅先生，所以踏踏实实地在鲁迅纪念馆当管理员，勤恳工作的姑娘常常受到参观者的表扬。1954 年年底，上级又把她调到邮电局。为了培养她当报务员，1955 年送她到太原学习电报业务，实际上是去上中专。在这里，她还学完了初中的课程。

于是，哈尔滨和太原开始了两地书的鱼雁往还，爱情的种子在两个还没有正式见面的年轻人的心里发芽生根。几多期许，几多愿望，都从一页一页薄薄的信纸中轻轻流进彼此的心田。

开学的时候，马野从太原返回学院，他悄悄对邢球痕说："小周是个好姑娘，你小子有福啊！"

5. 在困惑彷徨中的毕业设计

春去夏来，军号声声，哈军工的学习生活紧张而有序。邢球痕感到时间快如流水，一转眼就是一个学期。从基础课、专业基础课到专业课，30多门课程一字排开，从古代火箭历史讲到二战德军的V-1、V-2火箭所开启的现代火箭时代，让学员们在浩瀚的科技知识海洋里遨游。除了课堂学习外，他们每年还有到外地军工厂的实习课。在沈阳724厂实习的时候，邢球痕认识了谢光选等从事固体火箭弹研制的前辈们，谢光选为哈军工学员讲课，使大家受益匪浅。炮兵系的学员必须会操炮，邢球痕当过炮手，用无后坐力炮打"坦克"，还到白城靶场打过"喀秋莎"火箭炮。

1956年10月8日，我国第一个导弹研究机构——国防部第五研究院成立大会在北京一所部队医院的食堂里悄然举行，钱学森出任院长。陈赓大将坚决支持国防部五院，把任新民等四名哈军工专家调给国防部五院。任主任奉调北京去从事导弹研究工作，给哈军工炮兵工程系火箭武器科的学员们很大的鼓舞，我们国家的国防科技事业开始大踏步前进了。

但是，那是个政治运动频仍的时代，谁也休想置身政治的大风大浪之外。

1955年春，一场发端于"胡风反革命集团案"的"肃反"运动席卷全国。在上级的压力下，哈军工"肃反"运动迅速扩大化。全院奉命搞"保密大检查"，半夜突然紧急集合，全体学员被拉到大操场，由工作组到学员宿舍大抄家，凡有文字的纸张、日记本和私人信件一律搜上去检查，甚至要搜身。很多老教师要在大会小会上交代自己的历史；学员班也拍桌子打板凳，批斗审查对象。一时弄得大家人人自危。火箭武器科第二期学员班副班长叶万举是邢球痕的好友，因为工作太认真，被无限上纲为“野心大，走贝利亚道路”，挨批数次，委屈数月。家里不见来信，以为出了事故，叶万举的姐姐给哈军工领导写信询问弟弟的下落。

这样搞运动，担任党支部书记的邢球痕很想不通，怎么能怀疑一切、无限上纲呢？在科领导的主持下，班里成立了两个小组，指定邢球痕和池俊当组长，分别整两个同学，要他们交代个人历史和社会关系。邢球痕和池俊嘴上不说，心里有数，绝不能威吓逼迫同学，搞大轰大嗡，制造冤假错案。他们巧妙运筹，最后，在全班的同心协力下，保护这两个同学过了关，避免了一场悲剧。

1957 年 4 月底，第一期学员学完了教育计划规定的全部课程，陆续进入毕业设计阶段。这是全军历史上首次工科大学毕业设计，既难以找到参考资料，也无实物可作参照，在教师的指导下，主要依靠学员自己进行独创性研究。邢球痕的设计题目是“多级火箭的设计”，指导教师是周曼殊讲师。

5 月的哈尔滨，春风浩荡，浅紫色的丁香花含苞待放，空气里弥漫着一丝淡淡的清香。全院师生响应党中央整风的号召，火热的政治热情把人们的神经绷得紧紧的。

一期学员尽力回避政治运动的冲击和熏染，静下心来搞毕业设计。邢球痕把几年来学习到的知识融会贯通，大脑思维亦进入最佳状态，他设计的两级火箭有两个燃烧室，采用环形喷管，推进剂采用硝化甘油加硝化棉，两个彼此隔开的药柱压注在一起，一起点火，同时排气。针对可能产生的不稳定燃烧问题，邢球痕做了详尽的理论分析，并画了六条曲线，说明在什么条件下会发生不稳定燃烧问题。

周曼殊审阅后，认为邢球痕的设计很有创造性，给予了很高的评价。

谁也想不到，6月8日，全国的整风运动突然逆转，变成“反右派”运动，哈军工受到总政领导

邢球痕（右二）与同学们一起研究毕业设计问题

的严厉批评："反右不力，领导要检查右倾思想！"哈军工领导无可奈何，只好急起直追，停止一切教学活动，数不清的恐怖惨烈的"打右派"悲剧在全院上演。正在做毕业设计的邢球痕目睹了种种令人心惊胆寒的事，他对极"左"整人那一套东西有一种天然的厌恶和排斥，他困惑彷徨，只能闭上嘴巴，保持沉默。在激烈的运动中，全班同学没有一个人被划为右派，这与邢球痕等班干部正直善良、头脑冷静不无关系。

由于"反右派"运动的冲击，本应在夏天离校的第一期学员推迟半年毕业。10月下旬，哈军工成立了第一期学员毕业答辩委员会，学院从军内外邀请了任新民、谢光选等55位专家、学者来院参加毕业设计答辩。11月12日，毕业答辩全部结束，参加答辩的654名学员中有214名取得优等成绩，其中就有邢球痕，任新民等老专家对他的多级火箭设计给予好评。一期学员的毕业设计都作为绝密资料保存起来。

根据上级指示，第一期学员要参加三个月的全民整风运动，领导说这是"政治上的毕业答辩"。在"左"的政治氛围下，横祸飞来，命运突变，有的学员提了比较尖锐的意见，被划为"右派分子"。邢球痕对这些整人的运动依然不理解，惶惑下只能谨言慎行。

1958年年初，在毕业前夕的紧张日子里，哈军工又奉命在一期学员中开展"社会主义教育运动"，史称"红专大辩论"。这个运动的主要内容是检查学员的世界观是否是资产阶级的，要求把认识统一到"绝大多数学员在世界观上，还是只专不红的"上面去。领导给学员排队，一类是又红又专，二类是重专轻红，三类是只专不红。学员们都想不通，特别是经过战火考验的同志哭笑不得："我们枪林弹雨都经历过，一直是革命军人，解放军中的一员，来军工念了几年书，怎么就成了资产阶级知识分子了呢？怎么还要说立场问题没有得到解决呢？"邢球痕很伤心，新中国一成立，自己就一直在部队学习和工作，一直是先进典型，怎么来哈军工读了五年书，就变成了“资产阶级知识分子”？他和同学们去找即将调往国防部五院的刘有光副政委，希望找到答案。刘有光目光忧郁地看着他们，欲言又止，最后感叹道：“没有办法啊，我也想不通，这是上边布置的。”

当时“反右”补课正在学院里“高歌猛进，走向胜利”，谁还敢有胆量站出来唱反调呢？哈军工院系领导有难言苦衷。“红专大辩论”折腾的结果，每个人都给自己戴上一顶“世界观还属于资产阶级知识分子范畴”的大帽子，今后争取“红透专深”，努力改造世界观，这才完事大吉。

6. 铭记陈赓院长的叮嘱

1958年3月26日，哈军工举行了第一期学员毕业典礼，这不仅是学院的大喜事，也是全军的大喜事。国防部长彭德怀元帅于当日签发《中华人民共和国国防部命令》：“中国人民解放军军事工程学院第一期学员已完成教育计划。根据毕业考试委员会的报告，下列636名学员考试及格，准予毕业，授予毕业证书。”

国防部副部长李达上将专程从北京赶往学院，在军人俱乐部举行的隆重的毕业典礼上讲话，表示祝贺。

邢球痕和同学们一起，军容整齐、精神抖擞地接受刘居英和其他院领导颁发的毕业证书。

当大会宣读陈赓院长在病中写给毕业学员的一封信时，会场爆发出雷鸣般的掌声，站在毕业学员队伍里的邢球痕心情激动地聆听院长的书面指示：

“……随着国家经济建设、文化建设的蓬勃发展和处在今天的原子、火箭时代，我们就有可能，而且必须积极地运用各种科学技术成就，以加速我军的现代化建设。

“我军是一支人民的军队，以为人民服务为宗旨。因此，各种先进的科学技术，必须由忠于社会主义事业的人来掌握。我们的技术军官，不仅要精通业务，而且必须具备为社会主义、为人民服务的思想品质。政治是统帅，政治是灵魂。我们的目标是“又红又专”“红透专深”。

“几年来，你们在学校学到了很多理论，这是非常必要的。今后，如何运用理论去解决各种实际问题，又从实际中进一步提高理论，就成为你们的重要任务了。理论只有通过实践，才能得到验证，才能得到发展。也只有这样的理论，才是真正的、有用的理论。要圆满地解决这个问题，使理论与实际密切地结合起来，必须坚决防止骄傲情绪。要重视体力劳动和感性知识，要虚心向广大官兵学习，要从群众的发明、创造、合理化建议中，吸取养料，以求不断提高自己解决实际问题的能力。只有精通理论，并具有丰富实践经验的干部，才能称得起精通某项业务的专家。”①

陈院长的话多么亲切呀！像父亲与孩子们促膝谈心，字字句句如春风化雨，滋润着年轻人的心田。毕业生们心潮澎湃，许多人情不自禁，眼角湿润了。当读完陈赓的书面指示之后，全场再一次响起经久不息的掌声，那掌声饱含着哈军工学子对陈赓院长的崇敬爱戴之情，表达了毕业学员牢记他的谆谆教诲，矢志报国、献身国防现代化建设的坚定决心。

邢球痕和同班5位同学一起被分配到北京的国防部五院。他兴奋得彻夜难眠，因为就要见到任新民老师了！告别生活了五年多的母校，告别了滚滚东流的松花江，邢球痕英姿勃发、满怀壮志地走向新的工作岗位。

---

①哈军工史料《工学》，245期，1958年3月27日。

邢球痕

邢球痕院士传记

Academician Xing Qiuhen's Biography

第六章

牛刀小试 “上游二号”飞起来

1958年夏，刚毕业的邢球痕在国防部五院参加“上游二号”的研制，初战告捷，给钱学森留下了深刻的印象。三年经济困难时期，他在仿制“543”导弹等科研任务中磨炼成长，崭露头角。

1. 回绍兴完婚

1958 年 4 月 10 日，几十名分配到国防部五院的哈军工毕业生在北京车站受到五院干部部部长等人的热烈欢迎。邢球痕同班一行 6 人到一大队机关报到后，被分配到四室一组当技术员。四室是液体发动机研究室，室主任正是老师任新民。

任新民笑容可掬，欢迎他的学生们。“先不忙投入实际工作，”任新民缓缓说道，“你们先读两本书吧——《导弹概论》和《液体火箭发动机过程》。”

邢球痕和同学们每天除了看书学习，查技术资料，也帮任主任描图或计算液体发动机的传热问题。4 月底，北京春意盎然，草青树绿，领导却下达一个跟业务工作毫无关系的任务——“除四害，打麻雀”。邢球痕心里犯嘀咕，在哈军工的时候就敲锣打鼓地打过麻雀，现在还要打，干嘛总跟这个小生灵过不去呢！可这是政治任务哦，大家带着铜锣之类能吓唬麻雀的家什，在长辛店的空地上轰麻雀，等于放假郊游了。没有想到，人事部门突然送来喜讯：哈军工分配来的新同志，可以休探亲假了。

从1949年秋离开家乡，时光倏忽飞驰了九年，邢球痕一直没有机会休假。爷爷80多岁了，他实在想回嵊县看看老人家。1957年年初，邢球痕在湘潭的工厂实习，返程路过杭州。他事先约周慰君从绍兴过来，匆匆见了一面，一对情侣第一次见面，自然有说不完的甜蜜话，可惜没有那么多的时间。两人约好，邢球痕一毕业就结婚。这一拖就拖到了1958年春，邢球痕心里哪能不着急呢？可是工作第一呀，他一直不好意思开口请假。现在他写好结婚申请报告，请五院一大队人事部门批准，开出结婚证明信。

“你先回去吧，我们马上办！”人事干部说，“你人到家了，证明信也就寄到了。”

邢球痕手头正紧，从老同学莫仓圻那里借了100元，急忙购票上火车。他归心似箭，过黄河跨长江，一路南下到了绍兴城，未婚妻正在站台上穿越人群急切地寻找他呢！

出了火车站，邢球痕问：“我们单位的介绍信到了没有？”

小周说：“我天天都到收发室查信，没有来呀！”

没有单位介绍信，就开不出结婚证。两人商量了一下，邢球痕先回太平村看望爷爷。

九年前走出的故乡，山川依旧，剡溪清清，太平村还是那个古老朴陋的山村。邢球痕在自己家的门前站了片刻，端详着门上那面“光荣军属”的红牌牌。街坊邻里眼尖，发现邢圣苗回来了，都热情地围拢过来。邢球痕轻轻推开门，屋里很暗。83岁的爷爷坐在屋角，愣怔了一阵才明白是孙子回来了，他颤巍巍地想站起来。邢球痕急忙上前扶住爷爷，大声喊：“爷爷，圣苗回来看您了！”

爷爷只是点头，不住嘴地喃喃自语：“好，好……圣苗，回家了……”

乡亲们寒暄了一会儿，都各自离去。邢球痕扶爷爷坐下来，爷爷说：“圣苗呀，你给我剪剪……”他伸出脚来，邢球痕看清爷爷的脚趾甲很长，忙从挎包里找出指甲剪，俯身给爷爷修剪脚趾甲，之后又帮爷爷修剪手指甲。爷爷真是老了，耳聋眼花，羸弱不堪，他多么需要年轻人的照顾啊！

爷爷望着邢球痕，似乎想起了什么，对他说："扶我……到街上走走吧！"

邢球痕搀扶着爷爷在太平村的街上慢慢地小步走，乡亲们不断围拢过来，向这爷孙俩打招呼，爷爷乐得合不拢嘴。九年没有回家的圣苗，当了解放军军官的圣苗回来了，这成为太平村传播数日的大喜讯。

月亮从东山头升起来。邢球痕为爷爷准备好了晚饭，他一边陪爷爷吃饭，一边大声告诉他自己要成亲的事儿。爷爷高兴得直流泪，他说要带上鸡蛋，去开元镇周家，看一看亲家母。

第二天一早，邢球痕到太平生产小队队部，感谢生产队的干部多年对爷爷的关照。听说今天社员要下田插秧，他也要去。大家拦不住，说说笑笑地带着邢球痕下田。邢球痕身体好，他把最累的平田的活儿抢过来。乡亲们赞不绝口，说圣苗现在都是大军官了，回家一点架子也没有，还是咱们太平的人啊！

干了一天的农活，邢球痕回到家，刚洗完脸，周蔚如推门进来了，两个老同学紧紧地抱在一起。周蔚如告诉他，慰君下午来了电话，五院的证明信寄到了，要他明天赶回绍兴。当时全国农村正处于兴修水利运动的高潮，迎接全面的大跃进，基层干部精神亢奋，疲于奔命，周蔚如说了几句话就匆匆走了。

晚上，在乡亲们的陪同下，邢球痕去母亲的墓地叩头，黄金丛的两位舅舅也闻讯赶过来。多年别离，乡亲们的话说到了半夜，个别生活困难的乡亲吞吞吐吐地想跟邢球痕借点钱。尽管邢球痕自己也不宽裕，还是给了每人十几元到二十元。

雄鸡叫了三遍。天刚蒙蒙亮，邢球痕告别了爷爷，到长乐镇乘长途汽车，两个多小时就到了绍兴。他和周慰君马上去登记，办好了结婚证书。那一天，邢球痕永远不会忘记——1958 年 5 月 10 日。

周慰君的小舅舅钱进（原名邢司卿）是浙江省军区的干部，在绍兴工作。舅舅让出自己住的一间小屋，算是新人的洞房了。此时，大跃进运动已经轰然而起，人们加班加点连轴转，挑战应战打擂台，喊口号，表决心，激情如火。按规定，周慰君有三天婚假。但周慰君的工作很重要，离不开，只能照常上班。邮电局局长说：“小周结婚了，要买喜糖啊！”周慰君赶快去商店买了一大包糖果，每人两块喜糖，送给 100 多位同事。喜事虽然办得简简单单，但人们给了新人最真诚的祝福。

邢球痕和周慰君的结婚照

2．“上游二号”

邢球痕从浙江返回北京，少不了要给同志们发喜糖，同志们都来向新郎官道喜。此时，五院的科研编制作了调整，一大队变成一分院，原来的十个研究室改为十个设计部，下设研究室，再设工程组。钱学森兼一分院院长，老专家们出任各设计部的主任，如第一设计部主任是徐兰如，第二设计部主任是屠守锷，第三设计部主任是任新民……

五院正处于开始仿制“1059”导弹的关键时期，要把秘密藏在长辛店马列主义学院那个20多米高的庞然大物解剖开来测绘，工作量大得可怕，任新民是仿制工程的领军大将。邢球痕跟着任新民翻译、复制资料，审核、描绘图纸，每天忙得不知道东南西北、日月星辰。

根据任新民的意见，第三设计部成立了一个固体发动机设计组，由设计部直接领导，由邢球痕当组长，他的同班同学吴一正、金宏猷，还有一位中专毕业生是组员。

8月，第三设计部搬到南苑东高地日本人留下的飞机库里上班，钱学森常来看望大家。在哈军工时，邢球痕只能远远望着钱学森的身影，现在可以与钱院长面对面地说话了。

不久，轰轰烈烈的“大跃进”运动席卷全国，到处都在建土高炉、大炼钢铁，报纸上的“高产卫星”天天放，中国人都在“升虚火、发高烧”。邢球痕亲眼看到北京郊区的农民把即将开镰收割的水稻拔出来，集中栽到一块稻田里，再拉上电，用鼓风机吹这块“高产卫星”田，然后兴高采烈地敲锣打鼓去报捷，希望上级领导来参观。原来“高产卫星”是这样放出来的！邢球痕眉头紧锁，他无法理解，哪有这样的农业大跃进！

大跃进和人民公社运动如火如荼，政治形势咄咄逼人，五院也不得不组织队伍去河北省徐水县参观人民公社，这里是中央抓的“全面实行供给制的共产主义试点县”，红得发紫。不用说，五院的科研工作受到政治运动的严重冲击。多亏聂荣臻元帅出面支持任新民，保证了仿制工作的正常进行。

8月末的一天，任主任给邢球痕布置任务：“小邢啊！钱院长给你这个组下了个任务——研制‘上游二号’，就是研制一个无控的固体火箭弹，指标是打45～50公里，战斗部就按60公斤考虑。要求你在一个星期内拿出设计方案来。”

“7天？……”邢球痕惊讶得瞪大双眼，这怎么可能？

任新民微笑道：“钱院长特许你们不用去大炼钢铁，保证你们的工作时间。”

邢球痕急急忙忙回到宿舍，和组里同志商量了半天，大家既高兴又犯愁。高兴的是钱院长亲自布置了真枪真刀的国防科研任务，说明上级领导信任我们这些刚走出校门的年轻人；犯愁的是任务太急了，7天的设计时间怎么够用呢？

邢球痕寝食难安，他反复思考，只能硬着头皮往上冲。多亏毕业设计时他的题目就是多级火箭，这回借得上力了。

废寝忘食的一个星期过去了，邢球痕拿出了设计图纸。他还去请教屠守锷，屠老总拉了一会儿计算尺，鼓励说：“你的设计可行啊！”

钱学森组织了一个“上游二号”的领导小组，他亲自任小组长，一些设计部的主任是小组成员。

在二营门里的一个四合院，钱学森、徐兰如、谢光选等领导来听邢球痕的“上游二号”方案论证会。这枚固体火箭的主要指标为：全长3700毫米，直径300毫米，内径288毫米，全弹重550公斤，战斗部60公斤，最大射程46公里。

对年轻人设计的二级火箭、采用的固体药柱及同时排气的方案，钱学森点头表示认可，方案算是通过了。下一步，钱学森指示要由一部徐兰如主任来牵头，领导邢球痕小组具体实施，做出“上游二号”的样弹并试射。

徐兰如生于1918年，江苏省江都县人，早年毕业于重庆兵工大学，是中国研制固体火箭的老前辈，他比邢球痕大一轮，两人都属马。在兵工界，徐兰如素以勤勤恳恳、认真负责而闻名，口碑极佳。他指导年轻人时总是循循善诱，和蔼可亲，鼓励年轻人大胆去干。邢球痕能在徐兰如直接领导下，心悦诚服。不久，邢球痕小组又增加了几个年轻人，小伙子们拧成一股绳，同心协力要把“上游二号”拿下来。

找到300毫米直径的无缝钢管来加工弹体，这相对容易一些，难的是固体火箭发动机的心脏部分——固体双基药柱到哪里去找。多亏得到一分院六室王克元的帮助，利用苏联的“543”导弹药柱，与245厂协作，完成了药柱再加工。

样弹是在211厂几个车间制造和装配的。大跃进时代的年轻人，一腔热血，干劲冲天。邢球痕和同伴们天天下厂，夜以继日地苦干了两个多月，硬是做出了几个样弹来，下一步就是地面点火测试了。

在长辛店云岗试验站后山的荒山坡上，邢球痕和吴一正等同事们挖了一个大坑，立起三根角铁搭起的架子，用吊车把火箭发动机喷管朝上倒吊起来，先用一台装有药柱的试验发动机点火，测试压力等数据。接着建造了一个钢筋混凝土试车台，附近有个内径1.5米的混凝土下水管，正好当测试掩体。准备就绪后，第一次发动机试车，放进了7根药柱，点火后燃烧正常，到接近3秒钟的时候，发动机外壳烧得通红，有的地方窜出火苗，最后爆炸了，没有烧完的药柱飞出10多米远。大家从管道里钻出来，看着黑乎乎的发动机外壳，很伤心。钱院长听说后，前来主持讨论会，让大家查找失败的原因。分析的结果，一是发动机壳体不耐高温，二是药柱里有气孔，引起爆炸。一番改进后，把发动机壳体内涂上耐高温的涂层，同时消除药柱气孔，第二次试车圆满成功。

已经是12月份了，按计划要找个靶场试射，邢球痕到炮兵司令部找炮兵参谋长陈锐霆将军。当年的炮校首长欣慰地握着自己学生的手，问长问短，最后亲自开出介绍信。他让邢球痕到兰州军区，那里有一个永登炮兵靶场，足够大的了。

试验队伍由徐兰如带队，邢球痕申请了专门的军用车厢，负责押送三发装着假战斗部的试验火箭弹，直奔甘肃省一个叫喜集水的小火车站。路上有的车站不放行，邢球痕就说：“你把我的车厢停下来也行，你得赶快把周围老百姓疏散了。”铁路工作人员一听，吓了一跳：“你的车厢要爆炸呀！赶快走吧！”

日夜兼程到了喜集水，下车又翻了一道山梁，才到炮兵15师驻地。说来也巧，邢球痕碰到了南京炮校的老同学。没得说，老同学开着吉普车，带着邢球痕漫山遍野选择发射场，一切都顺顺利利，兰州军区参谋长也赶来观看试验。

邢球痕他们在永登炮兵靶场旁的山窝窝里，架起两个帐篷。大西北的寒风吹袭着帐篷，发出“哗哗”的声响。徐兰如和邢球痕一行试验人员都住在里面，开始了紧张的试验准备。

试射那天，第一发弹点火后，火焰迅即喷出，火箭弹飞离发射架，呼啸着向目标方向奔去。邢球痕和吴一正立即钻进吉普车，在靶场上疾驰，他们要找到弹着点，评价试验的结果。

邢球痕和吴一正回来得很晚，满身满脸的灰沙，疲惫不堪。可两个年轻人喜气洋洋地对徐兰如说：“徐总，试验很成功啊！和靶场同志再三测量，这发弹打了 46 公里，弹着点离中轴线 1 米左右。”

徐兰如很高兴：“不简单！我们的‘喀秋莎’火箭弹只能打 8 公里，‘上游二号’是它的 5 倍多呢！”

然而，第二发弹却失败了，点火后，火箭弹在发射架上爆炸了。大家情绪沮丧，估计还是药柱里潜伏的气孔在捣蛋。

徐兰如打长途电话请示院里，一分院副院长林爽说，回来吧，不打了！

回到北京，钱学森听取了试验汇报，认为“上游二号”取得了阶段性成果。他对邢球痕说：“向彭德怀部长汇报了，彭部长说，这种弹不要搞了，太小，像个山药蛋！”

邢球痕感到挺可惜，不过，转念一想，刚毕业就能参加型号研制，对自己的锻炼可真不小，特别是采用双燃烧室同时点火排气的方案，在解决不稳定燃烧的问题上做了有益的探索。

因为研制“上游二号”，邢球痕给钱学森留下了深刻的印象。后来，谢光选对邢球痕说，钱老当时说了，这个小伙子不错啊，7 天就拿出了设计方案。

“上游二号”试验人员合影（前排左起：邢球痕、金宏猷、徐兰如、王海涛、吴一正）

2012年8月，笔者（右一）在北京采访参加“上游二号”试验的徐兰如（右二）、邢球痕（左二）、吴一正（左一）

3. 仿制“543”导弹

1959年年初，结束“上游二号”的工作后，邢球痕小组又接受了新的任务——仿制苏制萨姆-1防空导弹，中国的代号是“543”导弹。

在学习并熟悉“543”导弹固体助推器技术资料后，要选择合适的合作厂家。邢球痕以火箭工程师的身份跟随五院副院长刘秉彦少将到沈阳出差，考察了沈阳的军工厂后，确定把111厂作为导弹总装厂。他们又去了太原，选择743厂为固体火箭助推器的壳体试制工厂。

回到北京，邢球痕奉命组织三人驻厂工作组，已经晋升为中尉的邢球痕为组长，组员是吴一正和金宏猷。他们的身份是五院总设计师单位驻厂代表。一分院三部在全力以赴仿制地地导弹，任新民部长太忙，邢球痕的工作就归马云涛政委来管。

邢球痕一行到太原743厂以后，驻厂苏联专家也到了，邢球痕与苏联专家相处融洽，彼此都很友好。驻厂工作组的主要任务是帮助工厂审查图纸，翻译《验收技术条件》等俄文技术资料。在堆积如山的图纸中，三个人像战场上的侦察员，仔细搜索，滴水不漏。凭借在哈军工养成的严谨作风，他们竟发现图纸中有不少错误，一个数据错了，就会形成一个错误链，最后统计下来共有200多处错误。邢球痕与苏联专家交涉，一张一张地指给专家看，专家核对之后点头耸肩，承认错误，表示抱歉。邢球痕又带领大家一一修改图纸中的错误，保证工厂的正常加工。事后，苏联驻北京的“543”导弹总代表十分佩服邢球痕，称赞这位艺高心细的中国青年是“很有才华的人”。

1959年，中央的口号依然是“高举三面红旗，乘胜前进，继续跃进”，但去年那种举国高歌欢腾、人人激昂亢奋的狂热政治局面在无奈地逐渐降温，随之而来是可怕的大饥荒在全国无声无息地蔓延开来，中国人民开始饿肚子了。743厂招待所的食堂除了水煮胡萝卜片，几乎没有别的菜，每顿饭能有一白一黑两个小馒头已经很不错了。超负荷工作的邢球痕他们还要强打精神硬挺着上班。不过，作为现役军人，他们比工人的粮食定量要高出一大截，车间主任一个月定量尚不足24斤。看着面黄肌瘦、勤勤恳恳的车间主任，邢球痕于心不忍，要支援他点粮票，车间主任再三感谢，可说什么也不要。

上级对仿制任务要求很紧，工人们常常加班到夜里12点。为了保证夜班工人的体力，车间主任经过努力，解决了加班工人一碗大米粥的夜餐问题，工人们闻讯喜形于色。在挨饿的年代，那可是令人垂涎的美味啊！邢球痕他们每天随工人加夜班，可他们远离大米粥，为的是让工人同志们多吃一点。黑馍不够吃，邢球痕他们便利用周日到野外挖野菜，回来让食堂加工一下。野菜吃多了引起便秘，邢球痕吃够了苦头，回北京时，总不忘买些果子露顺肠片带回来用。

仿制生产中的难关不少，缺材料、缺设备，都要邢球痕出面协调解决。从苏联进口的一种含铬锰硅特种钢材，必须用特殊设备来加工。743厂啃不动，邢球痕穿梭于北京与太原之间，几经周折，最后在北京211厂解决了。

进入1960年，中国国民经济到了最困难的阶段，大饥荒的惨云愁雾覆盖着全国城乡，特别是农村，饥饿问题比较普遍，饿死人的情况时有发生。邢球痕在太原大街上，也能经常看到佩戴黑纱的人们。偏偏在这个时候，中苏两党的关系急剧恶化，意识形态的斗争严重影响到两国的正常关系，苏方做出决绝的反应，从不提供图纸和技术资料发展到全面撤退在华工作的专家。与邢球痕合作愉快的苏联专家要回国了，邢球痕请示马云涛政委。“一定要热情欢送，”马政委说，“我们不能忘记苏联专家对中国国防建设的真诚帮助。”

7月，邢球痕热情周到地安排苏联专家在华的最后日子，一直把专家送上去莫斯科的国际列车。在北京站握别之时，专家对提前离开中国深表遗憾，他再三感谢邢球痕这位中国兄弟的热情相送。

回到三部，马云涛政委表扬说：“球痕啊，你们很好地完成了在太原的任务！”

一个月前，邢球痕接到周慰君的来信。信里说，爷爷去世了，是病饿而死，已经安葬了，别因此影响你的工作。

邢球痕正忙得不可开交，不可能回家乡奔丧，他暗自垂泪，伤心不已。现在，他决定向领导请探亲假。

邢球痕急匆匆地赶到绍兴，见到了日夜思念的妻子。去年，在“跑步进入共产主义”的热潮中，周慰君怀孕期间依然日夜忙工作，妊娠四个月了，还要参加支农劳动、下水田插秧，最终因为劳累过度而流产，此时看上去也难掩虚弱气色。周慰君说，她流产后，向单位请了几天假，回老家休养，爷爷知道后，提了一小筐鸡蛋，拄着竹杖，艰难地走了五里山路，来看望自己。

“这是我第一次，也是最后一次见到爷爷。”周慰君感叹道，“老人家真好，可惜我人在绍兴，没有办法照顾老人啊……”

邢球痕无语凝噎。他握别妻子，星夜兼程赶回嵊县太平村，到爷爷的坟墓前长跪不起。

大饥荒的阴影笼罩在家乡的村镇街巷上，面带菜色的乡亲们告诉邢球痕，你爷爷其实是饿死的。

邢球痕不解:“我经常给爷爷寄钱寄粮票呀……”

“咳，这年头，粮票哪能到得了老人家的手里哦……”

“老人又聋又瞎，孤苦伶仃，浮肿以后，更没有人管他啦……”

乡亲们七嘴八舌，述说着爷爷离世前的苦难境遇。

邢球痕紧咬着嘴唇，他茫然地望着这个空荡荡的老屋子，爷爷的影子依稀在他眼前晃动。

邢球痕

邢球痕院士传记

Academician Xing Qiuhen's Biography

第七章

大海捞针
东山沟里固体芯

五院成立之初，北京东山沟里的年轻人在李乃暨的带领下，苦苦探索着复合固体推进剂的研制道路。与之同时，西安丈八沟里的肖淦团队也在做同样的研究工作。两支队伍强强联合，终于迈出了关键的第一步。

1. 肖淦和他的团队

在固体火箭发动机的发展史上，有一个鲜为人知的团队——肖淦的研究所，他们在固体火箭推进剂的研制中作出了特殊的贡献。

肖淦，原名施家淦，1917年7月18日出生于江苏省无锡县（今无锡市）一个名门望族的大家庭里。父亲毕业于美国哈佛大学，他希望肖淦走留学为官之仕途。然而，天性开朗、思想活跃的肖淦，在民族危亡的年月成为爱国学生运动的积极分子。1937年"卢沟桥事变"后，同济大学一年级的肖淦投奔了延安。1938年入陕北公学学习，同年3月加入中国共产党。后来，在八路军里任宣传干事的肖淦编写出《步枪》《手榴弹、掷弹筒、迫击炮弹》两本读物，他的兵工才华受到上级的赞赏。

1942年7月，肖淦奉命离开部队，进入军工局，到兵工厂里担任绘图员、生产管理员，从此开始了他为之奋斗一生的兵工事业。1943年10月，肖淦奉调组建军工局化验室，改行从事化工类工作。这是他一生从事火炸药类化工工作的开端。抗战胜利后，肖淦和一批老兵工离开延安，去开辟东北解放区。

1946年9月，肖淦到东北军工局鸡西办事处研究室，筹办兵工厂。翌年7月，到密山县参加东北第一个火药厂的建设，先后担任工程师、研究室主任、副厂长等职。在很短时间内，他主持攻克了许多技术难关，生产出各种弹药，有力地支援了解放战争和抗美援朝战争。

1952年9月，肖淦奉调沈阳负责组建二机部第三研究所——中国唯一的火炸药研究所，领导火炸药研究工作。

“太行山老兵工”肖淦学识渊博，思维缜密，威望很高。他的部下人才济济，三所在新中国成立之初的国防建设事业中举足轻重。

1955年12月，归国不久的钱学森到东北参观，从哈尔滨南下，在沈阳作了一场报告，其中谈到现代尖端武器——火箭的发展问题。听了钱学森的报告后，肖淦大受启发，他认为三所今后要朝着火箭的方向发展，为火箭提供动力的推进剂正与三所的工作相吻合。他向全所传达了钱学森的报告，讲了自己的设想，三所的科技骨干十分兴奋，都同意肖淦所长的意见。肖淦马上组织力量

肖淦

收集有关的科技资料，他派刘国雄等人到北大、清华的图书馆，查找国外文献，外语好的大学毕业生也被派出去搜集关于火箭导弹方面的蛛丝马迹。1957 年，三所奉命迁到西安南郊丈八沟新址。肖淦一边领导大家学习导弹基础知识，一边着手试制液体推进剂。几个月后，觉得方向不对了，就改为试制固体推进剂。研制火箭炮的火药是三所的老本行，由李志刚和刘国雄组织起一个科研组，探索固体推进剂的密码所在。1958 年，他们开始研制聚硫橡胶，工作进展很快，这一年的春夏之交，三所就做出了固体推进剂的药条。

那一年，在台湾海峡的一场空战中，有一枚美制“响尾蛇”空空导弹没有炸响，被我军缴获。这枚导弹被送到三所，肖淦组织力量解剖，进行反设计，以便下一步进行仿制。三所把研究成果上报国务院，受到上级的表扬。1959 年，三所成立了五个研究室，科研成果层出不穷，尤其是固体推进剂的研制工作红红火火，又依托西南 40 公里的户县 845 厂作为生产基地，可谓兵强马壮，基础扎实。然而，单位之间的藩篱和科技资讯的滞后，西安三所还没有被北京的国防部五院发现。

2. 李乃暨和东山沟的固体芯

五院成立之初，第十研究室是推进剂研究室，暂由九室主任梁守槃代管。但该室的科研力量十分薄弱，只有 19 名 1956 年毕业的大学生和一名秘书。当时，这个研究室承担着液体推进剂和固体推进剂的研制任务，而相比液体推进剂，固体推进剂的研究工作更像是一张白纸。三个刚走出校门的年轻人组成一个研究小组，却不知道干什么。

1957 年 4 月底，从沈阳 724 厂调来一位风度翩翩、举止儒雅的老专家出任十室主任，他叫李乃暨。

1915 年 8 月 9 日，李乃暨出生于浙江省嘉善县。父亲是清末秀才，曾主办私塾，后家道中落，父母节衣缩食，全力支持子女读书。李乃暨自幼聪慧，苦读经年，1933 年 9 月考取南京中央大学化工系，1935 年 9 月肄业，又考入南京兵工专门学校应用化学科第四期。“卢沟桥事变”后，兵工学校迁往重庆，设专科部和大学部，他于 1938 年 6 月从大学部毕业。

抗战时期，李乃暨先后就职于国民政府兵工署属下的工厂和研究机关，埋头从事弹药研究、试验和生产。1949 年 2 月至 11 月，他在台北兵工署台湾办公处任技术专员。

新中国建立后，怀着对故土的眷恋和对现代弹药技术的酷爱，李乃暨几经周折，从台北返回大陆。1950 年 3 月奔赴东北，在 724 厂任工程师，继续从事弹药技术工作。在 724 厂，他如鱼得水，开始施展在弹药技术方面的专长与才智。在抗美援朝战争期间，他作为技术负责人之一，承担了双基药的试制任务。弹药试制工作是异常危险的，当时我国的技术与设施设备还相当落后。他迎着困难上，夜以继日地战斗在车间和实验室，同有关科技人员、工人反复研究、反复试验、反复摸索，成功地用当时尚属国内首创的无溶剂法安全地制备了双基药，并很快投入批量生产，广泛应用于各种炮弹和火箭弹，有力地支援了我前线将士，也为后来的固体发动机双基药的研制奠定了技术基础。

之后，他身先士卒，与徐兰如等老同事投入到 90 反坦克火箭弹的研制中，战斗在设计、生产、试验第一线。哪里最困难、最危险，他就出现在哪里；遇到技术问题，他虚心地同技术人员、工人一起研究、讨论，积极地出主意、想办法。工人们都异口同声地称赞李工程师工作认真负责、埋头苦干、平易近人。正因为在研制90火箭弹中的突出业绩，他获得了东北军工局授予的特等奖。①

钱学森把李乃暨调进五院，为中国航天推进剂事业选择了一位领军大将。

出于安全考虑，十室在长辛店云岗的东山沟选址。那是一片远离人烟、林木稀疏、杂草丛生的荒山沟壑，五院在东山沟一带建起了一批简易的平房作为实验室。李乃暨到职后，深为年轻人的工作热忱所感动，他一边自学《火箭技术导论》，一边发动

20世纪50年代初，李乃暨与724厂的同事们合影（前排左起：方俊奎、黄雍纯；后排左起：徐兰如、李乃暨）

① 谭邦治，《李乃暨：中国导弹与航天技术的开拓者之一》，光明网，2006年6月1日。

大家探索研究方向。液体推进剂进展比较顺利，1957 年年底选定了偏二甲肼，但固体推进剂的研制遇到了相当大的困难。

在当时的历史条件下，国外的固体火箭发动机技术属于高度军事机密，对中国严加封锁；国内的化工基础又相当薄弱，相关的原材料无处可寻。不像液体火箭推进剂，有仿制型号“1059”，固体火箭推进剂的研究处于一无所知、无从下手的困难局面。开始寄希望于苏联，可几经努力，最后还是落了空。聂荣臻副总理感慨地说：“谁也不可能把最先进的东西交给别人。”有一次，钱学森对李乃暨说：“我在美国的时候，与火箭技术人员一起喝啤酒，听他们议论推进剂，老说‘策皮考尔’，你去查查什么意思？”李乃暨查清楚了，那是“聚硫橡胶”，是美国人在 40 年代初合成的一种液态橡胶。1957 年年底，李乃暨派舒诚等人去中国科学院长春应用化学研究所搞协作，目标是合成液态的聚硫橡胶。①

不久，五院体制调整，十室变成一分院六室，室主任仍是李乃暨，政委是刚调来的老干部路九牧。李乃暨带领六室的年轻人四处奔波，查询资料，从有限的国外刊物上大海捞针，捕捉到了一些有关的信息，如“复合推进剂”“贴壁浇注”“星形内孔”等词组，顺着这些蛛丝马迹，索微探幽，一步一步地分析出了固体火箭推进剂的模糊概貌。中国固体火箭发动机的基础探索就在东山沟起步了。

1958 年年初，从长春传来了好消息，舒诚与长春应用化学研究所的科研人员通力合作，在实验室合成了聚硫橡胶样品，拿到了复合推进剂粘合剂的入门钥匙。五院领导立即指示六室派人到锦西化工研究院扩大试制，很快实现了小批量生产；同时，哈军工雪中送炭，把当年任新民从南京带到哈尔滨的 2 吨可作氧化剂的过氯酸钾支援给了五院六室。六室的年轻人打响了复合推进剂的攻

① 李乃暨，《回顾五院初期推进剂研究室》//《航天事业三十年》，航天工业部，1988 年。

坚战，实验室里烟雾弥漫，异味熏天，但无人叫苦，艰苦的探索终于换来了甜美的果实。

1958 年 7 月的一天，在五院礼堂举行的成果献礼大会上，六室年轻的女科技人员、四川姑娘赵世昭走上主席台，她高举一根铅笔大小的灰色小条，大声说："这是我们六室做的固体药芯！"

在与会者的注视下，赵世昭用尖嘴钳夹住药芯，点燃瞬间，火焰四射，光芒鲜艳夺目。[①]

会场上掌声雷动，坐在第一排的钱学森等院领导为这一成果鼓掌祝贺。坐在会场里的邢球痕也和大家一起热烈鼓掌，衷心祝贺六室战友的骄人成果。他知道，一根不起眼的小药芯标志着我们找到了登山之路，今后他将要和六室的同志们并肩战斗，去攀登固体火箭发动机的高峰。

3. 强强联合，迈出关键的第一步

复合固体推进剂的探索和研制，西安三所与五院一分院几乎在伯仲之间。

北京东山沟里的人们苦苦探索着复合固体推进剂的时候，西安丈八沟里也在做同样的研究工作。1958 年秋，李乃暨主任在接待西安三所朱华民来访时，了解到西安三所在复合固体推进剂的研制上取

①《当代中国的航天事业》，中国社会科学出版社，1986 年，第 126—129 页。

得了可喜的进步。他们技术力量雄厚，科研经验丰富，尤其有安全方面的经验。为了学习三所的先进经验，李乃暨和路九牧商量，并征得西安三所同意，1959 年 3 月，派出以赵世昭为组长的协作组到西安三所，两个单位组成代号为“502”的推进剂研究小组。1960 年 3 月，五院又派去一批人员加强 502 小组的工作。是年 10 月，经过双方科技人员日夜攻关，通过向推进剂里加稀释剂，502 小组终于摸索出真空浇注工艺，为后来的贴壁浇注药柱奠定了重要基础。

五院与三所以国防大局为重，精诚团结，强强联合，自力更生，攻克难关，使得我国复合固体推进剂研制工作迈出了关键的第一步。

邢球痕

邢球痕院士传记

Academician Xing Qiuhen's Biography

第八章

移师西安
丈八沟里练兵忙

1961年年初，为了组建固体发动机的专门研究基地，五院把复合固体推进剂的研制力量成建制地调往西安三所，实现两支队伍的强强联合。作为五院第一个固体发动机设计组组长的邢球痕，也偕爱人调往西安。

1. 第一次搬家 —— 移师西安三所

1959 年，西安三所领导到北京向二机部五局汇报工作，希望进一步加强固体火箭推进剂的研究工作，五院一分院六室派王克元等五人与会。[①]

1960 年，钱学森考察了西安三所，对三所的工作给予高度评价。

1960 年 9 月 29 日，五院决定在一分院六室的基础上，成立发动机过程研究所，代号 0686 部队。梁守槃任所长，路九牧任政委，李乃暨任副所长。该所的任务是研究液体、固体火箭发动机的工作过程特性、各特性间关系及各种推进剂的使用性能，其中四室为固体发动机过程研究室，舒诚任主任，车家德任政委。

复合固体推进剂是易燃易爆的危险化学物质，面临严重的安全问题，在首都北京的南郊地区建立这样有安全隐患的科研单位显然是不合适的。五院向国防科委建议：在西安地区建设我国的固体火箭推进剂基地，以三所为主体，联合西安户县 845 厂，创造扩大试制和试验的条件。不久，国防科委就批准了上述建议。

---

① 采访陈明义记录，2013 年 6 月。

国庆节刚过，五院领导邀请二机部五局和西安三所的领导在北京会商。为了加快固体火箭技术发展，双方一致同意将四室从北京调往西安，充分利用三所的有利条件，共同开展复合推进剂和固体发动机的研制工作。这一建议上报国防科委主任聂荣臻元帅，很快得到了批准。五院趁热打铁，两位副院长王秉璋和王诤亲赴西安调查，着手组建固体发动机的专门研究基地。①

年底，从西安传来好消息，502 小组运用新研究出来的特殊浇注工艺，顺利浇注了直径 65 毫米的试验发动机，并成功地进行了地面热试车，测得了较高的比冲值，证实了复合固体推进剂具有较高的能量。由赵世昭带领的协助组为此荣获集体三等功。

1960 年是中国三年经济困难时期最为严峻的一年，五院人在艰苦的日子中埋头苦干。民以食为天，为了解决填饱肚子的大问题，东山沟里响起了开荒种地的热闹声音。没有长幼之分，没有上下之别，大家挥起镢头铁锹，播下了种子，也播下了希望。

为了给面黄肌瘦的脑力劳动者多一点营养，发动机过程研究所的领导决定在东山沟的食堂里专设科技人员售饭窗口，伙食标准略高一些。所谓高，不过是在菜里添点荤腥。

开饭时间到了，只见路九牧政委走向行政人员的售饭窗口，接过窝窝头和水煮大白菜，行政干部和工人自觉地排在路政委的身后。可是，科技人员售饭窗口前却空荡荡地没有人。路九牧一看，科技人员依然排在老窗口，个别在新窗口打了饭菜的科技人员，硬是把饭菜拨给工人师傅，甚至为了一小片肉，也在大庭广众之下推来让去。路九牧坐不住了，走到科技人员中间，动情地说：“你们都是聪明人，咋就想不通？你们的身体不光是自己的，也是人民的，是我们

① 《航天四院简史》，2012 年，第 12—15 页。

党的！我们事业的成败主要靠你们哪！开设这个窗口，是革命事业的需要……”

科技人员鼻子发酸，手中的饭勺在颤抖……①

从浙江探亲回来的邢球痕奉命去打羊草。他和吴一正起早贪黑，顶着烈日在长辛店的河滩上挥镰割草。他们饥肠辘辘，汗流浃背，但还是咬紧牙关硬挺着。青草要晒八成干，两人抬个破门板，把羊草收集起来，一堆堆运走，整整干了一个月。

邢球痕的固体发动机设计组开始壮大了。年中，分来了从捷克留学回来的朱明，还有张扬中、项建杏等 14 名大学毕业生。邢球痕眉开眼笑，从太原赶回北京接待他们。大学生没有地方住，五院只好搭个帐篷安顿他们。邢球痕说，这怎么可以呢？天凉了要生病的。他把宿舍让给年轻人住，自己搬到办公室，晚上把几张桌子拼起来就是一张床了。鉴于当时没有明确的科研任务，邢球痕组织年轻科技人员学习英文版的《喷气推进》(JET PROPULSION)，他一有时间就为年轻人答疑。接近年底，院里下达了新“红旗一号”防空导弹的研制任务，邢球痕收起镰刀，带领同志们投入新的工作中。有时，他也跑到东山沟，为各种专业的大学毕业生开课，主讲“543”导弹。当时在五院，像他这样在哈军工学过固体发动机的纯科班出身，又亲自仿制过“543”导弹、摸过固体发动机的科技骨干堪称凤毛麟角。

1961 年 1 月，邢球痕的固体发动机设计组并入发动机过程研究所，他与路九牧、李乃暨等所领导有了密切的接触。

成家以后的邢球痕深为两地生活而苦恼。妻子流产后亟需照顾，他鞭长莫及，只能在信里宽慰妻子，字字珠玑，倾述衷肠。他向领导提出申请，希望能把周慰君调到北京。那个年月，很多知识分子夫妻长期两地分居，过着牛郎织女般的生

① 李威，《蛟龙吼天》，中国宇航出版社，2006 年，第 49 页。

活，是极为普遍的社会现象。调爱人进北京？谈何容易！周慰君那边也不乐观。邮局领导说了，你是技术骨干，又刚刚入党，我们是不会放你走的。

1961 年 2 月初，成群的喜鹊“叽叽喳喳”，在东高地飞来飞去。邢球痕真是好运气，爱人终于调进了一分院。单位在东高地分给他们一间小屋，周慰君一边学习，一边等待分配工作。

几个月来，关于四室成建制调往西安三所是五院领导反复研究的一件大事。单身汉好办，人走家搬嘛，一声令下，打起背包就出发；成家的中年科技人员拖家带口，不能说走就走，要解决许多实际问题。有的家属不肯离开北京，不免要拖后腿。五院刘有光政委亲自进行思想动员，讲大局，讲奉献，

1961年，周慰君调入北京后与邢球痕合影

五院各有关部门也同心协力帮助四室，保证了搬迁工作克服困难向前推进。

刘有光政委在动员会上问大家，你们有什么要求尽管提，院里能解决的一定解决。会场上沉默了一阵，没有人提出什么要求，最后有人提出，希望去参观人民大会堂。刘有光朗声笑道，这个要求一定要满足，参观人民大会堂就是爱国主义教育嘛！于是，准备去西安的近百名同志一起走进了庄严辉煌的人民大会堂。

作为五院第一个固体发动机设计组组长，邢球痕是一定要去西安的。全组是否都去，老总们的意见不一致。任新民和林爽想把邢球痕小组留下来，最后钱院长拍板：走一半，留一半。吴一正等留在北京，邢球痕挑选了张扬中、朱明等 7 名年轻人西迁。

仍然待分配的周慰君怎么办？一分院干部部门早与路九牧政委研究好，路政委对邢球痕说："把小周一块儿调走嘛，我们正需要人呢！"

1961年，在西安三所时的邢球痕

室政委得知周慰君也要随邢球痕一起调离北京，便把邢球痕找去，急切地问道：“你怎么擅自把爱人带到西安去呢？要知道把你爱人调到北京，是多么的不容易？！”

邢球痕从没想过离开北京会对个人及家庭产生什么影响，便笑着回答：“我不是擅自的，是路政委决定的，不信，你去问他。”

邢球痕长期在部队环境里成长，“国家至上，个人服从组织，绝不能以个人利益为由向组织提出要求而干扰组织的决定”早已成为他克己奉公、严以律己的座右铭。

1961 年 3 月，路九牧和李乃暨带队，四室 99 人分批到达西安三所。邢球痕小组于 3 月 16 日到达西安。

2. 一边工作，一边学习

四室搬到西安后，融入西安三所的三个研究室里，该室主任是刘忠良，副主任是周凤春——建国初第一批兵工女专家之一。邢球痕和蔡念谦是二室一组的两位大组长，邢管双基药，蔡管复合药。邢球痕的主要任务是带领全组设计新红旗一号地空导弹的固体发动机，常年跑北京、沈阳、太原等地搞协作。

周慰君被分配到资料室管理科技图书和资料，

与推进剂专家李志刚的夫人一起工作。

初到西安的东山沟人，生活依然是清苦的。首先是没有住房，单身汉们好办，在一个大教室里摆进 30 多张上下床；结了婚的小夫妻就难了，大多是分开找个地方暂住。丈八沟三所的同志们以满腔热忱欢迎他们，纷纷腾出宿舍，为北京新来的同志们解燃眉之急。

2013 年 6 月，85 岁的陈明义老人向笔者回忆起 1961 年春天那段难忘的生活。

“北京一下子来了百十来名同行，首先要让他们安顿下来，三所宿舍在沙浮坨村，我们先为他们腾宿舍，没有一个人说怪话。接着就为他们盖新宿舍，三所的人抢着参加基建，我曾多次去背砖头。五院同志谁家有事，比如说生孩子，三所的人就主动去帮忙。那正是饿肚子的年月，我们每人一天一斤粮，五院的人粮食定量比我们高。大家凑在一起匀着吃，周六打打牙祭，两个单位的人紧密团结，亲密无间，像一家人。那一年，我们基本上是练兵，一边工作，一边学习，每天上班先上课，下班前也上课。尽管有诸多困难，人们努力学习专业的热情不减，挑灯夜读蔚然成风。那个年代风气真好啊！”

邢球痕手不释卷，给全组同志作出了表率，年轻人与他保持亦师亦友的融洽关系。1960 年夏分配到组里的项建杏回忆他对邢球痕的印象：老邢平易近人，朴朴实实，没有架子，热情帮助我们这些刚出大学校门的年轻人，与我们打成一片。那时候生活困难，副食供应很差，我们年轻人想买点辣椒酱佐餐，可那是凭户口本供应的。我们单身汉没有户口本，就去跟老邢借，他回家取来户口本，让我们去买辣椒酱。后来我们突然明白，我们买了，老邢自己就没有了。他怕我们过意不去，再三说他们家不吃辣子。

半年后，五院人与三所的合作取得重要成果：合成出燃速催化剂，并研制出推进剂的新配方，进行了直径 107 毫米发动机装药和地面热试车。户县 845 厂扩建为复合固体推进剂试制厂的计划获得国防科委批准，正快马加鞭完成基建和生产条件的提升。

1961 年 7 月，钱学森副院长[①]到临潼参加制定“科研 70 条”的会议，抽空到西安三所视察，给科技人员作了一场报告。听报告的邢球痕把钱学森的每句话都记在心里，比如钱学森说，搞固体发动机，要招学习结构力学的大学生，要有六分之一的人搞联接接头研究。

3. 筹建固体发动机研究所

虽然与西安三所合作取得了一系列成果，然而，新的问题也引起了五院领导的注意：一是西安三所科研任务繁重，重点过多，顾此失彼，而且固体发动机研制工作的战线拉得过长；二是三所位于西安市区，不容许扩建化工产品厂房，易爆的复合固体推进剂研制受到严格的限制。

1961 年年底，五院向国防科委和国防工办报告，建议将固体发动机研制任务从三所分离出来，集中两个单位的科技骨干，单独成立一家直属五院的固体发动机研究所，并由三所抽调一位所长主持工作。国防科委、国防工办将这一

① 根据钱学森本人的要求，1960 年 3 月 18 日，钱学森改任国防部五院主管技术工作的副院长。

建议向中央军委请示后，很快得到中央军委的批准，一个事关中国国防现代化建设的战略调整开始付诸实施。

西安三所所长肖淦与五院的协作部队领导路九牧、李乃暨组成调整领导小组，主持固体发动机研究所的筹建工作。总参给该所的番号是总字750部队，从三所调到固体发动机研究所的技术干部先后被授予军衔，其中肖淦为技术大校，李志刚为技术中校，武仲璋、刘国雄、郭玉璞为技术少校，180名科技人员被授予尉官军衔。

根据国家在大西南建设尖端武器研制生产基地的设想，遵照贺龙、聂荣臻两帅的指示，五院与二机部联合组织工作组为固体发动机研究所和生产基地选址，最后确定在四川泸州建立固体发动机研究所，先在川南化学工业学校旧址落脚。

1962年2月8日，钱学森副院长给路九牧、肖淦、李乃暨写信。他说，固体发动机的专业单位到底成立了，是件大喜事。他对新所的人员配备、部门设置、科研任务等重大事宜提出了详细的意见。

1962年1月中旬，邢球痕请假护送临产的周慰君回嵊县老家。1月29日，周慰君在开元镇丝厂卫生所生下女儿一红。在饿肚子的年代，不敢奢望孩子的营养有多好，母女平安就是大幸了。做了爸爸的邢球痕欣喜地抱着女儿，在屋里走来走去。几天后就是春节了，邢球痕难得在家乡过了一个大年。春节一过，他就匆匆返回了西安。

女儿刚满月，周慰君就想带着母亲、抱着女儿回西安上班。她们刚到杭州，就接到邢球痕的来信，信里说整个研究所正全力以赴准备搬家，如果周慰君带着母亲和婴儿回来，只会增加所里的负担，要周慰君推迟回来。周慰君和母亲只得在杭州的舅舅家暂住，6 月回到西安，大部队在肖淦大校率领下已经开拔去了泸州。

邢球痕

邢球痕院士传记

Academician Xing Qiuhen's Biography

第九章

成立新所
山重水复创业难

1962 年 7 月 1 日，固体发动机研究所在泸州正式成立，这一天后来被定为四院建院纪念日。邢球痕的团队在研制四院的“头生子”——300 毫米发动机的艰苦历程中稳步前进。

1. 第二次搬家——南下泸州

1962年3月，750部队第一批搬迁人员出发了，从西安到泸州的唯一交通线是建成不久的宝成铁路。军列翻越山高坡陡的秦岭，前方一个车头拉，后面一个车头推，列车在巍峨连绵的大山里吃力地爬行。桥隧相连，弯道不绝，可苦了押车的年轻人。列车越颠簸越厉害，原来码放整齐的木箱被摇晃得七扭八歪，年轻人左右招架，保护所里的仪器设备，坚持了10多个小时，火车到达宜宾站后，就无铁路了。

在宜宾卸了车再装船，沿长江向泸州进发。伴随汽笛的一声声长鸣，轮船停靠在一个小码头上。大家淌着冰冷的江水，把船上的物资卸下来，肩扛背驮，登上堤岸，装进汽车。汽车在山区土路上如老牛车般蹒跚而行，总算到达了目的地——泸州城北高坝地区的川南化学工业学校。裤子湿透的年轻人并没有松气，他们还要卸车呢！在饿肚子的年月，这些打前站、出苦力的年轻人凭着一口气——为祖国的固体发动机事业奋斗终身，承受了令人难以想象的艰辛劳累。因为运输手段的落后，从西安三所搬迁过来的关键设备“辗片机”，只得暂时丢在宜宾火车站。

后续的大部队和妇孺长者虽然免除重体力劳动，但舟车劳顿都要亲历一遍。邢球痕是家属车厢的负责人，一路上在车厢里跑前跑后，照顾晕车的家属或有病的老人。那些满车乱跑的小孩子更是让邢球痕提心吊胆，他在手忙脚乱中，还要镇住这些捣蛋鬼。

周慰君和母亲抱着襁褓里的一红，没有赶上大部队，邢球痕不免着急。接到电报那天，他正要带人去做试验，就对组里的张泰祥说："小张，今天老周带我岳母和女儿来，你帮我去接一下，这是路费。"张泰祥马上赶路，乘渡船过江，把周慰君一家三代人接到高坝。

长江和沱江交汇处的泸州，是个有着2000多年历史的小城，凭借两江舟楫之利，泸州成为川南的中心。这里风景优美，土产丰富，尤以泸州老窖酒名满天下。在经济不发达的年代，闭塞的泸州保持着自给自足的自然经济状态。

1962年春夏之交，细心的泸州百姓注意到，一批一批解放军陆续来到川南化学工业学校废弃的校舍里安营扎寨。地方的党政领导知道这支神秘的部队叫总字750部队，至于这支有很多"眼镜兵"的部队到底是干什么的，就没有人知道了。

刚走进这所沉寂的技工学校，干部战士看到的是满园垃圾，杂草丛生。一栋老式三层教学楼和几排空空荡荡的教室，一栋学生食堂兼礼堂。抬眼望去，陈砖旧瓦，缺窗少门，玻璃破碎；几棵无精打采的小树也显得孤寂落寞。年轻人都是乐观派，挽起袖子，说说笑笑，拔草，栽花，搞卫生，修门窗，很快就使这所校园变了样。

全所的研究室只能在教学楼和礼堂化妆室里安家，楼道、墙角也充当起临时的实验室。楼梯下斜拐角用木板子稍加改造，围成一个狭小房间，那就是燃速测试房。装药危险工段用房在平房端头将就着，里面既没有防爆装置，也没有隔离操作措施。

单身男职工住在教室里，睡上下铺。拖家带口的职工怎么办？所里安排了一些离江边几步远的民居，邢球痕分到一间9平方米的小屋，放一张大床就挤满了。他去江边拣了几块大鹅卵石当床脚，架起一张祖孙三代四口人挤着用的双人床。烧饭就在门外凑合着吧。老岳母抱着外孙女里里外外看了看，叹口气没有说话。后来，邢球痕在泸州买了一个小方凳当桌子，一年后重新分房，又添置了一张小饭桌，如果按现在人们居家生活的标准，邢球痕真是家徒四壁，惨不忍睹。

每日晨昏，江面上的大雾神差鬼使般地弥漫开来，无边无涯，说不清是雾气，还是小雨。当地老乡说：有雾就是有雨。初到泸州的周慰君第一感觉是，这个地方怎么这样潮湿啊，洗过的衣服凉了一个月，还是潮乎乎的。

1962年上半年，中国还没有完全走出困难的低谷，粮食不够吃，副食品匮乏，供应紧张，750部队的人们还得勒紧裤带过日子，有的人因为长期营养不良，得了肝炎或浮肿病。即使如此艰难，实验室和简易工房里还是经常灯火通明到夜深。

7月1日，750部队在泸州召开会师大会，路九牧宣布固体发动机研究所正式成立，这一天后来被定为四院建院纪念日。研究所的领导班子也很快配齐：所长肖淦，政委薛伟民，副所长李乃暨、米富珍，副政委路九牧，政治部主任李向珍。

10月，五院批准研究所的编制方案，设发动机研究室（一室）、发动机设计室（二室）、推进剂研究室（三室）、材料工艺研究室（四室）、仪器仪表室、试验站及机加车间，编制1300人。

邢球痕是发动机设计室（二室）的发动机设计组组长。他带领全组同志继续试验发动机的各项性能。没有试车台，就到5公里外的二道溪选一条小山沟，靠人力劈山挖土，修一条又长又滑的排烟道。先把发动机尾部朝上，头部朝下，埋在土堆里点火试车。

后来大家和泥搬砖，又垒砌了有三堵墙的小瓦房，在房子里，用水泥砌了一个长约70厘米、高宽各约40厘米的小墩子，很像农家做饭的锅台。这就是中国第一座固体火箭发动机的试车台，大家把这个特殊的小屋取名“土地庙”。

人们就在“土地庙”里的小墩子上完成了一次次热试车，摸索出推进剂燃

埋在土堆里点火试车的固体发动机

烧的基本特性。

2. “12·6”爆炸事故

秦岭的终南山北麓，户县余下镇的845厂一直是固体推进剂研制不可或缺的基地。然而1962年12月6日，845厂装药生产试验线上发生了爆炸事故，4名同志牺牲，5名重伤，4名轻伤，这是固体发动机事业起步以来的惨重损失。

2013年6月，笔者在西安采访了在“12·6”爆炸事故中幸免于难的阮崇智和在爆炸事故中受重伤的常平西。

阮崇智，1937年出生在一个革命干部家庭，1959年毕业于苏联莫斯科门捷列夫化工学院火药专业，回国后被分配到五院一分院六室，在李乃暨领导下研制复合固体推进剂。1962年春，由李志刚带队的固体发动机研究所的科研队伍到845厂协作，工程组长阮崇智是这支队伍的骨干，他仪表堂堂，聪慧干练，为人豪爽正直，业务能力颇强，人们亲切地称他“大阮”。

8月，845厂建成一条复合固体推进剂中型装药生产线。11月9日，固体发动机研究所和845厂的研制人员把直径300毫米、装药97公斤的试验发动机抬到距厂区8公里的终南山的山坳里，利用一块巨大的石头做平台，首次取得地面热试车的成功。

这是多少人辛勤汗水浇灌出来的成果啊！人们沉浸在成功的喜悦里，他们对着莽莽大山，放开喉咙喊道：“成功了！成功了！”后来这台发动机被称为四院的“头生子”。但“头生子”离最后上天执行任务还有相当长的路要走。随着固体推进剂研制工作的深入，发动机直径的增大，辊片工序的缺点日益暴露——劳动强度大、生产周期长、质量无法保证等，更令人担忧的是，辊片工序稍有不慎，还会导致燃烧爆炸。

在泸州，崔国良等固体推进剂的科研人员正在加速研制新工艺，通过对推进剂药柱切片、显影及推进剂燃速的检验，获得了辗片工艺不适用于高氯酸铵复合推进剂的试验结果，为取消辗片工艺取得了依据。

崔国良，1931 年出生在河北省阳原县一户清贫的农家，1956 年毕业于北京工业学院化学工程系，1961 年毕业于苏联莫斯科门捷列夫化工学院，获副博士学位。他和留苏老同学阮崇智一样，成为李乃暨麾下的一员战将。

然而，还来不及去提高人们对复合固体推进剂危险性的认识，灾难已经悄无声息地朝着 845 厂走来。秋冬之交，845 厂购置了一台 500 立升混合机，从领导到群众，都期盼这台新设备会改变人工操作那种艰苦繁重的旧工艺。

12 月 6 日上午，要为 300 毫米发动机药柱浇注装药，现场来了一些工人，他们想看看这台新家伙，阮崇智和他的小组成员也在现场。阮崇智突然想起他的自行车没有放到规定的地方，就离开现场去推自行车。刚走出几十米，猛然间一声巨响，把他震得浑身一抖，他转过身来，看到装药车间冒出了黑烟。救人哪！他没有多想就撒腿向车间跑去，看到自己小组的常平西满脸漆黑，满身火焰，冲出车间，晕倒在地……

845 厂领导很快就弄清，由于混合机的轴瓦上沾有药剂，没有擦拭干净，在把 203 公斤辗片药投入混合机后，突然起火爆炸。操作人员陈素梅、韩玉英两位女工当场牺牲，王增孝、刘恩科两位同志因伤势过重也不治身亡。五位重伤员中，有一位大学刚毕业的姑娘。她的老母亲赶来，看到严重烧伤、面目皆毁的女儿，失声痛哭："大学生、大学生啊，为什么要念大学呀！"

路九牧副政委把噩耗带回泸州，全所同志无不悲痛。所领导要求大家尽快取消不安全的辗片工艺，加速研究安全的新工艺、新药浆。这次爆炸事故惊动了北京高层。国防科委副主任张爱萍上将赶到845厂，视察固体推进剂研制与装药生产线和"12·6"事故现场。

845厂厂长朱瑛心情极为沉痛，他向张爱萍表示，准备接受组织上的任何处罚。但张爱萍态度沉稳淡定，和蔼地说，我们对研制固体推进剂没有经验，出了这么大的伤亡事故，难以避免。现在的首要问题是总结教训和尽快恢复生产。最后，张爱萍没有处分任何人。

半年后，泸州传来好消息，固体发动机研究所终于攻克难关，合成出流动性、均匀性都理想的药浆，顺利浇注出小直径发动机，成功实现了地面热试车。新配方、新工艺在845厂扩大试验并逐步推广使用。取消辗片旧工艺是我国复合固体推进剂发展史上的第一次重大突破，新工艺简化了操作，提高了生产效率，降低了风险，为固体推进剂后续安全发展创造了有利条件，成为固体火箭发动机事业的铺路石。

阮崇智对笔者说，由于他偶然离开现场，逃脱了“12·6”爆炸事故，侥幸与死神擦肩而过。后来他到北京去看望常平西，从死亡线上挣扎过来的小常赤条条地躺在病床上，好似受过凌迟酷刑的犯人，惨不忍睹。

半个世纪后，笔者采访面部仍然带着烧伤疤痕的常平西。他告诉笔者，自己前后住了三年医院，作了七次整形手术，重新做了耳朵，修复了五官，1965年才回到内蒙古四院41所上班。

后人不应该忘记，在中国固体导弹事业的发展道路上，曾留下航天烈士们殷红的血迹，是他们的英勇献身才换来固体发动机事业的满天霞光。

1963年的春天，沱江清澈，山花烂漫。经过一年的艰苦创业，砥砺奋进，固体发动机研究所无论在科研方面还是在基建方面，都取得了很大的成绩。但是，人们很快就发现，多雨的泸州湿度太大了，四川的湿热气候对推进剂的研制十分不利。看来，天府之国不宜久留，显然当初选择泸州作为固体发动机研制基地的决策过于仓促，结果人马刚搬迁过来，锅灶还没有烧热，就又要准备搬家了。

其实，在一年前固体发动机研究所刚成立两个月时，在李乃暨的支持下，舒诚就执笔向五院领导写过报告，指出“泸州地区气候潮湿，一年中有八个月为阴雨雾天，将给研制工作造成严重困难。美国一些固体推进剂、发动机工厂是建在气候干旱的加利福尼亚州，苏联则多设在寒带低湿地区……”固体发动机研究所及时上报，五院领导极为重视这一意见。①

不久，五院党委常委会议对固体发动机研究所近期任务做出了安排：进行

①《航空航天工业部第四研究院大事记》（1962—1989），院史编辑委员会，第12页。

发动机的研究、设计，做到定型为止，不搞小批量生产；与上海机电设计院合作，探讨将直径300毫米发动机用于探空火箭的可能性；论证用直径770毫米发动机研制无控战术火箭的可能性；近二三年内，固体发动机研究所一边与外协单位合作搞科研，一边抓紧筹建新营地。

3. 邢球痕的带兵之道

全国各著名高校的毕业生源源不断地加入750部队。对新来的年轻人，邢球痕除了安排他们学习现有的技术资料外，还有意安排他们参加一些课题，在实践中学习和提高。

1962年8月，北京工业学院一批毕业生来到泸州，他们刚穿上军装，个个神采飞扬。湖北籍的陈立学分到邢球痕的工程组。一见面，陈立学就兴奋地握住邢球痕的手，大声说："哎呀，太巧了！我早就知道你呀！"

原来，一年前，刚转入导弹专业的陈立学和同学们到太原743厂实习。那时，"543"防空导弹是唯一可以让学生接触的实物，在看图纸的时候，陈立学发现百余张图纸的审核人都是"邢球痕"，他一下就记住了这个有特色的名字。心里想，这个人够厉害的了，他长得什么样?

此刻，邢球痕就站在他面前，鬼使神差，陈立学成为了邢球痕的兵。

2013年6月，笔者采访78岁的陈立学。带着湖北口音的陈立学回忆起当年的邢球痕："他是一个真正的军人，风纪扣总是扣得严严实实，做事雷厉风行，一丝不苟。我刚到，老邢就像老大哥一样，关心我们这些刚出校门的年轻人。他让我搞喷管，我什么也不会，一头扎进资料堆里，努力去学习新知识。后来，在高坝的一个山坡上，挖了一个大洞，用木头做架子，放一个小发动机做喷管试验，用拉线点火。这是我第一次做试验，老邢就在我身边，鼓励我，支持我。从此，我一直跟着他搞固体发动机。原来的女朋友要我离开三线，我不肯，最后只能分手。在工作上，老邢是我们的领路人。"

1963年4月，哈军工一下分来刘志学、王立法、赵锡良等13位导弹专业的大学生。

王立法到组里刚一周，组长邢球痕就交给他一个课题：在100毫米直径容器上，验证薄壳理论和探索固体发动机后端盖的连接结构形式。

王立法感到意外，自己新来乍到，老学长为什么就给我安排课题？邢球痕又给他一张前任课题负责人留下的资料。王立法接过来一看，大失所望，那上面只写了个题目及半截前言。王立法硬着头皮接下课题，手里一本俄文版的《结构力学》，成了他唯一的参考资料。

在十个月的时间里，王立法从冥思苦想开始，一步步筛选出可行方案，用当时组里仅有的手摇计算器小心翼翼地计算，再下车间和工人师傅一起加工容器后端盖，利用公共洗澡间做水压试验，最后把一份工整的试验报告交到邢球痕的手里。

在科研实践里真枪真刀地锻炼队伍，因陋就简，创造条件，让年轻人勇挑重担，这是邢球痕的带兵之道。他密切关注着王立法的课题研究工作，有了困难，他会及时点拨一下。他常对王立法说："你大胆干，出了错，我负责。"王立法的课题完成后，邢球痕把他的图纸和试验报告送到所里展览，给年轻人以很大鼓舞。

1965年夏，上海交大毕业生余利风被分配到750部队，到邢球痕的二室报到。担任室副主任的邢球痕一身旧军装，伸出手来，手劲不小，黝黑的脸上挂着真诚的笑容："欢迎，欢迎！叫我老邢吧！"

邢球痕指指身旁一张空桌子说："暂时没有给你安排工作，你先坐在这里吧，看看书。"

余利风有点纳闷，我怎么能和室领导坐在一个办公室里？

第二天上班，邢球痕抱着一小包东西放在余利风的桌子上。余利风打开一看，是一堆大小不同的螺栓。

"你重新算一下这些螺栓的安全系数。"邢球痕给余利风布置了任务，把有关的设计手册放在桌子上，转身出去了。

余利风心里有点不快，这有啥难的？他是学固体力学的，计算安全系数？小菜一碟嘛！

余利风很快就把十几个螺栓的安全系数算完，整齐地抄写在了一张纸上。

邢球痕回到办公室，看过余利风的计算结果，又不声不响地坐下来，低头计算了一遍。

"小余子，"邢球痕语气和蔼，"这几个我打问号的，你再复核一下。"

这回余利风认真起来，他重新进行计算，发现是自己算错了。余利风不好意思了，虽然邢球痕什么都没有说。

这件小事让余利风牢记了一辈子：老邢对工作严格认真，他让你做的事，你马虎不得，他是要检查的，你骗不了他。

半年以后，邢球痕让余利风担任课题负责人，带几个人搞结构连接。邢球痕没有看错，若干年后，余利风成为某战略导弹的总设计师，航天四院的功臣。

300 毫米发动机在反复的试验中日臻完善。新的推进剂研制出来后，邢球痕带领大家到 845 厂做地面热试车。建好的试车台要经过论证才能使用，为了省钱，邢球痕和大院一商量：老办法，进山！人拉肩扛，架子车推，他们硬是跋山涉水把样机抬进秦岭的大山里，找好了一处平坦的大石头，在天然的试车台上做热试车试验。邢球痕站在悬崖上，要看个仔细。同志们担心他的安全，要他下来。他笑笑，眼睛死死地盯着发动机。橘红色的火焰喷薄而出，山间回荡着震耳欲聋的声响，受惊的山雀慌乱地飞向蓝天。

科研人员把发动机样机抬进山里做试验（前排左起：易先富、阮崇智、张庆泰）

邢球痕

邢球痕院士传记

Academician Xing Qiuhen's Biography

第十章

成立四院
酒泉秋风传捷报

泸州这支英雄团队以顽强的意志，锲而不舍地向一个个技术难关发起冲击。老专家杨南生的调入，更加强了四院的科研实力。1965年秋，酒泉飞行试验的成功，标志着四院已经闯出自主研发固体火箭发动机的道路。

1. 降伏两只拦路虎

再说邢球痕一家在老岳母的照料下，终于有了过日子的样子。女儿一红满周岁了，正是好玩儿但一刻也离不开大人的时候，而邢球痕两口子起早贪黑忙得不着家。老岳母思前想后，为了支持女儿女婿的工作，决定把孩子带回嵊县老家抚养。1963 年 4 月，邢球痕夫妇满怀感激和歉疚，送走了老人和孩子。正好朱明到上海机电设计院出差，邢球痕请朱明路上照顾一下这祖孙二人。为了国家的固体发动机事业，邢球痕夫妇的亲人也默默奉献着自己的力量。一程山，一程水，山水消失在天尽头，邢球痕夫妇的心也随着老人和孩子远去了。

从西安到泸州的五年中，这支英雄团队以顽强的意志，锲而不舍地向一个个技术难关发起冲击。发动机喷管壳体不耐烧蚀的问题长期困扰着科技人员，到哪里去找耐高温新材料？陈明义从中国科学院沈阳金属研究所背回来五个石墨圆环，找到了发动机喷管喉衬采用石墨之路。陈明义的爱人张嘉蕙不分昼夜地泡在实验室里，研制出耐烧蚀绝热性能好的树脂。各种新材料和“贴壁浇注”的新工艺不断有新突破，原来犯愁的发动机薄壁壳体也与协作单位一起试制出来了。

但是，两只凶猛的拦路虎在阻挡着人们，一是药柱裂纹，二是不稳定燃烧。

科研人员发现，如果药柱在固化过程中或固化后的冷却、拔芯过程中受到力的作用，而推进剂的力学性能不好，或冷热收缩较大，都有可能产生裂纹。火焰遇到裂纹，便会顺着裂纹燃烧，造成燃烧面积增大，发动机内部压力过大，极易产生爆燃。

1963 年秋天，固体发动机研究所召开首次技术会议，指出提高推进剂配方的力学性能即提高推进剂延伸率，是解决药柱裂纹的基本途径。推进剂研究室副主任崔国良和他的同事们，为改进复合固体推进剂的力学性能，做了大量的研究工作。到 1964 年 3 月，推进剂的延伸率提高至 20% 以上，300 毫米发动机药柱裂纹问题基本解决，闯过了药柱裂纹的难关。

不稳定燃烧问题则最令人头疼而苦无良策。1964 年年初，发动机在试车过程中测得的压强曲线和推力曲线呈不规则抖动，这种现象被称为“不稳定燃烧”，危害极大，可能使发动机产生剧烈的机械振动、旋转，燃烧室壳体被烧坏甚至爆炸。

为了搞清不稳定燃烧出现的原因，科研人员设计出一种“T”型燃烧室，“T”字的两端连接传感器。通过大量试验发现，当燃烧室扰动所产生的压强振荡频率同燃烧室声场的固有频率一致时，燃烧室的燃气就会产生振幅很大的压强振荡。结论是：发动机的不稳定燃烧是由燃气高频振荡引起的。

1964 年 11 月，多种探讨抑制振荡燃烧技术途径的试验在泸州和 845 厂分头展开。

阮崇智带领助手开展了改变各种药型结构方案的试验，对六角、八角、十角、十一角等多种药型，进行了大量试验研究和分析，结论是单纯改变药柱形状，难以完全消除不稳定燃烧问题。

邢球痕带领张庆泰等助手在星形药柱的各星角腔内添加一个金属片作为消振器，有效抑制了振荡燃烧，并得出发动机产生的不稳定燃烧属于切向不稳定，这是一个认识的飞跃。1965 年 5 月，装有金属消振器的“F-01”正样发动机首次在 845 厂进行常温地面热试车并取得成功，内弹道曲线平稳，标志着我国固体发动机事业取得了阶段性成果。之后,300 毫米发动机又相继进行了多次试车，以及贮存、冲击、振动、运输等多方面的试验，全部成功。

虽然加消振器的方案，有效抑制了振荡燃烧，但却大大增加了发动机的消极质量，对发动机性能尤其是质量比影响很大。此外，为防止金属片被高温烧化，还要在它的表面做涂覆绝热层等处理，工序复杂。邢球痕认为，加进沉重的金属消振片实用价值不大，要另外想办法。

在一次技术分析会上，钱学森提出一个新思路——加铝粉。他说:“铝粉与燃气流一起燃烧，产生三氧化二铝粉，其中含有很多固体粒子，相当于一个搅拌器，可以抑制燃烧的不稳定性。”①后来，人们才知道，当时美国的固体发动机也处于研制阶段，他们就是采用加铝粉的办法来解决不稳定燃烧的。

“山重水复疑无路，柳暗花明又一村。”钱学森一个点子把大家引到了正确的科研思路上。但是，要摸索出添加铝粉的最佳配方与工艺，得做多少试验啊!

添加铝粉的探索性试验工作由崔国良担纲。为了寻找合适的铝粉，数九寒天，他奔波在大东北，到抚顺、哈尔滨等工业城市寻觅，终于找到颗粒状的铝粉。寒来暑往，艰辛备尝，崔国良带领他的研究团队终于攻克了推进剂不稳定燃烧的难关。②

2. 亲切的指示

20 世纪 60 年代初的国内外形势云谲波诡，中苏两党关系影响到国家关系，交恶态势日趋严重，美国积极插手越南战争，台湾当局又伺机叫嚣“反攻大陆”。

---

① 石磊等，《钱学森的航天岁月》，中国宇航出版社，2011 年，第 400 页。
② 宋瑶，《崔国良院士传记》，中国宇航出版社，2014 年，第 120 页。

中国的国防工业承受着巨大压力，必须加速前进。

1963年9月9日，国务院副总理聂荣臻做出重要指示："固体火箭发动机是一个方向，应以现在的固体发动机研究所为基础，逐步发展成一个院，同时承担战术导弹的研究设计任务。"

12月3日，总参谋部下发文件：批准固体发动机研究所改称国防部第五研究院四分院，即固体发动机研究院。

1964年4月1日，五院正式通知泸州固体发动机研究所改称四分院，并批准了人员编制。

5月5日，国防科委副主任张爱萍来泸州四分院视察，他提出要首先解决固体发动机的基本技术问题，一步一个脚印地稳步前进，明确了"先求能用，而后提高"的指导思想。在报告会上，坐在下面的邢球痕听张爱萍说，我先要一只粗茶杯，能喝水就行；以后你们再精雕细刻嘛！

这是邢球痕第一次见到张爱萍将军。他很高兴，心里反复琢磨张副主任的亲切指示，觉得F-01发动机做了34次地面试车，应该考虑鉴定工作了。

张爱萍精力充沛，平易近人，他特地到大食堂里看望年轻的科技人员，与大家亲切交谈。那个时候人们还不知道，这一年，作为中央专委委员、中国首次核武器试验的领军大将，张爱萍忙得马不停蹄，他的心早已飞向新疆的大漠深处，能拨冗到长江边的泸州看一看四分院，可真是不容易。

3. 杨南生来到泸州

1964 年 8 月，著名力学家和火箭专家杨南生从上海调到四分院，出任副院长。

杨南生，福建海澄人，1921 年 12 月 29 日出生于缅甸仰光。1 岁多随父母从仰光回国，因父亲求职无着，长期颠沛于北京和福建两地，直到 1929 年上小学后，才在北平安定下来。杨南生的青年时代，正值抗日战争时期。他历经磨难，辗转进入昆明，考入西南联大航空系就读。抗战胜利后，他于 1946 年夏随清华大学迁回北平，给钱伟长教授当助教，坚定了他从事力学研究的志向。1947 年，杨南生考取庚子赔款公费留学，赴英国曼彻斯特大学深造。经过三年的刻苦学习，于 1950 年暑期获得博士学位，10 月回到祖国。1953 年 10 月，转到长春第一汽车制造厂，任中央实验室主任，为中国汽车工业的创建作出了重要贡献。1956 年 9 月，杨南生奉调到中国科学院力学研究所任副研究员，从事高温塑性力学研究。1958 年秋，中国科学院组建卫星研制机构，年底南迁上海，组成中

1954年12月，杨南生与夫人莘耘尊在长春合影

国科学院上海机电设计院，杨南生任副院长，主持工作，领导研制探空火箭。

从1959年9月开始设计，五个月里，杨南生副院长和王希季总工程师等数百名科技人员白手起家，自行研制出中国第一枚探空火箭T-7M。

1960年2月19日，在上海南汇县大海边的老港，T-7M火箭发射成功，杨南生和他的研制团队创造了历史。4月19日，张劲夫、钱学森等领导来到老港，他们看到上海机电设计院是在何等简陋的条件下发射火箭的：用灯泡钨丝制作的点火装置、用7元钱买的小闹钟改制的定时器、用自行车打气筒加注火箭推进剂、现场发射控制室是用草包和泥土堆积起来的。

1964年7月，杨南生在皖南山区成功组织指挥

1959年4月，杨南生（前排右一）向陈赓大将（前排右二）、韩先楚上将（前排右三）介绍试验探空火箭的研究工作

了我国第一枚生物火箭——T-7A 的发射后，接到周恩来总理的任命书。8 月，他告别妻子和两个年幼的孩子，匆匆赶往泸州高坝。

早在杨南生奉调四分院之前，根据五院领导的指示，固体发动机研究所就与上海机电设计院建立起了协作关系。1963 年 2 月，朱明代表所里与杨南生商谈固体气象火箭的总体方案，他对杨先生的耿直坦率、知识渊博留下了深刻的印象。1964 年年初，王有富等到上海机电设计院协作 10 个月，杨南生曾对他说："我要调到你们那里，你有没有固体发动机方面的资料，我先学习一下。"①

现在，杨南生走上四分院的领导岗位，他外表清秀儒雅，满身透出书卷气，自然会让大家私下议论一番。在五院的一分院或二分院，留学欧美的资深学者不乏其人，四分院只有从苏联留学回来的崔国良、阮崇智、夏云辉、赵殿礼等人，独缺建国前留学欧美的学者。邢球痕从内心里感到高兴，他对室里的同志们说，杨先生是从英国回来的，学问很大，又在上海搞过探空火箭，开创了我们国家自己研制火箭的历史。他来到泸州，将大大加强我们的科技实力，我们一定要尊重杨先生，在他的领导下做好工作。

4. 第二次科学技术工作会议

当 300 毫米发动机研制即将走完一个全过程之时，1965 年 1 月，四分院借 845 厂的招待所，在巍峨葱茏的终南山下召开了第二次科学技术工作会议。钱学森副院长特地从北京赶来户县，他在大会上发表了两次讲话。他说，在苏联的支援下，我们许多新技术得以从仿制开始。由于有了仿制的实践，前进到自行设计就比较有基础。我们的新型固体火箭发动机恰是没有经过仿制，白手起家的……这是个从无到有的过程，从开始的试管研究，到今天的 300 毫米发动机，

---

① 采访朱明、王有富记录，2013 年 6 月。

前后也不过5年多的时间，这真是个伟大的成绩。这个成绩完全是自力更生得来的，没有依靠一个外国人，是我们自己干出来的，值得自豪。①

钱学森的讲话给四分院全体人员莫大的鼓舞。每天晚饭后，邢球痕等与钱学森熟悉的人陪着他在845厂的大道上散步。他问大家，学过几门外语？学过力学没有？散完步后，钱学森还到招待所房间看望大家。

1月24日，在845厂的大院内，冬日的荒草上挂着白霜，人们在欢声笑语中摆好了一排椅子，请钱学森和四分院各位领导先落座，与会代表或站或坐，一张四分院科技人员与钱学森珍贵的合影定格在历史中。邢球痕站在领导同志的后面，信心满怀地注视着前方。

那一年的春天，钱学森在一次协调会议上做了一个精辟的论断："固体导弹发动机是'精密弹药'，装药生产是精细化工，决不能搞'小炉匠'，要用先进技术装备才行。"一年后，以研制大型立式混合机为主要内容的全国联合攻关的"158工程"起步。

根据中央"在五院基础上组建第七机械工业部"的决定，1965年1月22日，五院四分院改称七机部第四研究院，随后进行组织机构调整，成立发动

---

①《航天四院简史》，2012年，第29页。

1965年1月24日，五院四分院第二次科学技术工作会议代表合影

第一排左起：吴士盛、郭鹏芳、王德昇、胡永强、朱懋成、邵爱民、王兴文、陈木生、易先富、项建杏、廉茂林、王文俊、孟汉成；

第二排左起：张炯、陆聪线、孙诚敏、杨春贤、徐筼屏、不详、山芸芳、顾星若、张桂茹、不详、乐秀红、周凤春、金佩秀、不详；

第三排左起：康安恺、不详、刘国雄、何纪曾、李乃暨、杨南生、肖淦、薛伟民、钱学森、宋敬贤、李志刚、舒诚、不详、洪波、郭金墀、张国兴、张扬中；

第四排左起：杜振东、不详、陈志昌、朱华民、陈明义、王衍、王干、崔国良、张庆泰、杨亦才、张凤林、不详、朱明、邢球痕、曾兆祥、张自刚、不详；

第五排左起：严志平、不详、不详、张新民、张受禄、不详、阮崇智、赵锡良、不详、不详、尹创新、王志浩、谢洪淳、陈善禄、董树欣、倪希龄。

机设计所（41所）和推进剂研究所（42所）。国务院任命林爽为四院院长，薛伟民为党委书记，杨南生任四院副院长兼41所所长，李乃暨任四院副总工程师兼42所所长。

1963年9月，邢球痕已经被任命为研究室副主任。在杨南生副院长的主持下，邢球痕带领一群年轻的助手开始设计直径770毫米的F-02发动机，在工作上，他既严格要求，又大胆放手，发挥年轻人的创造性。他从北京带回来一本英文版的《火箭推进》，交给项建杏说："好好读读吧，我也得好好学习，多看些国外资料。"一开始，项建杏有点啃不动，称这本书是"天书"，慢慢地才钻进去。后来，室里的年轻人都设法去买这本"天书"。打好基本功，努力提高整个团队的技术水平，是邢球痕须臾不敢忘怀的。

1965年6月1日，原国防部五院所有的现役军人奉命集体转业，四院集体转业的军人有1508名。邢球痕上尉脱下穿了16年的军装，心中顿感空荡荡的，一种难以言状的失落感挥之不去。他是在军队这个革命大家庭里成长起来的，对军队感情至深，一旦离开，难舍难分。但这是上级的决定，必须服从。随着转业，他面临降工资、减粮食定量的实际问题，作为一位老党员，一位老兵，邢球痕丝毫不计较个人得失，更不会动摇献身固体发动机事业的决心。

这一年是四院的非常之年，经历了“大转变、大会师、大建设”，即“从军队序列转为地方单位、从泸州北迁塞北、由发动机研究院发展到型号设计院”的三大转变。邢球痕全力以赴地带领大家投身到 F-01 样机鉴定的攻坚战中，妻子怀孕 7 个月了，他也顾不上照顾。他抱歉地对周慰君说：“我马上要去酒泉试验基地做飞行试验了，照顾不了你。我看你得回老家生孩子了，就麻烦你妹妹过来接你吧！”周慰君默默地点点头，她知道老邢肩上的担子有多重。

5. 酒泉试飞

杨南生一到任，邢球痕就向他汇报 F-01 发动机飞行试验的设想，杨南生很赞成。1965 年 8 月，四院领导班子决定到酒泉试验基地进行 F-01 发动机无控飞行试验，任务代号为“743-1”。这是四院的一件大事，院里组成了 20 余人的试验队，杨南生副院长任队长，邢球痕、康安凯任副队长。

邢球痕前去打前站，当年进行“上游二号”试验时做好的两台发射架，炸毁了一台，另一台存在兰州军区的仓库里。如果还在，这回就可以派上用场了。

邢球痕直奔兰州军区，那台发射架沉睡多年还完好无损地躺在库房里。他高兴地抚摸着发射架，自语道:“老伙计，这一回要你上阵了！”接着，马上安排好运输车辆，送发射架去基地。然后，再去会合杨南生一行人，最后到达位于额济纳旗巴丹吉林沙漠西北的酒泉试验基地。

让邢球痕欣喜不已的是，他在基地与大学老同学莫仓圻重逢。巧合的是，老班长莫仓圻正好负责导弹的测试工作。

“这是我们四院第一次到酒泉基地来做试验，”邢球痕说，“老班长可要多多关照啊！”

莫仓圻笑道:“你放心，我们不懂你们的宝贝，但一定会全力配合你们。只是我们这里生活条件差些，你们要在沙漠里受苦了！”

此时，试验样机及备件正由张庆泰等五名年轻人押车护送，行进在大西北的铁路线上。正是盛夏季节，他们坐在四面不透风的闷罐车里，犹如置身在高压锅中。白天热得人喘不过气来，晚上蚊子又咬得他们睡不着觉。列车过了河西走廊后，深夜里大风裹着寒气钻进车厢，冻得大家直打战。经过一个星期的长途行车，总算到达转运站清水车站。在等待过程中，没有料到，晚上 10 点，一个火车头违章换道，撞到四院这节列车上。只听“轰隆”一声，车厢剧烈地抖动了一下，张庆泰等五人被甩出去老远，不同程度地受了轻伤。幸好装发动机和备件的大木箱有惊无险，没有被损坏。张庆泰等人连夜与车站负责人现场调查，经过两天勘察，弄清了事故原因。

张庆泰他们胜利完成了护送任务，与杨南生、邢球痕、康安凯、王素、邵爱民等同志在酒泉基地会合了。

四院人在戈壁沙漠搭起了帐篷，在这里安营扎寨。而这里的温差变化很快给四院人一个下马威。清晨，寒气逼人，穿上皮大衣也不觉得暖和；中午，骄阳似火，在野外工作的人要被晒脱一层皮。最困难的是住处没有水，用水全靠基地的拉水车。有几次断水，大家只好守着空桶忍耐。

四院人与基地同志商量高速摄影的问题。莫仓圻说，你们这个弹速度太快，能不能拍下来，没有把握。

邢球痕他们带来了几枚小火箭，做了一次高速摄影试验，结果没有拍下来。小火箭落到沙漠里，钻到地下，连个影子都没有看到。

杨南生主持会议，反复研究试验的种种问题，务必使试验方案周密无误。

在酒泉试验基地，大家起早贪黑地忙了一个月。F-01固体发动机一连打了6发弹，弹弹成功，高速摄影也跟踪到了它们的踪迹。大漠的秋风呼啸着，金色的胡杨叶子在风中舞动，酒泉独特的秋色在为远道而来的四院人祝贺。

从1962年11月首次试车以来，科研人员攻克了药柱裂纹、不稳定燃烧等难关，在34台地面试车成功的基础上，进行了冲击、振动、运输、贮存等多方面试验。现在的飞行试验最终证明：发动机结构可靠，工作稳定，重现性良好。这是四院第一座里程碑，当然，这也是作为研究室副主任的邢球痕取得的第一个胜利。应该说，35岁的邢球痕已经是一位成熟的固体发动机专家了。

1965年8月，“743—1”任务全体试验人员在酒泉试验基地合影（第一排：左二袁成贵；第二排：左二苏廷金、左四王素、左五杨南生、左八邢球痕；第三排：左五邵爱民、左六万德明）

邢球痕

邢球痕院士传记

Academician Xing Qiuhen's Biography

第十一章

漫天风沙
荒凉南地新家园

四院第三次千里大搬迁，是中国航天历史上沉重的一页。四院人面对塞外恶劣诡异的气候和窘困艰苦的条件，以满腔热血战胜各种困难，经受住了严峻的考验。邢球痕带领他的战友们，继续攀登固体发动机的高峰。

1. 第三次搬家——风沙漫天的南地

邢球痕他们还在巴丹吉林沙漠忙碌之时，四院人正向另一个风沙之地搬迁。

在泸州建所期间，四川的高湿度已经决定了固体发动机研究所必定还有第三次搬迁。1962 年夏，五院与固体发动机研究所联合组成工作组，赴内蒙古、山西选点，风尘仆仆地走了一大圈，最后认为背靠大青山的呼和浩特市自然条件较好，适宜固体推进剂的研制和生产。工作组提出初步选点方案后，1963 年 3 月，由五院副院长王秉璋带队，孙继先、谷广善、薛伟民等领导参加，又组成联合工作组赴呼和浩特市和伊克昭盟海勃湾市进一步勘查，经过反复比较，认为呼和浩特市郊南地一带是建设固体发动机研制基地的最佳地点。入秋，固体发动机研究所党委决定，领导班子分为南北两摊，薛伟民、李乃暨去北方抓基建，肖淦、路九牧留在泸州抓科研。

1964 年 1 月，耗时一年多、六易其稿的内蒙古基地任务设计书才获得国家的批准。

1965 年 8 月中，四院的搬家大战开始了。四院人员大多数是南方人，刚在泸州安下家，又要折腾，而且是去寒冷的风沙地区，以吃粗粮为主，对吃惯了大米的南方人来说，这是相当头痛的问题。所以，不少人思想不通，顾虑重重，个别职工表示坚决不走。四院各级党团组织一直在做思想教育工作，薛伟民书记号召全院同志识大体、顾大局，虽然脱掉了军装，但解放军的好作风还要发扬光大。

四院制定了周密详细的搬迁计划，在四川隆昌县和北京设立了转运站，有专人负责带队和护送。41 所人员继先遣队之后，从风景如画的长江之滨，踏上了北上塞外之路。这是比三年前的搬家规模更大、更为复杂的保密军事行动。那正是学雷锋的时代，在北迁的途中，很多人把方便让给别人，把困难留给自己。卧铺少，大家互相让；一到转运站，负责接待的同志抢着搬行李、抬东西、抱小孩。四院人的团结友爱精神，保证了 3000 多公里的大迁徙安全顺利。

大型物资器材则走另外的路线：火车穿山过桥，出四川，奔甘肃，由兰州掉头向东，从宁夏进入内蒙古。

完成酒泉飞行试验任务的邢球痕回到泸州，很快收拾好那一点家当。当兵多年，已经习惯了“打起背包就出发”的生活。他现在担忧的是，临盆在即的周慰君，母子是否平安？

9 月 8 日，邢球痕到达内蒙古的第二天，也是儿子出生的第三天，收到了周蔚君的哥哥周蔚如发来的电报：顺产一子。邢球痕欣喜若狂，由于此前刚刚得知国家下达了第一颗人造地球卫星的研制任务，两条喜讯合在一起，他兴然给儿子起名为“一星”，回电周蔚如，并请他告知周蔚君，四院已经搬到了内蒙古。

得知四院已经搬家，周慰君说什么也无法安心坐月子。多年来，平日寡言少语的周慰君受邢球痕的影响，一心扑在工作上，是邢球痕的贤内助。现在全院要到内蒙古扎根创业，正是最紧张的时候。“我是共产党员，老邢一个人到内蒙古安家，连个帮手都没有……”她坐卧不安，赔着小心跟妈妈商量，说是要返回单位去上班。妈妈生气了，抢白她说：“你刚生了儿子，身子还没有调养好呢，在月子里怎么能走？你不想要儿子啦！”天下哪有母亲不疼爱自己孩子的？周慰君有泪只能咽到肚子里。她强作笑颜，耐心劝说妈妈。最后妈妈连连叹气，只得让步。

在乡亲的帮助下，周慰君在附近的小山村里找到了一位奶妈。她千叮咛、万嘱咐，把出生才一周的儿子托付给了奶妈抚养，这才告别母亲，吻别不到四岁的女儿一红，拖着虚弱的身子，匆匆踏上了去内蒙古的漫漫之路。

邢球痕和41所的同志们一样，都是第一次来到内蒙古自治区首府呼和浩特市。四院机关设在呼和浩特市东门一条狭窄的老街——老缸房街上，基地则建在呼和浩特市东南30公里的南地，对外称“河西公司”。

人们来到南地，举目远眺：东南北三面是阴山山脉的中段——大青山，宛若青黛色的锯齿屏障，连绵起伏，衔接天际；西面是一片令人望而生畏的荒山秃岭，三五成群的灰狼流窜其间，茫茫黄沙地上没有几棵树木，空旷而寂寥。这就是南地的真实写照。都说内蒙古有可爱的大草原，《敕勒歌》里“天苍苍，野茫茫，风吹草低见牛羊”的诗情画意早在小学课本里就熟读过。然而，现实是如此无情：大风一起，黄沙腾空，飞沙走石，昏天黑地。内蒙古的冬天来得早，10月末已经进入冬季，早晚气温常在－20℃以下。下雪天的小风，吹起来犹如无数的小刀子扎在身上，当地老乡称之为“白毛风”。

一年多的基建施工仍在继续中，几个空壳厂房、几栋单身宿舍和用芦席搭成的食堂点缀在黄沙地里。

四院人只有一条路可走——白手起家，重建家园。漠北已是深秋，燃眉之急是在入冬前解决职工的住处问题。那正是“工业学大庆”的年代，大庆人是“先生产，后生活”，大庆人的“干打垒”精神风靡全国。于是，四院人学大庆，热火朝天地抢建“干打垒”宿舍。邢球痕放下背包，带领室里的年轻人，挽起裤脚，挑水，和泥，打土坯，汗水加泥水浸透了衣服，再脏再臭也顾不得洗。

刚到南地的时候，双职工平日要分开住，周六进城在东门招待所团聚一天。后来，改为到农村借住民舍了。南地西有个五路村，那里有些缺门少窗的闲置土屋。不过，谁还有心思去讲究条件？有个挡风遮雨的土屋子就不错了。邢球痕和周慰君分到一间土屋，那扇破旧的房门永远也关不严实。两个人对望着苦笑了一下，咳！总算有个栖身之地了。寒夜中，寒气从门缝里灌进来，风沙吹得窗户“砰砰”乱响，有时会听到荒原饿狼时断时续的嗥叫声，悠长凄凉，惊心动魄。夫妇俩难以入睡，三句话离不开家乡的一红和一星。两个年幼的孩子远在天涯，让父母牵肠挂肚，可内蒙古这里没有孩子生活的起码条件，怎么能接到身边呢？

四院的“干打垒”建设持续了两年，直到1968年，终于有了两万平方米的成片职工宿舍。没有领导、群众等级之分，人们走进了自己的新家。41所职工的宿舍区取名“文革村”，42所的取名“胜利村”，无疑是当时“文革”的政治形势使然。但42所的“干打垒”房子太矮，于是，人们又给它取了一个俗名——

2012年8月，笔者在呼和浩特市南地拍摄的41所宿舍遗址

“鸡窝村”，时间一久，四院人都知道“鸡窝村”而不知道“胜利村”，这或许也是乱世中的一个幽默段子。这片职工宿舍区的户外公共厕所很少，人们为上厕所要排大队，尤其在隆冬季节，上厕所就是活受罪。

塞外恶劣诡异的气候给四院人一个下马威。空气出奇的干燥，让习惯温湿潮润的南方人吃不消。清晨，许多人流鼻血，喉咙痛。深秋一到，天气迅速降温变冷。最让人难以忍受的是这里的风沙。特大的风沙刮得天地混沌一片。让人睁不开眼，车难开，路难行。有的职工出了家门，顶着风沙竟然迷了路，有的撞到电线杆上，有的掉进沟里。女同志几乎都有纱巾被风沙无情掠走的经历。人们穿过漫天的风沙进了屋子，发现全身都灌满了沙子，脸上也被黄沙勾画成了“京剧脸谱”，再密闭的屋子也会罩上一层厚厚的沙尘。冬去春来，应该是万象更新的季节。然而，南地这里似乎天天都在刮风，每日午后直到日落西山，狂风呼啸，飞沙走石，整个天空变成了黑黄色。南地的特大风沙给四院人留下终身难忘的记忆，几十年后，人们仍然谈沙色变。

内蒙古的粮食供应以玉米、高粱为主，极少细粮。每个月一斤大米，一斤面粉，其余的是玉米面、高粱米。最困难的时候，每月只有三两油，半斤肉。大家每天面对的是硬邦邦的玉米面窝窝头，如果炊事员工作认真，来点粗粮细作，把窝窝头做成口感好一点的玉米面发糕，就会赢得就餐人员的大声赞扬。要是吃顿莜面，那就是过年过节了。至于蔬菜，只有“老三样”：土豆、萝卜、圆白菜。正规食堂没有建好的时候，人们在四面透风的芦席棚里就餐，饭菜上落上沙尘是难免的，麻烦的是还没有吃完，饭菜就被冻硬了。

面对严寒、风沙、窝窝头这“三关”，最初也有人偷偷抹过眼泪。可是，四院的创业者勇闯“三关”，无人掉队。

当年在三线工作的人们，几乎都有从北京、上海等大城市背米、背肉、背副食的经历，四院人也一样。邢球痕常年出差，回来一次就得当一回驴驼子。

一双儿女来到身边后，总盼出差在外的爸爸早回家，能背回来好吃的。这样的生活方式延续到改革开放之后。

面对各种艰难困苦，这支钢筋铁骨的英雄团队，以常人难以想象的坚强意志，在大青山下的荒漠里站住了脚，创建起完整配套的中国第一个固体火箭发动机研制基地。

2.“综合楼”里的年轻人

四院单身汉们住进了集体宿舍，一个房间四个上下铺，住八个人。集体宿舍被称为“综合楼”，因为吃饭、睡觉、办公、学习、设计、画图都要在这里。

赵殿礼，江苏泰兴人，留苏生。出国前，因为在农村的双亲无人照顾，至亲至孝的赵殿礼遵从父母之命，与一位农村姑娘结了婚。1962 年 5 月，27 岁的赵殿礼从苏联列宁格勒军事机械学院毕业回国，分配在国防部五院。8 月再分配，到了泸州，在发动机工程组组长邢球痕领导下开始了他的科研生涯。他开始对固体火箭发动机一无所知，在邢球痕的指导下，一步步地入了门。他参加了红旗二号 770 毫米助推发动机（F-02）的设计，从伏案计算、制图，到下车间加工小件、建试车台、装药，什么都干，特别是跑外协加工。由于在农村的妻子调不过来，赵殿礼长期过着单身汉的日子，出差的任务常常落到他的头上。

“我在泸州三年就是打基础。”2012 年 8 月，面色红润的赵殿礼在内蒙古航天六院对笔者说，“组长老邢想得远，那时他就提出搞直径 1.4 米的发动机。1965 年秋，我们一起从泸州出发，经成都到北京，再转车到呼和浩特。一到南地，心就凉了半截，除了黄沙还是黄沙，一刮大风，天上地下一片黑，飞沙打到脸上疼得很。在泸州的时候，看书累了，可以到长江边上散散步，听听江水‘哗啦啦’的流动声，呼吸田野潮润新鲜的空气，心情很快就轻松起来。可到了内蒙古南地，没有地方可去了，只能闷在宿舍里，晚上在上铺睡觉，白天下来坐在下铺办公、看书、计算、讨论课题。与泸州相比，生活条件产生了很大的落差，几乎全是粗粮，没有菜吃。‘干打垒’建成后，取暖是个难题，屋子里修了壁炉火墙，冬季生炉子，满屋子烟，等火墙热了，也该下班了。最头疼的是到处都是沙尘，我们的设计图纸上、技术资料上都蒙了一层沙尘……那时我是三组组长，搞喷管设计，老邢是室副主任，晚上常披着一件破旧大衣到宿舍看望我们，一起聊天，一起讨论研究室的工作。他这个人的性格是率真的，心是敞开的、透明的，我们有什么困难，都可以对他直说。”

陈汝训，北大毕业生。1963 年分配到泸州固体发动机研究所，劳动一年后才参加课题研究。他对笔者说：“我刚参加工作时，老邢已经是室领导了，他给我一本《固体发动机设计》，让我学习。我在北大学的是固体力学专业，对固体发动机一窍不通，也没有什么兴趣。我对他说，不愿意读这个玩意儿。老邢说，那可不行，你要全面了解我们的研究内容，将来要你承担课题研究。钱院长说了，对壳体联接结构的研究很重要，要抽出六分之一的力量搞壳体设计。所以，我们才招固体力学的大学毕业生。

“我听完他的话，对固体发动机产生了兴趣。他鼓励我说，你和我都是固体发动机的第一代人，任重而道远，要认真学习，才能完成国家赋予我们的光荣任务。

“不久，四院搬迁到内蒙古，我们没有成家的单身汉都住集体宿舍，大家挤在一起，办公桌就紧贴着床边。‘文革’前，知识分子都比较单纯，一门心思读书、学习、搞研究，吃完晚饭就窝在宿舍里，拍打拍打书上的沙尘，埋头看起来。老邢常常从他的驻地赶来看我们，一进屋就皱起眉头说，哎呀，你们这里的气氛是不是太紧张了，别这么紧张，要劳逸结合呀！我们都笑了，心情愉快地同他聊天。他没有架子，与下面的同志关系极好，像个老大哥一样关心我们，鼓励我们。他常说，大家要钻研技术问题，固体发动机的技术，别人不会教给我们，必须靠我们自己去钻研。他看我每天在图书资料室看书，问我，最近看什么书？我说是《断裂力学》。他说，不能只进不出啊，要和大家交流交流。”

1971 年 10 月的一天，邢球痕组织了一场学术报告会，让陈汝训讲《断裂力学》，结合分析 406 钢的问题。他鼓励陈汝训，别怕别人说你走白专道路，只管讲，有问题我担着。邢球痕从院里请来杨南生、崔国良等领导参加报告会，两位领导分别讲话，鼓励陈汝训。最后，邢球痕为报告会做了总结。

“老邢特别重视人才培养，”陈汝训对笔者说，“他鼓励你不断学习，提高自己。我后来在解决 406 钢断裂问题上作出了贡献，全靠有老邢这位领路人的支持和帮助。”

杨思孝，湖南湘潭人，哈军工第八期学员。1966 年年初，结束半年农村“四清”运动后，26 岁的杨思孝和九名同学一起分配到七机部四院，从哈尔滨那座衣食无忧的高等学府，到达呼和浩特市南地那一片土气简陋的村落。脱下军装，捧起窝窝头，生活条件的巨大落差让年轻人眉头紧锁，面无笑颜。最先认识的人是面容清瘦黝黑、带有浓重浙江口音且语速很快的室副主任邢球痕。

“欢迎啊，我也是哈军工毕业的，第一期的。”邢球痕向杨思孝伸出手，自我介绍道，“咱们四院刚在这里安营扎寨，生活虽然苦些，但我们肩负的任务非常重要，你会大有用武之地的！”

杨思孝刚叫了句“邢主任……”，邢球痕就打断他说：“就叫老邢嘛，我以后就叫你杨子啦，我们都是固体事业的战友啊！”

邢球痕真诚的笑容、信任的目光，让杨思孝心头一热。他没想到自己会在哈军工老学长的领导下走上航天科技之路。他被分配到赵殿礼那个组，搞喷管设计。邢球痕叮嘱他：“老赵是位老同志，人好学问大，你就好好跟他学吧！”

邢球痕

邢球痕院士传记

Academician Xing Qiuhen's Biography

第十二章

狂飙袭来
乱世如磐荆棘路

“文革”狂飙突起，四院横遭涂炭。乱世里的邢球痕迷惘焦灼，为四院科研团队的分裂而痛心疾首。他自己也因为所谓“三青团”问题险遭不测。经过组织调查，终于真相大白。

1．“文革”狂飙下的四院

1965年11月10日，上海《文汇报》头版刊登了姚文元措辞严厉、咄咄逼人的长文《评新编历史剧 < 海瑞罢官 >》，明里矛头直指北京市副市长吴晗，暗中剑指落难中的彭德怀。对于地处塞北边陲、埋头于科研的四院人来说，谁也不会想到，上海报纸这篇强词夺理的整人文章竟是一场民族浩劫的导火线。过了年，全国开始大批“三家村”，南地的人们也只是看一看，议论一下而已，他们更关心的是住房和伙食。

1966年5月19日，四院党委召开紧急会议，传达国防工业政治部和七机部的指示，动员各级党组织、干部和群众，立即投入到“无产阶级文化大革命”运动中。之后，四院各级党委迅速行动起来，召开党员干部会议，传达中共中央的《五·一六通知》。这个时候，人们才意识到，这场政治运动来势如此凶猛恐怖，可是马虎不得了。

6月1日，《人民日报》一篇社论《横扫一切牛鬼蛇神》震动全国。南地的人们也坐不住了，林爽、薛伟民等老干部心情沉重，弄不清中央到底是什么精神，只能以多年的政治经验和思维惯性紧跟七机部的形势。6月11日，四院成立了“文化大革命领导小组”和“保卫文化大革命小组”，三天后转入大鸣、大放、大字报、大辩论阶段。在院党委的号召推动下，六天之内，全院贴出了一万余张大字报，有545人被点名批判，四院成了一锅沸腾的开水，科研与生产完全停顿。

一直带领大家搞F-03发动机设计的邢球痕，对闹哄哄、乱糟糟的“文化大革命”完全不理解，他迷惘焦灼地观望着周围的乱象。年轻人头脑膨胀，激情如火，放下科研工作去参加“四大”。他哪里敢反对，只好随大流地写一点应景性的大字报。但他坚守自己的道德底线，决不能毫无根据地胡说瞎编，更不能无中生有地伤害自己的同志。

在“文革”中，呼和浩特满大街都是来自各地的大串联的红卫兵。很快，观点对立的两派群众组织都扯起大旗，宣称自己是紧跟伟大领袖的正宗革命派，响当当、硬邦邦的造反派。七机部分成了“915”和“916”两大派群众组织，四院也先后成立了“818革命造反团”和“红色联盟”两个群众组织。原本同甘共苦、团结一致的四院职工队伍分裂为势不两立的两大派，双方都拿着“红宝书”对骂，互相贴人身攻击的大字报，有时还有肢体冲撞、动手动脚。从此，老同事、好朋友翻了脸，打派仗、窝里斗一发而不可收，还有谁去关心科研生产、关心固体发动机事业呢？9月，四院领导硬着头皮召开“抓革命、促生产”会议，要求各单位迅速恢复科研生产、安排好全年任务。然而，在无政府状态下，这些号召都成了人们的耳旁风。

伴随着隆冬呼啸而至的寒风暴雪，全国内乱的形势愈演愈烈。1967年1月，上海造反派的“一月风暴”掀起全国全面夺权的高潮。偏远的四院也没有落下，造反起家的人闻风而动，先后夺了院和所（厂）两级党政领导的权。全院党组织陷入瘫痪状态，院、所（厂）的领导干部统统靠边站，戴高帽游街，挂黑牌挨斗，进牛棚，蹲班房……老革命肖淦被打断了腿，李乃暨因为去过台湾被说成是国民党特嫌……

邢球痕虽然官衔不大，但毕竟也是室一级领导，他和周凤春主任都靠边站了。看到自己尊敬的周大姐受到冲击，被迫在毛主席像前低头“请罪”，邢球痕心里很是难过。他出身好，当过兵，没有任何政治历史问题，所以造反派不敢动他。但邢球痕心里像压了一块大石头，整日浓眉紧锁，忧心忡忡地看着造反派们胡折腾。有一天，他看到造反派在 41 所平房顶上刷出“炮轰聂荣臻”的大标语，惊讶不已，心里想，我们四院是靠聂老总的支持才成立的，这些人怎么敢炮轰我们的聂老总！

邢球痕负责设计的 F-03 发动机在 1966 年年底试车成功后，就自动结束了，上级没有任何指示，研制人员等于放了长假。有几个月，邢球痕被借调到北京国防科委搞规划，夏天到湖北为 42 所选址，他暂时离开纷乱不已的南地。

1967 年，国防工业系统受全国夺权风暴的影响，乱成了一锅粥，基本处于瘫痪状态。3 月，周恩来总理代表中央宣布对七机部等国防工业部门实行军事管制。3 月 14 日，内蒙古军区奉命对四院实行军管。1968 年 5 月至 9 月，工宣队和军宣队换来换去。给大家印象最深的一次，是 8 月来自某军区的军管队伍。有一天，几辆越野吉普车开进南地，一小队军人想进四院的工厂，被工人们挡住了。工人们劝阻说："我们是研制尖端武器的保密单位，不能随便进。"军人们悻悻而去。

第二天清晨，四院人刚起床，发现南地被许多军人包围了。几十辆摩托车封住了南地的各个路口，大批军人开进来后，命令全体职工集合，到指定的地方开大会。会场四周，站着许多荷枪实弹的战士，军队干部宣布军事管制决定，接着开始抓造反派头头。

2. 谷城调研，遭遇造反派

当初，在内蒙古呼和浩特市建设四院的主要理由是自然气候干燥，适于固体推进剂研制。但决策过于仓促，没有过多考虑国际上的政治气候。中苏关系急剧恶化后，苏联在中蒙边境布下虎狼之师，承载着中国战略武器研制使命的四院处于虎口之危。于是，立足未稳的四院又面临着搬迁，首当其冲的是研制固体推进剂的 42 所。上级指示 42 所搬迁到湖北谷城，因为那里有中国科学院大连化学物理研究所的一个点。

1967 年 7 月中旬，四院军管会派邢球痕、杨举林和年轻的女干部小黎去湖北考察，看看在谷城建 42 所是否合适。

邢球痕一行带着国防科委的介绍信，在乱糟糟的北京火车站上了去武汉的火车，他们没有料到，这次南下可是选错了时间。武汉刚刚发生了震惊全国的"七二〇"事件，甚至威胁到毛主席的安全。周总理亲自到武汉处理，林彪、江青在天安门开大会，狂叫"打倒带枪的刘邓"。

到了武汉市，邢球痕一行住在武汉军区招待所。满大街都是情绪激动的人群，到处贴满"打倒陈再道""打倒百万雄师"之类的大标语，混乱恐怖的气氛笼罩着武汉三镇。

邢球痕对杨举林说，咱们快离开武汉这个是非之地，早办完事早回家。他们三人急忙动身乘汽车向鄂西北襄樊方向赶路。过了太平店，沿着汉水再向谷城大山走，身后突然传来阵阵吆喝声。邢球痕他们回头一看，十几个年轻人追了上来，把他们团团围住。

年轻人盛气凌人，口气很强硬：“你们跑什么跑！马上跟我们回去！”

邢球痕问：“你们是什么人？为什么要我们回去？回到哪里去？”

“到时候你就知道了！走！走！”

不容分说，这些带红袖标的造反派把邢球痕等三人押解到太平店一所中学里，送到几位解放军的面前。

“你们从哪里来的？”解放军态度严肃，认真盘问起来，“有证明信吗？”

邢球痕不慌不忙地拿出国防科委的介绍信，递了过去。

解放军看得很仔细，终于相信了邢球痕他们的身份，连声说：“对不起，弄错了！”

原来，他们在捉拿从武汉逃出来的“百万雄师”的人，有人报告说，看到三个“百万雄师”的，其中有个女的戴眼镜。

正好小黎戴眼镜，于是邢球痕等三人就成了造反派抓捕的嫌犯。一场有惊无险的遭遇后，邢球痕他们又重新上路。他们的目的地是谷城县庙滩公社郭峪山沟，那里离襄樊市 69 公里，离谷城县城 38 公里，进郭峪要绕行 17 公里的崎岖山路。

一年前，先遣分队已经住进郭峪的茅草窝棚里，雇用数千筑路民工搞“三通一平”，在 20 多公里的盘山道上放炮炸石，劈山修路，向莽莽高山宣战。邢球痕等人精疲力竭地抵达郭峪，只见群山夹峙，荆棘丛生，人迹罕见。邢球痕心里想，要在首尾相距 7 公里的小溪两边建设一个大型的研制高能推进剂的研究所，谈何容易？邢球痕和杨举林面色凝重，他们无法理解，怎么可能在这样完全不具备科研生产和基本生活条件的地方建设 42 所？再说，郭峪没有现代交通，也无房子、通信、供电、供水、供气，更不必说职工的生活和子女上学，国家要往这个穷山沟里扔多少冤枉钱啊！

邢球痕一行返回内蒙古后，向四院军管会郑重提出关于“郭峪不适合建设42所”的报告，但是没有人理会。邢球痕心情郁闷，无可奈何。1970年10月，42所的大部队闪电般地搬迁到郭峪，而且一待就是18年。历史将会证明，邢球痕当时的意见是完全正确的。

3.“三青团”问题

1968年2月，康生指示内蒙古党政军负责人掀起深挖“内人党”的运动，这是“文革”中的最大冤案之一。很多人被诬陷、迫害，一些单位的领导被当成“走资本主义道路的当权派”拉出来批斗。一时间，内蒙古地区腥风血雨，冤狱遍地。

四院不幸身处内蒙古，军管会和革委会积极执行极“左”路线，在相当长的时间里开展“清理阶级队伍”运动，大抓“516分子”，大抓“内人党”。蒙冤受难者不计其数。

著名的推进剂老专家、389厂厂长李志刚被逼上了绝路。

一派群众组织贴海报要批斗李志刚，另一派不甘落后，也宣布要批斗李志刚。当年，李志刚大学毕业后失业，在街头摆摊卖书，偶遇买书的肖淦。肖淦得知他是学化工专业的，对他说，你跟我走吧。

从此，肖淦成为了他的恩师。看到老领导肖淦的腿被造反派打断了，李志刚想，这也即将是他的下场。他彻底绝望了，在家里哭了一个晚上。次日，宁死不受辱的李志刚跳楼自杀，血染南地。

四院的老领导林爽、薛伟民、肖淦、路九牧、李乃暨等全被打成“走资派”“特务”“反动学术权威”，被“群众专政”；150名多普通干部和职工蒙受不白之冤。

面对这样的惨烈局面，邢球痕身心俱焚，他的心在流血。

1968年春，周慰君收到妹妹寄来的家信，读罢大惊失色，原来兄长周蔚如遭遇劫难。她忙把信递给邢球痕，邢球痕拧着眉头仔细看过信，冷笑道：“这些家伙想用莫须有的‘三青团’问题整大哥，决不会得逞的！”

周蔚如在嵊县当基层干部，官阶不高，但也难逃被打倒的命运，连党籍、公职都丢了。单位的“文革”新贵们心狠手辣，对他刑讯逼供，要他交代所谓历史问题，其中包括“参加过‘三青团’”。

周蔚如申辩说，这是诬陷，自己从来没有参加过“三青团”。

“态度不老实！”专案组的人用手枪抵住周蔚如的脑门，大喝道：“跪到凳子上，把手举起来！”

在硬板凳上下跪，还得高举双手，周蔚如满脸淌汗，没坚持多长时间就栽倒在了水泥地上。打手们拖起他再跪，如此反复的折磨，使原本就体弱多病的周蔚如奄奄一息。他想，再不承认，就得被活活整死，屈打成招，先认了吧！

周蔚如承认在雅璜读初中时加入过“三青团”，这就自然牵连到邢球痕等一批当年的老同学。

专案组头头问：“邢圣苗也参加‘三青团’了吧？”

周蔚如一口咬定：“没有！发下表格后，他看了看就偷偷扔掉了。”

“胡说！他领了表格就是参加了！”专案组头头拍着桌子，“我们要向邢圣苗的单位发函，揭发这个问题！”

周慰君的小妹闻讯后，急忙给四院的姐姐、姐夫写信，告诉他们要有大祸临头的思想准备。

邢球痕思考良久，决定采取主动姿态，去找41所军管组领导，如实地汇报此事，并请求组织上派人外调。“不仅我不是‘三青团’，”邢球痕坦然道，“周慰君的哥哥也不是！”

四院军管会领导很是重视，邢球痕是承担重大国防机密任务的技术带头人，他的历史问题可得赶快弄清楚。

41所军代表老周南下嵊县，到周蔚如的单位调查，在摸清专案组刑讯逼供、靠“逼供信”定案的事实后，老周又去嵊县档案馆调阅国民党留下的相关档案，当年嵊县中学“三青团”名册里压根就没有邢圣苗和周纪扬。

真相大白。离开嵊县回内蒙古之前，老周找到正在劳动改造的周蔚如谈话，批评他说：“你不应该承认嘛，共产党员在敌人的面前要坚强不屈。”

周蔚如苦笑着说：“问题是整人的人不是敌人哟，他们说自己是响当当的革命造反派，我反而是反革命呀！”

一年后，周蔚如才走出关押他的祠堂，总算恢复了党籍和公职。

邢球痕

邢球痕院士传记

Academician Xing Qiuhen's Biography

第十三章

乱世受命 知难而进勇攀登

在内乱不止、动荡不安的形势下，杨南生率领四院人苦干三年，为发射我国第一颗人造地球卫星——“东方红一号”作出了重要贡献。41所所长邢球痕则受命组织队伍，挑起潜射导弹两级新型发动机研制的重担。

1．“651 工程”—— 四院的第一场胜仗

研制中国第一颗人造地球卫星——“东方红一号”的任务起始于 1965 年 8 月，这个重大航天任务的代号为“651 工程”。发射卫星的运载火箭是正在研制中的三级火箭“长征一号”，其前两级用的是大推力液体火箭发动机，第三级的作用至关重要——把卫星送入运行轨道。能用液体火箭发动机吗？绝对不行，必须用固体火箭发动机。

四院人完成 300 毫米 F-01 发动机的研制全过程后，希望真枪真刀地为国家研制出实用的发动机。1966 年 12 月，四院接到七机部下达的任务书，受命完成“长征一号”末级固体发动机（F-02）这一重大任务。全院人员喜形于色，引以为荣。

四院“651 工程”的总指挥是副院长杨南生，他当时是中央点名的受保护专家，虽然幸免站在李乃暨他们的队伍里，但留学英国的经历，使他躲不过内部掌控的“特嫌”帽子。

F-02 发动机的直径一下跨到 770 毫米，无疑是巨大而艰难的一步。自 1967 年 1 月开始模样研制起，四院人在乱世中要排除种种人为干扰，攻克一道道技术难关，艰难地向前走。首当其冲的领军大将杨南生要承受多大的压力啊！

1967 年夏天，杨南生 12 岁的女儿小红带着弟弟小立到呼和浩特看望爸爸。下了火车，不见爸爸的影子，突然听到有人喊小红。原来爸爸因为工作不能脱身，请秘书廉茂林替他去接孩子。

小红姐弟跟着廉叔叔到了爸爸的“家里”，才发现家里连个做饭的炉子都没有。遇到做试验回来晚了，食堂关门，爸爸就得到同事家里蹭一顿饭。

杨南生的夫人在上海工作，当时正在受审查，不准调动。杨南生问女儿，愿不愿意从上海转到呼和浩特上学呢？小红高兴地同意了。于是杨南生和夫人分别带着两个孩子，生活在塞外和江南两地。

1969 年，由于长期的劳累，杨南生患上了风湿性坐骨神经痛，一条右腿不能动了。他用左脚一下一下地划拉着骑车前行，奔波在厂、所、站之间。人们感慨地说，杨副院长这是“荒漠走单骑”啊！从设计、试制到试验，他都在现场。哪个岗位没有人了，他就挨门挨户、苦口婆心地请人家上班；热试车时，他不顾危险，尽可能靠近些……

有一天，杨南生终于支持不住了，被部下背回了家。老干部李春堂在部队当过军医，学会了针灸，他带上银针悄悄上门，为杨南生治疗了一个多月……[①]

作为四院研制队伍的领军人，杨南生的表率作用是鼓舞四院人完成“651 工程”任务的精神动力。

邢球痕深深敬佩杨南生先生。他虽然因另有重任而不能参加“651 工程”的具体工作，但仍不忘以自己丰富的实践经验为全院最重要的国防科研任务献计献策。他为 F-02 发动机的研制出了两个高招：一是提出了简单易行的圆柱型内孔装药方案，解决了六边星型芯模加工的困难，提高了发动机的质量比；二

① 杨红，《我的父亲杨南生》，2012 年。

是解决了高空点火的地面模拟试验难题。固体发动机在没有空气的太空中点火是个全新的课题，多次模拟试验无果后，院里咬咬牙买了一台昂贵的真空舱，但收效甚微。在大家束手无策的时候，邢球痕出了个主意：把所有喷管都严格密封，让发动机内保持地面的大气压，不管在多高的天空，一定能正常点火。大家依照邢球痕的思路做试验，果然有效，这个“邢氏高空点火法”一直沿用到今天。

“651工程”设计师陈克明曾向笔者回忆起研制F-02发动机的艰难：“当时呼和浩特市不具备加工条件，发动机的壳体是超高强度钢，特别是两头的半球封头，要到北京211厂外协加工，各种部件涉及全国30多个厂家。我常年在外面跑材料、跑加工，拿着设计图纸，一家一家找，谁也不能全包下来。我原来设计的壁厚是2.3毫米，经过900℃高温的热处理，只剩下1.5毫米了，强度不够。钱老知道后，召开会议，研究修改设计和工艺。我跑沈阳111厂，正赶上武斗，给我们加工壳体的老师傅被流弹打伤了腿……”①

经过三年的奋战，在失败中总结经验教训，1969年，四院先后试验了15台发动机，如期向总体部提供了3台发动机，在北京的全箭联合试车中，

① 采访陈克明记录，2012年8月。

四院的 F-02 发动机全部合格。

1970 年 3 月 27 日，四院由 18 人组成的试验队在风雪中出发，前往酒泉发射基地。那个时代，军管会主任必须担任主要领导，杨南生只能担任副队长。4 月 14 日，钱学森、任新民、杨南生等 15 人组成的汇报团由基地飞回北京，当晚向周总理汇报。之后，中央批准了卫星发射。4 月 24 日晚 9 时 35 分，“长征一号”运载火箭载着“东方红一号”卫星，冲向云天。在最后一刻，四院的第三级 F-02 发动机用力一推，使卫星达到第一宇宙速度，成功入轨，巡天遨游，同时昭告世界，中国进入了航天时代。

站在寒风呼号的沙漠里，杨南生凝目长空，心潮澎湃。①

那年的“五一”劳动节，毛泽东等党和国家领导人在天安门城楼上接见了研制和发射我国第一颗人造地球卫星的 17 名代表，其中包括四院的陈克明和 389 厂总装车间女工李德春。合影留念后，周总理特地对四院代表说，东方红一号发射成功，你们四院作出了很大贡献，希望你们再接再厉，继续努力。

四院人原以为杨南生会登上天安门城楼。但军管会主任说，要突出“工人阶级”。四院人为此愤愤不平，一个普通女工怎么会比航天专家的贡献大？可是谁敢反对军管会主任呢？

杨南生不去计较这些，他风尘仆仆地登上返回内蒙古的火车。途中，在北京遇到屠守锷。屠先生伸出大拇指，对杨南生说：“你们四院给的饭很充足啊！”杨南生知道，屠先生说的“饭”是指四院末级固体发动机的推力。

回到四院，杨南生和大家一起庆贺第一场胜仗。一有空，他就打开收音机，调到那个熟悉的频率上，聆听从太空传来的“东方红”乐曲。

然而，没有几个四院人知道，4 月 24 日，我国第一颗卫星上天的那个夜晚，

---

① 杨南生，《助推东方红卫星翱翔太空》//《丰碑如山》，航天四院，第 20 页。

老专家肖淦面容憔悴，被专案组押解到南地的一个沙丘上观看。当他仰望夜空，终于发现缓缓移动的那颗中国星时，激动得热泪长流。

2. 乱世中受命研制潜地导弹发动机

1964年10月，中国成功地爆炸了第一颗原子弹，1966年10月，又完成了“两弹结合”飞行试验。但是在国际核武器的竞赛中，中国导弹核武器的数量和质量都无法与美苏两个超级大国相抗衡，尤其缺乏“二次核打击”能力。面对两个超级大国的核威胁和核讹诈，中国战略武器的发展方向面临新的抉择。经过调研、论证，决定跟踪国际战略武器发展趋势，把固体导弹作为主要发展方向，加速研制机动性和生存能力都优于液体导弹的固体战略导弹。以固体推进剂发动机提供飞行动力的固体导弹，具有结构简单、体积小、可靠性高、发射准备时间短、地面设备简单、隐蔽性好、机动性强、可以舰载或车载发射等特点，是实现“二次核打击”能力的“杀手锏”。舍此，中国就无法在激烈的大国博弈中崛起。

1965年，周恩来总理在中央专委会上明确提出，争取提前研制出固体导弹。然而，1966年爆发的“文化大革命”，使国防科研单位备受冲击，连七机部著名的火箭材料专家姚桐斌都被活活打死，中国的国防科研事业怎么办?

1967年年初，在中央专委的督促下，国防科委、七机部和海军等单位共同研究后，决定集中力量开展固体潜地导弹“巨浪一号”[①]的研制工作。2月，“巨浪一号”在国家立项。夏天，周总理在中央专委会议上再次强调，应该提前完成中远程固体导弹的研制。

固体发动机是固体导弹的心脏。为“巨浪一号”配套的第一级F-04发动

---

① “巨浪一号”原来为“巨龙七十一号”，后改称“巨龙一号”，1972年正式定名为“巨浪一号”。为了叙述方便，本书统称“巨浪一号”——编者注。

机和第二级F-05发动机的研制任务，理所当然地落在了四院人的肩上。41所设计室副主任邢球痕分工抓发动机的设计工作。

当时，对“巨浪一号”的上马难免有不同的认识。有的同志认为，这个型号太难了，以中国当时的工业和科技水平，没有可能研制出来这种超难度的导弹，更不用说这是个庞大的系统工程，需要全国大协作。现在全国乱成一锅粥，各单位都在打派仗、不能正常上班，怎么进行协作？在需要和可能之间，我们选择可能。既然没有现实可能性，为什么硬要去干？

邢球痕则认为，既然国家急需潜射导弹，再难也得创造条件去实现，变不可能为可能。国家利益至上，不干永远也研制不出潜射导弹，要坚决执行上级的指示，把研制新型发动机的担子担起来。

但是，四院命运多舛，常常天时地利人和都不顺遂。高层对体制的决策反复多变，导致四院长期处于动荡不定的状态。1965年8月，七机部同意在四院成立固体导弹总体设计部（简称“四部”），“文革”初期，四部完成了两个导弹型号的总体方案论证，但由于被造反派骂为“大笨蛋”而胎死腹中。

1967年11月28日，钱学森召集一院和四院领导开会，决定把“巨浪一号”的抓总工作及四部移交给一院。1970年1月1日，中央同意四部369名总体设计人员搬迁到北京。四部人员离开了艰苦的内蒙古，皆大欢喜。而四院则像闹了一场大地震，人心动荡，惶惶不安。总体部被划走，使四院体制面临着结构性的改变，邢球痕等老四院人为此伤心落泪。

1970年8月，在国防科委的计划会议上，提出尖端技术要三年赶上、五年超过西方先进工业国家，要求高能固体推进剂在一年半时间内攻下可以装全尺寸发动机的任务。10月，四院军管会下令，42所80%的人员要在几天内南迁湖北谷城。正在从事中、低能固体推进剂研究的人员，不得不放下手上的工作，草草收兵，收拾行装，扶老携幼，离开南地“鸡窝村”，奔向郭峪的深山沟。来也匆匆，去也匆匆，他们将面临更艰难曲折的重新创业之路。①

内蒙古呼和浩特基地的建设刚刚铺开，“反帝反修”“准备打仗”的形势决定了四院再次选点搬迁的前景。国家削减了呼和浩特基地的投资规模，南地只保留壳体厂、装药厂和一个试验站。

1967年“巨浪一号”上马后，全国一直处于内乱不止、动荡不安的形势下，“巨浪一号”的研制进度一拖再拖。总体部也处于群龙无首的状态，1970年3月，一院军管会把控制系统专家黄纬禄任命为“巨浪一号”技术总负责人兼总体部主任，领导从内

① 许定宇，《推进剂研究所创立漫忆》//《丰碑如山》，航天四院，2012年，第33页。

蒙古进京的同事们。待人和蔼的黄纬禄谦虚地说："我对总体工作很不熟悉，请同志们把我当小学生一样，从 ABC 教起。"

4 个月后的盛夏，黄纬禄带领助手们在南京长江大桥上进行模型弹高空投放试验。

而在同一时间段，在黄土高原某处荒无人烟的地方，正在兴建模拟潜艇水下发射条件的陆上水池，这个庞大工程被黄纬禄等专家叫停之前，已经耗费了巨大的资金和人力物力。①

中国的固体潜地导弹研制举步维艰，这就是邢球痕和他的战友们所面临的严峻局面。

1972 年 9 月，四院任命邢球痕为 41 所所长。党委书记是 1965 年从一院调来的老干部，非常巧，也姓邢，叫邢琳，而且邢琳的夫人也姓周，是一位医生。"二邢"配合默契，为邢球痕的固体发动机事业开了个好头。

2013 年 6 月，笔者采访当年为"巨浪一号"与邢球痕一起奋斗的陈立学。说起在内蒙古的工作和生活，他感慨不已。

"在'文革村'，我和老邢是一个门洞的邻居，每家一间屋子，中间是共用的厨房，我们两家都有老人，三代人挤在一铺炕上。我们两家亲如一家，但从来没有互相请过客。'干打垒'的宿舍里没有暖气，家家户户都得烧煤炉子，生活非常艰苦。我在门前开了一小块地种点菜，养几只鸡；老邢不种地，天天忙工作。

"'巨浪一号'任务下来后，我在 101 室喷管课题组，组长是赵殿礼，除了我，还有杨思孝、魏时发、顾宝林和周秀文等人。内蒙古的隆冬，大雪纷飞，寒风刺骨，但我们的心是火热的。当时对怎么设计摆动喷管不甚了解，手边只

① 黄道群，《黄纬禄院士传记》，中国宇航出版社，2015 年，第 166—169 页。

有从国外文献里查到的几幅摆动喷管示意图，我们大家一起探讨它的结构和原理。办公室里没有暖气，靠煤炉子取暖。我们一边画图，一边照看炉子，常常弄得满屋子烟熏火燎，白图纸变成了黑色。研制喷管要做许多试验，没有实验室，我们就来了个‘革命行动’，占了一间有暖气的会议室，自己动手建起了一个简陋的实验室。我们在这里度过了10个寒暑，研制了20多种形状的密封圈，进行了700多次气密试验，完成了7个型号轴承的选择性试验以及摆动喷管的刚度、位移、寿命等单项试验。在这里，我们承受了一次次失败的痛苦，也共享了一次次成功的欣喜。”

哈军工五期毕业生刘志学一到泸州，就被分到邢球痕为组长的工程组，在喷管组跟老学长学设计，连续两年被评为先进工作者。1965年4月，被任命为101室副指导员，和邢球痕一起工作。1966年秋，他从“四清”运动的农村回来，看到“文革”中对立的两派，弄不明白这世道是怎么了，只好表态“对两派都支持”，可最后还是得罪了造反派。造反派夺权后，他只好靠边站。1968年，他主动提出到本室三组搞喷管设计。为了做F-04发动机单喷管摆动试验，他们想利用装药厂里一台装好药的F-03发动机做地面试车，但事先得为药柱端面整形。正值“文革”高潮时期，装药厂基本瘫痪，各个车间大门紧锁，无人上班。刘志学和同事们非常着急，这可是“巨浪一号”任务啊！有一天，他们偷偷把车间窗户撬开，跳进车间，爬到发动机上，两腿伸到药柱的星孔里，屁股坐在药柱上，用小铜铲一块一块地挖药。这可是严重违反劳动纪律和安全操作规程的冒险行为！可为了快点完成“巨浪一号”的研制任务，科研人员似乎忘记了自身的安危。

喷管课题组只是 41 所这个大团队知难而进、埋头苦干的一个缩影。邢球痕负责的 F-04、F-05 两级发动机，则要攻克一系列技术难关和难以计数的各种大型环境试验。

邢球痕

邢球痕院士传记

Academician Xing Qiuhen's Biography

第十四章

襟怀坦荡 敢逆潮流吐真言

邢球痕秉性耿直，襟怀坦荡，不管是到秦岭深山里为四院三线基地选点，还是到“五七干校”劳动锻炼，他都坚持独立思考，不跟风，不迎合，敢说真话，实事求是地反映自己的意见。

1. 到秦岭大山里选点

1964年，毛泽东主席在中共中央工作会议上指出："在原子弹时期，没有后方不行。要考虑解决全国工业布局不平衡的问题，加强三线建设，防备敌人入侵。"随后，中央作出"三线建设"的重大战略决策，在长达17年之久、涵盖全国13个省和自治区的广大范围内，上马了1100个大中型国防企业和科研院所项目。涉及到400余万人命运的"三线建设"成为当代对中国影响最大的政治和经济大动作。毋庸讳言的是，由于对国际形势的误判，秉持着"敌人将从海上进犯——沿海经济发达地区将被放弃——我军将'大踏步后撤'，让出辽阔国土——使敌人陷入'人民战争的汪洋大海'——最后以持久战胜之"这样一种战略思维，把爆发战争的问题估计得过于严重。而善于想出政治怪招的林彪提出了"靠山、分散、隐蔽、钻洞"的所谓"山散隐洞"方针，完全是对现代工业和国防现代化建设的盲目无知和瞎指挥。因此，三线建设因为违背科学和经济规律，所造成的天文数字的浪费和经济损失是难以用语言表述的。

在当时的政治形势下，在毛主席"骑着毛驴也要上三线"指示的激励鼓动下，国防科研和国防工业部门首当其冲。但三线建设不是按照正常的程序展开的，而是在命令下紧急实施的。临战的气氛和军方的介入，打乱了正常的搬迁和工厂建设程序。如临大敌的紧迫感使所有人感到前所未有的压力。随着一声令下，几乎在一夜之间，数以千计的大中型企业仓促搬迁，原有厂房弃置不用。为了躲避敌人的轰炸，工厂要根据“靠山、分散、隐蔽、钻洞”的指示，迁至地理位置偏僻、交通不便的偏远山区。在搬迁过程中，至关重要的选址简化为军方人员随意在地图上划个圈。选址严重失误的工厂后来遇到泥石流、水涝、干旱等问题困扰；有的地区地质条件恶劣，由于选址错误，工厂几乎全部报废的例子并不罕见。史料表明，从1965年开始并持续到70年代末期、历时三个五年计划的三线建设，投资高达2050亿元。尽管不可否认，三线建设在促进大西北、大西南的工业发展方面有很大功绩，但总体来说，不啻为中国现代化建设的一次大折腾，其历史功过是非，至今仍是一笔糊涂账。①

四院的三线选址走了一大段弯路。1965年，四院奉命在宁夏银川布点，开始建设新基地。一年后，又因靠前线太近，奉命下马，扔下一摊未完工的基础建设，重新到陕西等地选址。最后，确定在秦岭北麓的蓝田县建设四院三线新基地。

1969年春，中国与苏联在东北乌苏里江珍宝岛爆发了武装冲突。一时间，战争的阴云笼罩在中国人的头上。七机部指示四院“立即行动，抢建三线，加快速度，准备搬迁”。内蒙古毗邻苏联屯集百万重兵的蒙古国，呼和浩特市的四院机关与厂所处于危险的第一线，必须尽快往蓝田搬家。那时，把建设蓝田基地叫“后建”，代号是“063工程”。

四院军管会号召疏散家属，邢球痕让周慰君把老妈妈送回嵊县，却没想到，周慰君回来时，把养在奶妈家的已经四岁的儿子一星带了回来。周慰君说，要是真打仗，不能连累老母亲，自己一家四口人，要死就死在一起吧。

---

① 言咏，《与三线有关的日子》//《经济观察报》，2009年4月6日。

是年夏天，四院军管会让邢球痕负责41所的选址和后建准备工作，在军代表的带领下，邢球痕与杨思孝、吴新华等几名助手冒着酷暑奔赴陕西。他们从西安出发，走向东南方向的秦岭深处。

蓝田是关中地区历史悠久的古老县城。唐朝中期，厌倦了官场生涯的诗人王维隐居到蓝田辋川的大山中，他在《辋川闲居赠裴秀才迪》一诗里写道：

“寒山转苍翠，秋水日潺湲。倚杖柴门外，临风听暮蝉。”

1966年6月，063工程启动之初，辋川山里还有王维庙和王维手植银杏树，后来建工厂拆掉了王维庙，只留下了那棵参天古木，向人们诉说着那些久远的沧桑故事。

20世纪60年代的蓝田县城，只有两条土路大街、一家小百货店、一个小邮局、一家小医院、一个小菜场。063工程的先头队伍刚进蓝田的时候，这个偏僻小县之衰微破败，老百姓之生活贫穷，信息之闭塞稀缺，令人吃惊。063工程指挥部唯一的交通工具是一辆苏制“嘎斯69”吉普车，一次进山停车后，招来一大群围观的山民。当地山民从来没有见过汽车，他们摸着看着，七嘴八舌地比较着车与牛谁的劲儿大。①

邢球痕一行到蓝田时，这个闭塞的偏远小县还处于“文革”动乱之中。他们赶上了当地两派群众的一场武斗。两边都有真家伙，互相射击，子弹在头上乱飞，路上还躺着无名死尸。实在太危险了，大家赶快找个招待所住下来。

邢球痕遵照军管会的指示，带大家沿着小河沟边的羊肠小道艰难前行。063工程的基建已经开工几年了，但进山的道路仍然进展缓慢，切开山壁修路，代价极为高昂。邢球痕一行走到一个叫草坪的山村，举目四望，崇山峻岭，林密谷深。邢球痕摇摇头说：“怎么能在这样的地方建所呢？我们回去吧！”邢球痕

① 采访周永权、袁菊凤记录，2012年10月。

想买一只鸡，好让精疲力竭的同志们改善一下生活。草坪的生产队长很慷慨，一下拎来六只老母鸡，只收一元钱。邢球痕想多给些钱，这位朴实的山民说什么也不肯收。邢球痕看到当地山民的生活很苦，心里沉甸甸的。

他们又到白家坪选点，7414 厂已捷足先登。找不到好的地方了。

邢球痕一行回到蓝田，又饥又渴，疲惫不堪。四院军管会副主任要邢球痕汇报选点的情况，邢球痕直来直去："领导让我们去看的点都不行，我提三条缺点吧！"

听罢邢球痕的汇报，军管会副主任大为光火，他训斥道："'靠山、分散、隐蔽、钻洞'，这是中央定的三线建设原则，人家都说这是优点，你怎么反说是三条缺点？你是什么意思？"

邢球痕面带微笑，回答说："我们是搞科研生产的，一定要按科学规律办事，要实事求是啊！你们也应该听听我们科技人员的意见吧，要有点群众观点嘛！"

正如两年前到湖北谷城看点那样，邢球痕对三线建设有清醒的认识。同时，对那些军队干部也保持着冷静的判断。在军管会大权在握的年代，老邢居然敢顶撞军管会副主任！

"你这样不配合，"军管会副主任脸红脖子粗，大声威胁说，"我要审查你一辈子！"

邢球痕淡然一笑：“我欢迎你审查我一辈子！”

有一次，在讨论山里选点的问题时，邢球痕又提出不同意见。主持会议的军代表按捺不住，大发脾气：“你老提意见，滚！”

邢球痕“忽”地站起来，转身就走。会场乱了，会议也开不下去了。

军代表只好追出去，大喊：“老邢，你站住，回来！回来！”

后来，又换了一个军管会政治部主任，他带领邢球痕一行人再去选点。政治部主任站在大山顶上，眺望了一阵，指了指山下一片沟壑说：“那个地方很好嘛，41所就建在那儿吧！”

邢球痕坚决反对，他用充足的理由，驳得军管会领导哑口无言。最后，在终南山东麓找到一片河谷平地，总算把41所后建基地确定了下来。

对上级制定的三线建设必须遵循“山散隐洞”的方针，邢球痕始终想不通。靠山可以，但不一定钻山沟、进山洞呀。再说分散，怎么才算分散？他去问一位

1970年，43所先遣人员搬进王顺山下的水陆庵大庙里

老领导，老领导说：“一颗原子弹扔下来，只能破坏一个厂，就可以说分散得好。”

邢球痕对后建基地的道路太窄有意见，一条路只有几米宽，会车怎么办？老领导说，兰州空军派直升机来蓝田测量过，半米宽的路在一万米高空就能看见，所以，道路不能太宽，要考虑隐蔽嘛！

邢球痕很无奈，他望着逶迤连绵的莽莽群山，心想，美帝、苏修会到秦岭这片大山里扔原子弹？他们有那么傻吗？对三线建设，他提出了不少合理化意见，但领导不采纳，反而认为他太倔、不合拍。事实证明，敢于直言的邢球痕是对的，而盲目服从上级的非理性的蛮干，最终给国家造成了惊人的损失，阻碍了中国固体发动机事业的发展。

2. 女儿眼里的父亲

自搬进“文革村”以后，邢球痕夫妇商量，好歹有个小家了，一红也到了上学的年龄，得把女儿接来。周慰君给妈妈写信，请妈妈把一红送到内蒙古来。

那时，虽然各地的大规模武斗逐渐平息，但铁路交通的混乱状况未见好转。外婆带着 6 岁的一红，千里迢迢地来到呼和浩特市南地，祖孙二人真是不容易。

女儿带着幼年营养不良的痕迹，但十分聪明懂事，这让邢球痕夫妇颇感欣慰。外婆心地善良，助人为乐，除了帮女儿一家料理家务外，还经常关心左邻右舍。冬天一下大雪，老太太就早早地把通向厕所的路扫出来，防止人们滑倒。只是老太太不习惯内蒙古的恶劣气候，常常念叨起浙江水乡的湿润天气。

在水乡长大的一红，第一次回到父母身边。女儿以儿童好奇的眼光观察爸爸妈妈，观察周围陌生的一切。

一排灰蒙蒙的平房住六家，每家一间，两家合用一个厨房。一进家门，就是一个大铺炕，炕的一头放一对木箱。另有一张两屉桌，两把椅子，都显得陈旧不堪，这些都是四院发的家具，唯一自己买的是从泸州带来的那张小圆饭桌。

在一红的眼里，全家就这么点家当，真够简单的。

爸爸妈妈的感情非常好，家里充满了爱意。一红从来没有看到他们相互发过脾气。爸爸早出晚归，天天忙工作。妈妈身体不好，爸爸就尽量多干家务活。生煤炉子是爸爸的拿手活儿，爸爸开玩笑说，这比火箭点火还难呢！火箭点火要两级，生炉子要五级：火柴、纸、刨花、小劈柴、煤，看看，五级吧！

内蒙古规定，孩子 7 岁才能上学，一红在家等了一年多。爸爸不知从哪里找来了一本画册，每天晚上，爸爸在书桌前看书，妈妈陪着一红画画。一红吃不惯北方的粗粮，爸爸常出差，每次都背回来大米和副食。“文革”期间，副食供应很差，一红常盼着出差的爸爸快点回来。

爸爸妈妈都喜欢孩子，邻居陈立学有个不到两岁的女儿红斌，天天跑过来喊“邢伯伯”。爸爸就在纸上画个小女孩，哄她说：“这就是你！”

小学三年级的时候，一红第一次受到了爸爸的批评。受电影《鸡毛信》的启发，学校要求每个红小兵都做一杆红缨枪。一红回家告诉爸爸，邢球痕找来一块厚木板，一刀一刀地削出枪头，又找点麻绳拆开来，染成红色，就是还差一个枪杆儿。

一红看到许多同学都有了红缨枪，那枪杆是又轻又亮的铝杆儿。

“哪里弄的呀？”一红好不羡慕。

“我爸爸从工厂拿回来的。”

一红央求同学：“让你爸爸再给我拿个呗！”

那天晚上，一红回家，手里攥着根铝杆儿，她高兴地嚷道：“爸，我有枪杆儿了！”

邢球痕接过铝杆儿，看了看，沉下脸来，问道：“哪里来的？”

一红说：“同学她爸爸从工厂拿的，我要了一根。”

“这怎么可以！”邢球痕怒气陡升，大声批评一红，“这是公家的东西，你今天晚上就送回去！还要告诉你的同学们，凡是从工厂拿的东西，都要还给工厂！”

事后，邢球痕耐心教育女儿说：“公家的便宜，我们一分一毫都不能占，你要记在心里。”

还有一件惹一红外婆生气的事儿。有一次，外婆在南地的路上拾到一把小刀，回到家在厨房一试，很好用，外婆挺喜欢的。邢球痕知道了，一定要外婆送回原处，丢到那个地方。老太太生气了，邢球痕笑着解释说：“妈妈呀，路不拾遗嘛！不是自己家的东西，咱们坚决不能拿！”

外婆拧不过，只好把小刀送回原处。好在老太太了解自己女婿的为人，不一会儿，气就消了。

战备特别紧张的 1969 年，妈妈把外婆送回老家，把弟弟一星接回内蒙古，这一家总算团圆了。一星从小在山村奶妈家长到四岁。一红记得，那年她跟外婆去看一星，走了很远的路，才到一个小山坳。破破烂烂的土房子，田里都是又高又密的甘蔗林。一个小男孩拿条鞭子跟在水牛屁股后面跑，外婆告诉一红，那就是你弟弟。一头小牛踩了一红的脚，一红痛得大叫，一星跑过来把小牛赶走。一红注意到，弟弟的眼睛红红的，原来农村的卫生条件差，一星得了沙眼，得不到治疗，留下了病根。

“文革”中，邢球痕一家在呼和浩特市街边留影

3. 拉煤的故事

四院人做着世界顶尖的航天科技工作，却过着中国北方农家艰辛的日子。在南地，为了老人孩子，几乎家家户户养鸡、养鸭、种菜、种庄稼，为了改善自然环境，人们还多年坚持植树造林。一年中最要紧的是做饭取暖不可或缺的宝贝——煤炭，所以，家家户户都有个储存煤炭的小棚子。入秋的时候，要去山西大同拉煤，四户人家包一辆大卡车，去一次大同往返要好几天。

有一次，邢球痕带队去大同拉煤。临出发时，大家按着以往的经验，带上几条好烟，为的是贿赂煤矿工头，否则，他不给你安排装车，你就得排长队，眼巴巴死等着吧！

到了矿区，邢球痕要下矿井看看矿工是怎样挖煤的。半天过去了，大家说，老邢该上来了吧。正说着，邢球痕带着满身满脸的煤粉回到了住处——一间四面漏风的破屋子。

“怎么样？看到挖煤的工人啦？”同事们一边给邢球痕打洗脸水，一边问。

“煤矿工人实在、实在太苦了！”邢球痕感慨不已。他下井跟着矿工挖煤，亲身体验了煤炭是怎么生产出来的。

“那几条烟不给工头了，”邢球痕认真地说，“送给矿工吧！”那天，邢球痕心事重重，总想着那些在地下挖煤的矿工。

晚上，正好赶上矿区放露天电影，矿区群众蜂拥而来。反正没有什么事儿，邢球痕和大家也去看电影。人们等啊，等啊，为什么总不开演呢，一打听，原来矿领导和地方干部的酒宴还没有结束，要等他们来了才能开演。直到这些领导们酒足饭饱，醉醺醺、慢悠悠地来到，这场电影才开演。回到那间破屋子，邢球痕生气地说："这些干部太坏了，心里哪会装着老百姓啊！"

炕上的虱子很多，咬得人没办法睡觉。大家都把衣服脱光挂起来，怕把虱子带回家。反正睡不着，大家缠着老邢讲故事。

由于没有贿赂工头，老邢带队拉煤平添了不少麻烦，但也给南地的人们增加了老邢下矿井挖煤的新故事。

4. 干校轶事

1966 年 5 月 7 日，毛泽东写给林彪的一封信，史称《五七指示》。1968 年，黑龙江省革命委员会在柳河办起中国第一个"五七干校"，各地纷纷仿效。于是，作为"文革"时期一大标志的"五七干校"，在全国遍地开花。

从 1969 年军管起，四院大批干部和科研人员先后被下放到内蒙古和河南的"五七干校"劳动。老院长林爽被打倒后，在干校里磨豆腐。1971 年 12 月，四院在山西省河津县组建了新的"五七干校"，前后有 510 名干部分批下干校劳动。

1974 年年初，上级通知邢球痕到河津干校劳动一年。身为 41 所所长的邢球痕正为"巨浪一号"两级发动机的研制工作废寝忘食，大事小情都要他这个当家人去管，现在，却突然要撂下国家重大型号研制任务去山西农村当一年农民，他实在弄不懂这样的安排是何道理。周慰君身体不好，高血压很严重，每天上班要由两个孩子扶着，可孩子又太小，他一年不在家，这娘儿仨怎么生活？只能再请外婆来帮忙了。邢球痕利用南下出差的机会，又把老太太接到了南地。

临出发前，邢球痕在家整整劈了三天引火柴。四院人都要靠煤炉子烧饭，劈柴是家家必备的引燃煤炭的烧材。但是，后勤部门发下来的木柴全是四棱八翘的大树根，要把大树根劈成小木条就难了，一个棒小伙子也要累得汗流浃背、双臂发麻。邢球痕把斧子、锤子、凿子都用上了，总算劈好了一大堆小木条，又嘱咐一红怎么照顾好妈妈和弟弟。

晋西南河津县位于黄河东岸、汾河入黄的河谷地带，河津“五七干校”硬是从老百姓宝贵的土地资源里挤出来一片田地。那时中国知识分子有个家喻户晓的头衔——“臭老九”。早春时节，乍暖还寒。干校里的“老九们”一身旧棉袄，腰间扎一根麻绳。他们下田翻地、耙地，既无机械，也无耕牛，全靠人工拉犁，劳动强度之大不言而喻。当地的老乡们看到了，说这些人八成是来劳改的。老乡的议论传到干校，有的人也嘻嘻哈哈地自嘲是“劳改分子”。

邢球痕却很较真，就像当年在哈军工抵制“资产阶级知识分子”的帽子一样，一脸严肃地说：“我们不能承认自己是来劳动改造的，我们在干校是来劳动锻炼的！”

邢球痕干农活非常卖力气，用铁锹翻地，他一口气能翻五百下，创下了最高纪录。到了插秧的季节，大家起早贪黑地在水田劳动。邢球痕的两条腿由于长时间泡在泥水里，都发炎了，他还是一声不吭，坚持着不休息。

那年春天，山西省一部晋剧《三上桃峰》被“四人帮”抓住不放，无限上纲，成为轰动全国的“反革命事件”。各地报纸也跟风吆喝，一哄而上，大批特批。上边派来了人，到河津干校组织大批判会。邢球痕和同志们议论一阵后，提出了自己的意见：你们说晋剧《三上桃峰》是大毒草，可是我们没有看过呀，那怎么批判呢？得先让我们看一看，然后再分析批判嘛！

上边来的人无法反驳邢球痕的合理要求，支支吾吾，尴尬难言。最后，这个荒诞的大批判会也就不了了之了。

了解邢球痕的人都知道，他是条硬汉，总是坚持独立思考，不跟风，不迎合，不人云亦云。“文革”时期，天天搞革命大批判，比如批判邓小平的“猫论”——“不管白猫黑猫，捉住老鼠就是好猫”。邢球痕在会上认真地说，不逮老鼠的猫，总不能说是好猫吧！大家会心大笑，都说老邢说得在理。舒诚笑得满脸通红，朝邢球痕伸出大拇指，连声说“对极了！”

1968年12月，中央公布刘少奇是“叛徒、内奸、工贼”，将他永远开除出党。在四院传达的时候，会场一片死寂，没有人表现出高兴的样子。邢球痕在心里暗暗质疑，怎么可能呢？一位国家主席，就这么不明不白地被打倒了？

现在，四院革委会领导布置河津干校开总结会，要每个人讲出自己在干校有什么成绩。邢球痕又唱反调：“有什么好总结的！你们的出发点是让我们来干校改造，你们自己的政治方向都不清楚，还让我们总结什么！”

42所一位科技干部在劳动中不幸陷进掘井时留下的烂泥坑，大家把他从泥水里拖上来时，已经断气了，实施人工呼吸也没有救活。他妻子来奔丧，晚上痛哭不已。邢球痕和同志们听着那凄惨的哭声，心里别提有多难过了。辗转反侧睡不着，邢球痕默默思考着这个让他十分反感的专革文化命的“大革命”：什么时候才是个头啊，我们在这里种田当农民，可是四院的“巨浪一号”任务怎么办呢？

劳动之余，邢球痕在晚上自学日语。进入不惑之年，他愈来愈感到时间的宝贵，有多少新知识需要学习啊！有一次，晚上睡不着，他就琢磨起了潜地导弹："巨浪一号"是两级发动机，以后肯定还会有"巨浪"的新型号，那应该是三级发动机了，相互间的结构怎么联接好呢？直到村鸡啼鸣时，他才昏昏沉沉地睡了一会儿。

星期天休息，大家去野外抓麻雀，一次能抓到二三百只，用火一烧，那可是下酒的美味。邢球痕知道干校书记爱喝两口，提议把他请来，一起开个"麻雀宴"。酒过三巡，大家的话都多了起来，你一句我一句地批评起这位书记来：在家里，那些造反的人整你，把你打成"走资派"，派你到干校当书记，你怎么又整起我们来了？那人面带微醺，嘴里含含糊糊地说：那不能，不能……

根据上级指示，干校下放人员要到农民家里住半个月，在"三同"（同吃、同住、同劳动）中接受贫下中农的再教育。于是，邢球痕他们住进农民的茅草屋里。农民弄不清七机部四院是个什么机构，统称这些有文化的干校人为"七级（机）干部"。

"七级干部们"每天6点起来，不吃饭就下地；9点回来吃早饭，然后又马上出工；中午不休息，晚上5点从地里回来吃晚饭。吃惯了三顿饭的四院人，对农民的两顿饭很不适应。每天轮流在农民家吃饭，可家家都缺粮，尽管邢球痕他们交足了钱和粮票，贫穷的农民一次只给一个馍、一碗水，没有菜，有时会给一点葱蒜佐餐。在农民家里那半个月，可把大家饿坏了。

临分别那天，有五家农民起早为"七级干部们"做"猫耳朵"（一种用手掐出来的小面片）。主妇们为了这顿饭，要忙活一天，那可是当地款待女婿才能吃到的美餐啊！"七级干部们"吃了一大碗，还想吃。

大家在劳动中，弄丢了房东家的一把铁锹，房东说丢就丢了吧，不要了。

邢球痕当过兵，牢记“三大纪律八项注意”，抽空跑到县城，买了一把新铁锹，还给了房东。

河津农民的极度贫穷给邢球痕留下了深刻的印象。

1977 年 12 月，河津县“五七干校”停办。

1974年5月，山西省河津县“五七干校”的同志们合影（前排左起：杨开高、徐忠海、老马；后排左起；刘世君、朱明、邢球痕、王志海）

“五七干校”的四院人（二排左一为邢球痕）

邢球痕

邢球痕院士传记

Academician Xing Qiuhen's Biography

第十五章

多难之秋 风骨卓然担大任

1975年，出任国防科委主任的张爱萍整顿七机部，四院的工作大为改观。不料风云突变，在“反击右倾翻案风”运动中，七机部批邓联张，四院把邢球痕划为斗争对象。不久，人们迎来了粉碎“四人帮”的喜讯。

1. 倔强的所长

从河津干校回到内蒙古南地，邢球痕才知道，他在干校的这一年，一家老小是怎样度过的。别的不说，就说他临行前劈好的引火柴吧，三个月就烧完了。难为了老岳母，自己动手劈柴。邻居有位广东老太太，身体稍好，也常来帮忙。老太太们虽然语言不通，但相处得像一家人。

怀着歉疚的心情，邢球痕赶快挑起家务活的重担。他又检查一红和一星的功课，和孩子们谈心。在干校期间，邢球痕反思自己光忙工作了，平时对孩子们关心不够。他给一红和一星写信，检讨自己。信里说，你们在家里不要惧怕我，我们之间是平等的，是朋友关系。

那天晚上，杨南生副院长到南地“文革村”登门看望邢球痕。他们紧握双手，坐在炕上说话。

邢球痕抱歉地说：“杨院长，我还没有去东门看你呢，你怎么先来看我了？”

杨南生微微笑着，端详着面色黝黑清瘦的邢球痕，关心地问道：“老邢啊，你刚从干校回来，身体怎么样？”

邢球痕哈哈笑道：“劳动一年，不动脑子，身体锻炼得可结实了！”

“现在可要你动脑子了！”杨南生说到正题，“目前的情况很不理想，两级发动机原地踏步，我可能要去蓝田抓后建那一摊子，‘巨浪一号’的任务要你出来管了！”

想到这些年来，四院在军管会、革委会的主持下，大抓阶级斗争，弄得全院天翻地覆，天怒人怨，在科研生产上，军宣队、工宣队，在技术上是外行，只能瞎指挥，邢球痕不禁火气上升，没有好气地说：“杨院长，我可管不了，在山西劳动一年，我对中央的方针都不清楚，我得先学习呀！”

气话归气话，最后，邢球痕还是听从四院领导的安排，承担起“巨浪一号”发动机的全面抓总工作。

但是，邢球痕面临的是一个相当困难的局面。

“文革”搅起来的派性斗争如影相随，人心涣散，制度废弛，政治帽子满天飞，工作效率极低。执掌大权的“文革”新贵们又在瞎指挥，四院接连发生试车、试飞失败和装药线爆炸等事故。最严重的一次是1974年3月16日389厂的大爆炸，一位优秀的技术干部、车间副主任王林不幸遇难。

在四院，邢球痕坚持原则、敢言敢为是出了名的。那时候，大多数人对炙手可热的军管会干部敬而远之，哪里还敢提意见？但邢球痕不在乎，对那些自视甚高、独断专行的年轻军人的瞎指挥，他会毫无顾忌地提意见。有一次，军代表在会上讲话，科研组副组长邢球痕提出反驳意见，军代表恼羞成怒：“就你爱提意见，你不愿意听就走嘛！”邢球痕站起来，拂袖而去。有的时候，和41所军管组组长老于到东门开会，邢球痕对四院军管会的工作安排提出批评意见。回到南地，老于必定跟到家里，埋怨他说：“哎呀，老邢啊！不让你放炮，不让你放炮，你怎么又在院里提意见了呢！”

邢球痕知道自己性子急躁，是老毛病了，就对管技术协调的老同事王秉勋说：“今天到院里开会，你坐我身旁，我要是快发火了，你就拽拽我的衣服，提醒我。”王秉勋哈哈笑道：“好嘞，我得盯着你的情绪，别走火！”

常有人说邢球痕“抗上”，了解他的干部和群众私下却赞扬说，老邢说的在理，他是为了四院的发展，为了四院的利益，没有个人的私利。

1971年5月，邢球痕曾为热试车的事，和军管会顶过一次牛，老同志们都为他捏了一把汗。那时，尤太忠出任内蒙古革委会主任兼内蒙古军区司令员。四院军管会为了向尤太忠显示自己的不凡业绩，盛情邀请刚到任的尤司令员到四院观看F-04发动机地面热试车。

邢球痕闻讯后，主动去找军管会，坚决反对热试车。军管会领导们不悦，问他为什么？邢球痕从技术上详细解释说，因为原材料缺乏，目前喷管技术不过关，另外，装药也存在严重问题，强行试车会发生危险。

军管会领导们哪里会把一个研究室副主任放在眼里，他们冷冷地回绝道：“你回去吧，试车的事儿，我们已经定下来了！”

邢球痕还不死心，倔强地说：“你们一定要试车？那就一定会失败！”

“你怎么知道一定会失败？”

“我知道，如果一定要试车，在30秒以后就要失败！”

邢球痕的劝阻无效，他心情沉重地回到南地，一个人在室里看书，跟谁也不说话。

第二天，身材魁梧的尤太忠在军管会领导和革委会领导的簇拥下，兴冲冲地来到试车现场，大家站在一个高坎上，等待着点火试车。

倒计时结束，发动机尾部喷出橘红色的火焰。第39秒，轰然一声巨响，发动机爆炸了。有的人受到惊吓，“哎哟”一声，出溜到坎下的沟里，弄了一身土。

发动机地面试车失败了，军管会领导们面红耳赤，把低头无语的尤司令员送到吉普车前……

1975年，邓小平代替重病中的周总理主持中央工作，开始全面整顿，深受“文革”之害的神州大地有了起色。四院的工作也大为改观，杨南生副院长安排好内蒙古基地的工作，特别叮嘱邢球痕一番，这才带着老秘书廉茂林，信心满怀地去了蓝田基地。

在杨南生的大力支持下，邢球痕精神抖擞地抓型号研制工作。他每天上班时，都早早地站在41所的门前。大家明白，“文革”养成的散散漫漫、吊儿郎当的坏毛病必须改一改了。

邢球痕买了一辆红色永久牌自行车，每天穿行在所、厂、站之间，深入车间和工人们一起研究。工人们都喜欢这个没有架子的老邢，大家围成一圈儿，讨论如何解决科研生产中的实际问题，特别是如何攻下加工壳体的“强度”关。

F-04发动机的摆动喷管是个久攻不下的技术难关。喷管组的赵殿礼、陈立学和杨思孝等正在攻关新型珠承喷管，难度很大。邢球痕鼓励他们大胆干，总说“出了问题算我的”。

四院人都熟悉老邢那辆红自行车，“文革村”的孩子们也盯上了这辆自行车。因为邢球痕从来不上锁，淘气的孩子们经常悄悄地把车推走，到野外练习骑车，他们都知道，喜欢孩子的邢伯伯是不会生气的。时间一久，自行车被摔打得破旧不堪，连前后盖圈都不知去向了。

天气渐冷，家家户户都在晾晒冬储菜，邢球痕长期出差在外，顾不上家，那点过冬的大白菜都晒干巴了，也没有收。

南地艰苦的生活条件，使得女儿一红的求学路变得很曲折。

由于南地的建设遵循先生产、后生活的原则，科研生产条件优先安排，生活条件逐步完善。1969 年，一红到了入学年龄。子弟小学借用一个建筑公司留下来的干打垒工房作为教室，不知为什么，原本的 1969 年秋季招生，改为了 1970 年春季招生。看到一红不能按时入学，邢球痕心里非常着急。他买来各种各样的儿童书，抽空一本本地讲给女儿听，黄继光、邱少云、董存瑞、张思德……还要求一红跟着收音机，每个星期学会背诵一首毛主席诗词。

有了这些垫底,1970 年女儿一入学，学习就比别的孩子轻松许多。1973 年，子弟小学扩大规模，学校也从干打垒工房搬到了向警卫营借用的营房。此时，春季招生又要改回秋季招生，为了避免多上一个学期的三年级，邢球痕鼓励一红参加学校组织的跳级考试，并要求她在一个暑假自学完四年级的课程。一红没有辜负爸爸的期望，在跳级考试中取得了优异的成绩，顺利进入五年级学习，而且成绩始终名列前茅。

但到五年级下学期，一红和邢琳的儿子莫名其妙地被学校停课了。原来，是因为学校的师资力量非常缺乏，学校想请知识分子比较多的 41 所给学校派几位代课教师，但 41 所的“二邢”一心埋头科研工作，没有按时派出代课老师，学校就以这种方式给他们提个醒。

1974 年，一红进入河西子弟中学，初中的师资力量更加缺乏，一学期上不了几次课。这一年，邢球痕下放去了干校，请来岳母到南地照顾一家人的生活。看到外孙女上课时间不学习，而是漫山遍野地拾肥、割草，总是奇怪地问：“你到底是上学呢，还是放羊呢？”

1977 年春，为了保证一红的学业，邢球痕夫妇让孩子随外婆回浙江嵊县老家，在长乐中学插班读高中。1978 年夏，成绩优秀的一红参加高考，本来已经考取了大学，却因为户口不在浙江而被堵在了大学的门外，一红只得返回内蒙古。当时，邢球痕夫妇心情之沉重可想而知。好在孩子争气，第二年秋天，考入了内蒙古工学院。一红有时和爸爸开玩笑：“你们真是献了青春献终身，献了终身献子孙哪！”

一红大学毕业参加工作前，邢球痕领着她到人民大会堂参观，作为女儿入职教育的第一课，要求一红牢固树立“国家至上”的理念。

像邢球痕这样因忠心报国、献身航天事业而无力照顾好家庭和孩子的情况，在那个时代的中国广大知识分子中，是很常见的。

2. 批邓联张

1975 年 3 月 8 日，中央任命张爱萍为国防科委主任，这一天，距他被打倒、解除职务差 10 天正好 9 年，自此，拉开了疾风暴雨般的国防工业战线大整顿的序幕。

老将军重振雄风，他不去国防科委机关大楼上班，却下基层蹲点调查。几次座谈会后，张爱萍找到了突破口——七机部一院 230 厂，剑锋直指造反派大头目舒龙山。①

张爱萍说：“七机部的问题，千条万条，我看就一条，恶人当道！”“我现在就警告这些人，该猛醒了！我看广大群众、广大干部都是好的，只有你们这些派头头是坏蛋！”“把我的专家、工程师都搞到哪里去了？统统找回来！那些狗屁不通的王八蛋，占着人家的位置，蹲在茅坑又不拉屎，还不都撵出去！”张爱

① 张胜，《从战争中走来——两代军人的对话》，中国青年出版社，2008 年，第 358—384 页。

萍的讲话传达到四院，邢球痕感到从来没有过的痛快淋漓！邢球痕由衷地赞成整顿七机部，联系到四院，造反派头头把持着所、厂、站的大权，批这个，斗那个，革命口号震天响，就是不干正事。不整顿，科研生产就搞不下去。邓小平和张爱萍的复出，使咱们中国的国防事业有希望了。

春夏之交，七机部召开党委常委会，研究全部整顿工作。邢球痕和崔国良作为主抓“巨浪一号”的专家，列席会议。

那天，张爱萍来听取大家的汇报，汪洋部长主持会议。谈到四院“巨浪一号”的工作时，汪部长说，四院目前的条件成熟了，派性没有了，全院可以考虑向蓝田搬家了。

邢球痕听罢，吃了一惊，怎么能说四院没有派性了呢？再说，“巨浪一号”正在艰苦攻关之际，现在还不能搬家呀！他写了一张纸条，让工作人员传给张爱萍。

张爱萍看过纸条，笑道：“让四院列席会议的同志发发言吧！”

邢球痕站起来，说出自己的意见：“我们‘巨浪一号’正在试车，时常失败，许多技术难关还没有突破，这个时候还不能搬家。院机关也不应该搬家，就像打仗一样，指挥机关要在前线嘛！另外，说到四院没有派性了，恰恰相反，派性还重得很！”

张爱萍仔细听了邢球痕的意见，点点头说：“我同意邢所长的意见，打仗时，指挥机关要蹲在前线哪，现在，四院不能搬家。”

这是邢球痕第一次与张爱萍面对面地对话。

邢球痕的意见与四院领导最初的意见相左。不过，最后党委也改变了态度，决定暂时不考虑向蓝田后建基地转移。

然而，七个月后，风云突变，一场“批邓、反击右倾翻案风”的运动搅得全国昏天黑地。国防科技和国防工业系统被划成“右倾翻案风”的“重灾区”，中央政治局在人民大会堂宣布：张爱萍同志在七机部和国防工业部门的工作中，犯有否定文化大革命和右倾翻案的错误，经中央政治局讨论通过，以中共中央的名义正式决定，张爱萍要接受群众批判。

张爱萍被国防科委和七机部定为邓小平整顿的“四大金刚”之一。在七机部，批邓要联张。于是浊浪横空，各色人等又在批邓联张的舞台上粉墨登场。

四院把邢球痕划为重点对象。41所贴出了大字报，要邢球痕“交代和张爱萍的关系，反戈一击”。在院党委扩大会议上，有人揭发，邢球痕给张爱萍写过四封信，必须老实交代，认真检讨。

邢球痕暗自发笑，诬陷别人也总得有个影儿啊，这没有影儿的事儿，也敢在党委会上端出来？

“允许我讲几句吧？”邢球痕神态自若，环顾会场，慢条斯理地说道：“我首先要问，张爱萍是国防科委主任，管七机部，他是我的上级，对吧？作为下级，我为什么不可以给他写信呢？”

会场一片死寂。

邢球痕又接着说：“写信是正常的，关键是信的内容，写了一些什么，是不是有反革命的内容。既然有人说我写了信，而且还不少，是四封信，那么，现在就请把信公布出来吧！”

会场上一阵哗然，要整邢球痕的那些人张口结舌，大眼瞪小眼，在邢球痕犀利的目光下低下了头。

邢琳站了起来，大声说：“说邢所长给张爱萍写信，完全是无中生有！你们整老邢干什么！他整天抓科研，没有做过什么错事，你们到底要干什么！”

以整人为目标的会议草草收场。然而，表情平静的邢球痕内心很是痛苦，他挂念着北京的张爱萍，老红军、开国上将、共和国“两弹一星”事业的领军人物，能渡过这一次的惊涛骇浪吗？

1976年1月18日，经中央批准，国防科委和七机部在先农坛体育场召开7000人大会，批判张爱萍。病中的张爱萍扶杖登台，对着麦克风，把手杖往地上使劲地顿了一下，全场一下子鸦雀无声。人们屏住呼吸，注视着这位瘦弱老人的每一个细微动作。

张爱萍慢慢地从军装口袋里掏出一张小纸片，是发言稿！全场哄堂大笑。国防科技战线的人们太熟悉他了，这是第一次看见他讲话居然也念稿子。

主持会议的人有点慌乱，对着会场喊叫："严肃点！这是一场阶级斗争！"

张爱萍大声念道："去年3月我重新工作以来，到了一些单位，接触了一部分干部群众，讲了一些话，也做了一些决定。假如我犯了路线上的错误，将由我个人承担全部责任。与其他同志没有任何关系。"

一共72个字。

张爱萍念完，又把手杖狠狠地在麦克风前顿了一下，扭头就走。

当时在场的黄纬禄——"巨浪一号"技术总负责人，多年后回忆起这一幕，仍激动地说："太精彩了！我真想为他鼓掌叫好。中国的领导人，如果都像张爱萍这样，中国还能没有希望？！"

3. 返回式遥感卫星

从七机部到四院，在某些领导干部的眼里，邢球痕这人有个性，北方土话叫"硌涩"。他有主见，不迎合，不顺溜，难以驾驭，令领导者头疼不已。但是，群众不那么看，他们认为老邢的确有个性，但他办事公道，不圆滑，不拍马，不算计人，敢于担当，敢于负责，他当所长，大家拥护。

当然，鞋子挤不挤脚，只有邢球痕自己知道，他这个所长可真不好当。幸亏他的搭档邢琳书记全力支持他。"二邢"长期精诚合作，团结共事，是四院41所上下一心、战斗力强的重要保证，"文革"时期的人际关系极其复杂，人心叵测，构陷罗织，防不胜防，任何单位都窝里斗成风，41 所的“二邢共事”现象实属罕见。

除了“巨浪一号”两级发动机是邢球痕主抓的重点型号，他还管一个返回式卫星制动火箭发动机的型号。41 所 102 室室主任张扬中是返回式卫星制动火箭发动机型号的负责人。他 1960 年毕业于北京工业学院固体推进剂专业，德才兼备，认真负责，参加过多个固体发动机型号的研制，一直是邢球痕倚重的科技骨干，两人脾气相投，亲如兄弟。制动火箭发动机是关系到我国第一代返回式卫星成败的关键设备之一，卫星的再入速度和再入角都要靠灵敏而可靠的制动火箭发动机来保证，这种技术在中国是首次开发，难度甚大。张扬中带领他的课题组，已经苦苦研制了 8 年。

那个年代不懂技术却弄权有术的人反而占据了领导岗位。令邢球痕奇怪的是，院里没有征求他的意见，成立了一个“巨浪领导小组”、一个“返回式卫星领导小组”，把邢球痕手下的骨干抽调到院里当副组长，他们找张扬中交底：“我们就是不让你找邢球痕汇报工作……”这分明是想架空邢球痕，让他这个所长有职无权，无法正常工作。

他们没有想到，张扬中旗帜鲜明地说：“你们不能这样，老邢是我们所长，你们说的不算，我还是要向他汇报工作的。”

1974 年 11 月 5 日，返回式卫星第一次发射失利，长征二号运载火箭升空 20 秒后自毁。正是由于这次失败，中央才决定让张爱萍复出，重新领导国防科研工作。

虽然返回式卫星首发失利与四院无关，但一种无形的压力传导到邢球痕和张扬中等人的身上。为了国家的重大战略举措，必须保证四院提交的制动火箭发动机万无一失。

1975 年秋，上级下达返回式卫星第二次发射的命令。四院要组织赴酒泉基地的试验队，邢球痕因为忙于“巨浪一号”的工作脱不开身，四院安排389厂副厂长王天德任队长，41所张扬中和院机关朱明、刘志学三人任副队长，率队前往。

11月26日上午11时30分，长征二号运载火箭托举着返回式卫星顺利升空。远在呼和浩特市南地的邢球痕得到消息后自然很高兴，但同时他的心里也在打鼓，毕竟下一步是要看回收舱能不能返回来，这才是考验我们制动火箭发动机的唯一大关。

此前，北京的张爱萍一连数日在电话里询问现场指挥、国防科委副主任马捷。马捷答：“形势大好，胜利在望。”张爱萍一字一顿地说：“胜利在望不行，一定要胜利在握。”那时候，张爱萍上午接受“帮促”，下午去指挥室，白天应对造反派声讨，晚上与酒泉前方指挥所通话。

鉴于运载火箭和卫星都是“文革”期间研制的产品，张爱萍知道它们的质量必然不可靠，他叮嘱参试人员到基地后要重视后期工作，认真检查、测试，像对待病人一样给它们“治病”“加点营养”。为此，他还以人为喻写了一首诗：

生于乱世，先天不足。精心保健，诊断必速。内脏脉络，检测周密。气血畅通，筋骨有力。一鸣翔天，为民争气。

在所有参试人员焦急的等待中，返回式卫星在太空遨游三日，11 月 29 日上午 11 时许，回收舱通体红亮，呼啸着从宇宙归来，硬着陆在贵州省六枝地区。邢球痕闻讯，仰望蓝天，深深呼出一口气，回收舱能够返回地面，说明我们四院的制动火箭发动机工作是正常的。

在人们高兴之余，问题来了：按原定的试验计划，回收舱应该在四川省着陆，为什么往南飞偏了 400 公里，飞到贵州省着陆了呢？如果再飞远点，岂不过境落到国外了吗？还有，为什么降落伞没有打开，让回收舱硬碰硬地摔到了地面？万幸的是，暗盒没有摔坏，胶卷没有曝光。

当时，钱学森曾问杨南生说："老杨啊，你们那个发动机劲儿小了吧？"意思是怀疑四院的制动火箭发动机总冲不够。

杨南生微微一笑："不见得吧！"

钱学森还曾问过邢球痕："邢所长，你们的固体发动机有没有问题呀？"

邢球痕郑重其事地回答："钱老，我们的发动机不会有问题！"

事后，经过严格缜密的分析研究，杨南生对邢球痕说："弄清楚了，没有咱们四院的事儿。"

原来是爆炸螺栓没有炸开，甩不掉制动发动机的壳体，压住了降落伞，造成了回收舱硬着陆。

叶剑英元帅曾安慰参与研制返回式卫星的航天人说，不管怎么着陆，只要落在国内就好。①

1976 年 10 月，将在酒泉基地实施返回式卫星第三次发射任务。邢球痕向院里提出四院的试验队由张扬中带队。张扬中说什么也不肯："还是老邢带队好，他是所长，比我有经验。"最后院里尊重张扬中的意见，让邢球痕带队出征。

那天恰好是 10 月 21 日，在开往酒泉的火车上，广播里传来重大新闻：北

① 采访刘志学记录，2014 年 7 月。

京150万人大游行，欢庆一举粉碎祸国殃民的“四人帮”。“江青完蛋了！‘四人帮’完蛋了！”邢球痕和同事们高兴得从座位上跳起来，大喊大叫，他们无法用语言来表达内心的无限喜悦。天终于变晴了！

一到酒泉基地，就碰到主持这次发射任务的任新民。见到老师，邢球痕百感交集。1975年6月被中央任命为七机部副部长的任新民面容憔悴，鬓发斑白，一位60岁的老人要去管理乱成一锅粥的七机部，真是折磨人哪！

任新民还是那么乐呵呵的，他关心四院的工作，询问邢球痕的近况。

各个单位的参试人员都在紧张地进行测试工作，准备由技术阵地转入发射阵地。389厂负责质量的工程师检测发现，发动机药柱有气孔，神色紧张地赶快向邢球痕报告。

“几个气孔？”邢球痕问。

“一个。”

“不要紧，”邢球痕安慰他说，“我研究过，一个气孔不可怕，但大面积的气孔就不行。”

“你怎么说不可怕？要是出了问题我可担待不起。”

质量工程师把问题反映上去，任新民来问邢球痕是怎么回事。邢球痕说，您在哈军工时给我们讲过，药柱里有一个气孔没关系。任新民点点头说，是的，没有关系。

四院的制动火箭发动机没有更换，最后，第三次发射和回收都取得了圆满成功。

叶剑英元帅曾把返回式卫星誉为“全国人民的希望之星”。在党中央的领导下，各个单位认真总结经验教训，不断提高技术水平，使返回式卫星后来的7次发射和回收全部成功。实践证明，四院制动火箭发动机的可靠性符合要求。

4. 云开雾散的时候

祸国殃民的“四人帮”一朝覆灭，举国上下一片欢腾。然而，“两个凡是”的藩篱仍禁锢着国人的思想，医治“文革”的创伤尚需时日。

在1976年那个明媚的秋天里，湛蓝的天，雪白的云，内蒙古大草原的风光格外迷人。一种真正解放了的激情，令邢球痕觉得浑身上下有使不完的力气，他和41所的科技骨干们多次开会，“文革”十年白白浪费了多少大好时光，我们要把时间抢回来，推进全所的工作，特别是“巨浪一号”任务。

然而，院里的一个决定让邢球痕感到十分意外和恼火——为了庆祝打倒“四人帮”，要对F-05发动机进行地面热试车。

“乱弹琴！”邢球痕剑眉紧蹙，他和邢琳商量后给院里打电话：“F-05发动机脱粘，质量不行，现在不能试车！”

主政的院领导不死心，把老院长林爽搬出来，请他去说服这个倔得要死的邢球痕。

林爽到了南地，与邢球痕促膝交谈，语气温和：“老邢啊，你要注意呢，你是所长，我是院长，院长的话你可以不听吗？”

邢球痕对老领导林爽院长一向是敬重的，“文革”十年，老革命林爽院长受尽折磨，现在他被结合到四院班子里，虽然是院长，但有他的难处啊！

“老院长啊，你听我说。”邢球痕和颜悦色，“如果发动机质量过关，院里决定试车，我一定服从。但现在发生全面脱粘的问题，试车一定失败。失败了，有的人就会把责任推到我的头上，因为我是发动机的设计者啊！”

林爽不语。他在邢球痕的陪同下，到所里巡视了一圈儿，就打道回府了。

不久，四院党委书记亲自上阵，对邢球痕施加压力：把发动机送到试验站，准备试车！

又同院里顶上牛了，怎么办？所里的老同志都犯愁，大家体谅邢所长的困难处境。但邢球痕自有主意。

复合推进剂固化形成药柱后，就变成理化性能非常稳定的橡胶体，就是用子弹射击它，也不会爆炸。四院曾做过一个惊人的试验，把一台大发动机运到马兰基地，装上飞机，从 3000 米的高空扔下来，钢外壳摔扁了，可药柱没有爆炸。四院还做过原子弹爆炸条件下的试验，把两台发动机放在核爆试验场，冲击波、核辐射都没有改变药柱的性能。

所以，发动机点火问题可不一般。必须要有特殊的器件——“电嘴”，没有这个玩意儿，休想叫发动机“干活”。这个关键的器件掌控在 41 所。

院里有人向 41 所器材科科长试探：“能领出电嘴吗？”

器材科科长斩钉截铁：“没有邢所长签字同意，谁来我也不会发。”

正好自治区革委会主任尤太忠到东门，向四院机关干部传达中央精神。其中，毛主席对华国锋讲的“你办事，我放心”，要传达到千家万户。

邢球痕抓住了机会。他堵住尤太忠，三言两语，简短汇报：“尤司令员，我们的发动机全面脱粘，还没有修复好，强行试车就会全面失败。那么个大家伙，那么多吨的药，一旦失败，危险难以估计。您还记得五年前那次试车吧……”

尤太忠瞪圆双眼，他怎么会忘记五年前那次“轰隆”一响的失败试车呢？他点头说：“对嘛，不能胡来！”

尤太忠把四院党委书记找来，严肃告诫道：“你们要注意呢，试车的问题要好好研究一下，要多听听专家们的意见！”

党委书记诺诺连声。藐视科学，好大喜功，那是要误国害民的，过去的教训还少吗？此后再也没有人敢提试车的事了。

那一年秋天，41 所还发生了一件事。

1976 年 9 月 9 日，毛泽东主席逝世，举国哀伤。9 月 18 日下午，在首都天安门广场上，举行规模盛大的百万人追悼大会，全国县级以上城市也同时举行追悼大会。

在南地的四院职工、家属和学生们，早早地就佩戴上黑纱白花，到呼和浩特市参加自治区举行的追悼大会。大会结束后，人们回到家里，突然听说41所的老刘给当成“反革命”抓起来了，这是怎么回事儿?

邢琳来找邢球痕，把事情原委说了一遍。原来所行政干部老刘穿一身新军装，和大家一起到了会场。他这个人好说，在开会前瞎议论，并与周围的人发生口角，话赶话中，被人抓住了把柄。会后有人举报他：不是真心来追悼毛主席的，感情上反对毛主席……添油加醋，无限上纲。院保卫部门不敢怠慢，先把老刘关押起来再说。那个时代，一句话可以分析出个反革命来。

邢球痕知道这个老刘，转业干部，大大咧咧，有口无心。前几年，邢球痕担任室副主任时，所里调整住房，让邢球痕搬到条件好一点的宿舍。老邢不肯，他说把新住房分给刚结婚的年轻科技人员吧。老刘负责调房子，对邢球痕主动让房不满，找老邢发牢骚:“你这么发扬风格可好，我没有办法完成所里交给我的任务了！”邢球痕陪着小心，好一通解释。

“老刘怎么可能是反革命！”邢球痕笑道，“咱们俩去看看他吧，免得发生什么意外。”

两位所领导到关押老刘的临时拘留室“探监”，发现老刘失魂落魄，精神很紧张。邢球痕安慰了他一番:“你别怕，没有什么问题，所里了解你嘛！”

几天后，老刘没事儿了，被放了回来。他见到邢球痕，千恩万谢，带着哭腔说:“所长啊，多亏你救了我！”

邢球痕

邢球痕院士传记

Academician Xing Qiuhen's Biography

第十六章

拨乱反正 “一弹两用”新布局

邢球痕带领研制团队，攻克重重难关，研制出的潜地导弹发动机即将参加“三抓”任务的第二战役——“巨浪一号”水下发射试验。张爱萍提出“大打固体战”，当面听取邢球痕的汇报，四院人精神为之一振。

1. 宋部长到南地

十年浩劫退潮，中国百废待兴。七机部这个“文革”的重灾区开始改天换地，舒龙山等造反派被扫进了历史的垃圾堆。1977 年 10 月，开国元戎宋任穷出任七机部部长，拨乱反正，平反冤假错案，开展真理标准的大讨论。科研秩序迅速恢复，安定团结的局面逐步形成。

1978 年 2 月 6 日，是农历除夕。宋任穷部长来到四院，除了在东门的全院干部大会上讲话，还到南地深入研究所和车间班组，与职工亲切交谈。邢球痕当面向宋部长汇报 41 所的科研情况，受到宋部长的赞许。之后，宋任穷走到“文革村”，到低矮的“干打垒”宿舍里，向 41 所的职工家属问寒问暖。大过年的，四院职工吃的还是窝窝头、大烩菜，四院人艰苦的生活让宋部长深有感触。他回想起自己和老伴在辽宁盘锦荒野里蹲牛棚的苦日子，心情颇为沉重。离开内蒙古前，他与尤太忠等自治区领导协商后决定，对内蒙古基地全部职工给予粮油特供待遇，即细粮供应比例由 40% 提高到 80%，食油由每人每月 4 两提高到 1 斤，逢年过节有专列送来大米、海鱼。为保证正常生活用水，还增建了一座高位水塔。

1982年，邢球痕的全家福

十多年前建的“干打垒”，年久失修，大多漏雨。逐年增加的职工，没有房子住。现在好了，南地建起了一批楼房，多年住房紧张的状况得以缓解。四院人感到时代变了，国家改革开放了！

1980 年，邢球痕终于搬进了新楼房，原来的小平房分给了所里一对新婚夫妇。他们满心欢喜地准备入住，不曾想，所长旧居的墙上竟有一条大口子，风呼呼地直往里灌，冬天屋里的温度只有 7℃。年轻人直摇头，他想不明白：在这样困难的条件下，所长一家人怎么住了十来年呀！[①]

2. 张爱萍的“三抓”战役

1975 年，华国锋向毛泽东汇报七机部整顿工作时，毛泽东说了句：“爱萍这个人好犯上。”

1977 年 3 月，华国锋和叶剑英又启用了这个“好犯上”的老军人。一个月后，张爱萍制定了一个苦战 3 年的计划：以 1980 年为最后期限，完成向太平洋发射洲际导弹的宏伟目标；5 个月后的 9 月 18 日，整个计划扩展为三个重大项目的突破，即向南太平洋发射洲际导弹、潜艇水下发射固体导弹、发射地球同步轨道通信卫星。国防科技系统称之为“三抓”任务。

固体潜地导弹“巨浪一号”列入国家重大战略任务“三抓”之第二项，张

① 李威，《足迹深嵌星球间》//《丰碑如山》，航天四院，2012 年，第 152 页。

爱萍提出了“大打固体战”，四院人精神为之一振。

1978年8月，国防科委召开尖端技术发展规划会议，根据邓小平的“武器要陆上机动，用现代化武器打游击战争”的指示精神，决定“巨浪一号”上岸，变为“东风二十一号”。

1978年12月18日到22日，中共中央十一届三中全会在北京召开，拨乱反正、解放思想、改革开放，把全党工作的重点转移到社会主义现代化建设上来。深受“以阶级斗争为纲”之害的中国人民，衷心拥护党中央的方针政策。

1979年1月9日，七机部召开东风二十一号陆基机动导弹方案论证会。在国家“一弹两用”的战略新布局中，四院发挥着不可替代的作用。已经近“知天命”之年的邢球痕信心满满，他要在改革开放的新时代里，为固体发动机事业大干一场。

自1967年上马起，“巨浪一号”已经走过了十年坎坷曲折的发展之路，70年代初，四院总体部划归一院后，由于一院重点型号任务过多，固体潜地导弹型号进展缓慢。列入“三抓”任务之一后，1979年，经过七机部综合平衡，决定把固体潜地导弹的研制划归二院，黄纬禄担任“巨浪一号”和“东风二十一号”总设计师，并任二院副院长。由于二院领导重视，采取了一系列组织措施，使整个研制形势出现转机，开始走出长期徘徊不前的低谷。①

潜地型号是一个复杂的武器系统，承担任务的有109个单位，涉及20多个省市、工业部门和军兵种。跨地区、跨单位的组织协调是以黄纬禄为首的总设计师室面临的严峻问题。代表四院参加总设计师室并任副总师的是崔国良。

1979年8月6日，总设计师室在二院召开总师扩大会，会议研究的中心议题是，在一级固体发动机摆动喷管摩擦力矩技术攻关受阻的情况下，如何完成

① 《雷震海天——导弹总体与控制技术专家黄纬禄》，中国宇航出版社，2009年，第95页。

1979年，邢球痕（右）与黄纬禄（左）合影

总体初步设计，结束初样研制阶段。可见，四院的工作如何，直接影响到全局。这次会后，总结出“有问题共同商量，有困难共同克服，有余量共同掌握，有风险共同承担”的“四共同原则”。

邢球痕十分尊重黄纬禄先生。在讨论具体技术问题的时候，会有不同观点，也会有面红耳赤的激烈争论，但在研制出“巨浪一号”的大方向上是同心协力、顾全大局的。

十余年来，四院人在固体潜地导弹型号两级发动机的研制上，先后攻克了重重难关：药柱头/尾部严重脱粘、点火初始压力峰过高、燃烧室内壳体与后盖对接结构密封失效、摆动喷管停摆及密封失效、壳体低应力爆破、壳体结构精度超差、内弹道性能精度控制。现在，邢球痕和他的团队正在向顶峰发起最后冲刺。

探索未知的第一步，就是靠试验。为了考验发动机在极端情况下能否经受意外撞击，邢球痕和赵殿礼、杨思孝商量：“我们是否模拟一个情况，用榔头砸喷管……”

赵殿礼和杨思孝吓了一跳，愣怔地望着邢所长。

“杨子，你来砸，把喷管扩散段绝热材料打裂！”

杨思孝站着不动。

“哎呀，拿榔头嘛！”邢球痕收敛笑容，认真地说：“让你打你就打，我是所长，出了问题，由我承担责任！”

杨思孝只好听令。他拿起榔头，一边敲打一边咬牙。他心疼啊！这么好的材料被打裂了。

邢球痕又指示技术人员用四院研制的非金属材料对喷管裂缝进行了修补。最后，这台样机试车成功。

非设计条件下的可靠性试验不止做过这一次。邢球痕还让技术人员把喷管扩散段的裂纹故意划深，再用盐水浸泡。试验证明，喷管无恙。

3. 刘有光的胸怀

1978 年年中，七机部在有关省区设立派出机构——七机局，领导当地的研究院所和工厂。于是，四院留在内蒙古呼和浩特市的部分受内蒙古七机局领导，四院在陕西蓝田的后建部分受陕西七机局领导。这样一来，等于四院被一分为二，互不隶属了。是年 10 月 12 日，七机部正式下文，撤销四院建制。为航天事业奋斗多年的四院人莫名其妙，怎么把四院给消灭了呢？体制上的重大变化，给科研生产工作带来诸多负面的影响。

1979 年，在国家“一弹两用”战略新布局的鼓舞下，邢球痕想充分利用多年研制“巨浪一号”两级发动机取得的技术成果，预研一种新型号的固体地地导弹，名为“东风二十三号”，两级发动机为 F-19 和 F-20。党委书记邢琳理解他、支持他，老邢就是想为国家多干活嘛！邢球痕和邢琳到七机局汇报，得到张剑仲和崔国良两位副局长的支持。

在邢球痕的主持下，F-19 和 F-20 两级发动机的研制工作进展很快。这一年年底，以林爽为团长、邢球痕为副团长的科技代表团访问日本，考察日本固体发动机的测试技术。

转过年，根据总设计师室的部署，邢球痕全力抓“巨浪一号”的陆台试验准备工作。他正在25基地出差，突然接到张剑仲副局长的电话，要他立即返回所里。邢球痕乘吉普车日夜兼程，返回呼和浩特。

张剑仲给邢球痕看了一份部里刚来的电报。原来是当年四院四部个别人发难，状告41所。这些干事无能、造反有瘾的人，说邢球痕他们擅自研制新发动机，并闹到两位副部长那里。部里的电报措辞强硬，命令41所立即停止新型发动机的地面试车。

“怎么办？”张剑仲征求邢球痕的意见，“这可是部里的指示啊！”

“部里怎么能下这样的指示呢？”邢球痕很不理解，“研制新型发动机是我们所的正常工作任务，他们为什么不调查、不研究，就硬性下令阻止我们的试验呢？现在F-20发动机已经装好药，不做地面热试车，就会造成很大损失。我们不能听他们的！”

“好，你来起草电报吧！”张剑仲明确支持邢球痕，“然后你还回25基地，电报由我修改一下，再发出去。”

内蒙古七机局的抗命电报发到了七机部。部长读罢十分恼火，居然还有敢对抗部里的下级单位，这样的局长恐怕要撤职了。

事情闹大了，七机部领导班子委托刘有光副部长来处理内蒙古七机局抗上的问题。

在“文革”中身陷“61人叛徒集团”冤案、被造反派整得死去活来的刘有光，重新工作后又干起了老本行。他还是保持在老五院时的工作作风，深入实际，实事求是，注重调查研究。

“这位张剑仲同志是哪里调来的干部啊？”刘有光到部机关做调查，仔细询问知情的干部。

“他原来是五机部的，从包头调到呼和浩特的。”

“哦，他原来不是七机部的干部啊！”刘有光沉吟半晌说，“我们对七机部

“文革”后复出的刘有光

自己的干部要严格要求，但是，对外面新调入的干部要尊重，要宽容……”

刘有光决定请张剑仲到北京来一趟，当面谈谈。

张剑仲和邢球痕是一个脾气，他准备了9条意见，正气凛然地跨进了七机部的大门。

刘有光和蔼谦和，彬彬有礼，认真地倾听张剑仲的尖锐意见。最后，刘有光充分肯定了四院多年来在内蒙古基地艰苦的条件下，努力为国家多做贡献的精神，以实际行动完成“三抓”任务。他说，部里支持四院这次F-20热试车。

张剑仲没有做一句检讨，情绪高昂地返回了呼和浩特。不久，F-20的热试车获得成功。四院后来将试车情况上报七机部和国防科委，受到了张爱萍的表扬。

刘有光的眼光和胸怀，让张剑仲、邢球痕等内蒙古大漠里的航天人由衷地钦佩。

4. 面见张爱萍

在1980年度的七机部计划会议上，与会的邢球痕直言不讳地给两位偏听偏信的副部长提了意见，他的发言上了会议简报。部长问身边的人：“四院那个邢球痕是不是造反派？”

了解情况的部下告诉部长，邢球痕不仅不是造反派，在“文革”中还受到了不公正的对待，在“批邓联张”运动中有人还想整他呢！

部计划会议还没有结束，邢球痕突然接到国防科委科技局局长丁衡高的电话：“邢所长，张爱萍主任要见你，你赶快来科委一趟吧！”

邢球痕想，见了张爱萍主任怎么汇报？家里有F-04发动机的木头模型，如果比照模型来汇报，首长就容易听得明白。事不宜迟，邢球痕以最快的速度赶回内蒙古。

抱着发动机模型，邢球痕疲惫不堪地折返北京。刚回到招待所，就接到部里电话，部长要召见他。

邢球痕蒙查查地跑到部里，不知道部长有什么急事。

“听说你要去国防科委见张主任？”部长询问道，“干什么去呀？”

邢球痕乐了，心里想，是不是部长怀疑我去告状啊。他连忙解释：“丁衡高局长来电话，说张主任要听‘巨浪一号’两级发动机的进展情况。”

这是邢球痕第一次走进国防科委大楼，在张爱萍的办公室，见到了精神矍铄的老将军。

就像刚从火线下来的老兵见到了首长，邢球痕站得笔直，一个标准的军礼，大声道：“首长好！”

“快坐吧！”张爱萍微笑着招呼邢球痕落座，“怎么样？谈谈你们的发动机吧！哦，你还带来了个模型。”

邢球痕比照着模型，提纲挈领，条分缕析，把四院目前研制工作的进展情况说得清清楚楚。最后，他语气肯定地说：“我们的第一级发动机已经完全成功，绝不会拖后腿，绝不会影响‘巨浪一号’的发射计划。”

张爱萍对四院的工作表示满意，他喜欢熟悉业务又坦荡直爽、敢于负责的干部。

后来衍生出一个小插曲。部机关有传言，说邢球痕是去找张爱萍告状的。

邢球痕不得不费点口舌，耐心解释说：“张主任对 F-04 发动机不放心，要听一下汇报。”

5. 钱维崧与四院

自 1979 年至 1980 年，七机部特派科技委常委钱维崧到内蒙古基地，以“钦差大臣”的身份坐镇督战，专管两级固体发动机，以确保“三抓”战役的第二战——中国第一枚固体潜地导弹如期面世。

2012 年 10 月，笔者到北京阜成路航天大院钱维崧老人家里拜访，听他讲述 30 多年前的往事。

钱老笑容可掬，温文尔雅，目光里透出的是老人家的睿智与博学。这位中国航天科技专家原是一位经历过战火考验的老革命，当年跟随兵工英雄吴运铎拆解过美国人的炸弹，天天与 TNT 炸药为伍，在战争环境下，成长为火炸药兵工专家。老五院成立后，他一直在一分院工作。“三抓”任务开始后，郑部长在大会上点名道姓：“钱维崧你不要到处乱跑了，就到内蒙古去蹲点，专管固体发动机！”

“我到了南地 41 所才认识的邢球痕，对他的印象：非常非常有个性，为了固体发动机事业，他执着，顽强，敢吵，敢抗上，是一位骨鲠之士。”钱维崧认真地评价说，“他是贫苦出身，没有任何政治背景，能够干成这个样子，真是不容易。”

钱老的话深深吸引了笔者，我听他继续娓娓道来。

“到了南地，看到四院人的工作和生活环境，四个字：惨不忍睹。三顿饭我都没法儿吃，馒头上一层苍蝇，包子上粘着沙子……四院的人有牢骚，他们有句顺口溜：‘一院是型号型号再型号，二院是体制体制再体制，四院是搬家搬家再搬家。’你能说他们说的不对吗？邢琳拉着我去看他们的破仓库，向我诉苦。

至于他们的住房，就更没法儿形容了。他们就是在这样恶劣的环境下，土里土气，土生土长，自力更生，可造出的固体发动机不比外国人的差多少，难能可贵啊！

“‘文革’对四院造成了很大的破坏。我到四院时，‘文革’已过去好几年了，我仍能感觉出派性的强烈存在。四院分为内蒙古一摊和蓝田一摊，都带有派性的影子。当年是一派的人愿意共事，感情上有过隔阂的都拜拜了，可这样使得技术力量分散了，削弱了四院的实力。不用说，反对邢球痕的大有人在，骂他‘邢疯子’。但他这个人有胸怀，不计个人恩怨，大刀阔斧，知难而进。他的团队是一支战斗力很强的团队，素质很好。能拿下‘巨浪一号’两级发动机，邢球痕发挥了特殊的作用。他严谨认真，一丝不苟，提出发动机试车的原则是必须五次连续成功才算合格……”①

钱老沉浸在对当年峥嵘岁月的回忆中。他对当下有些电视片粗制滥造十分反感。他认为，有的电视片所描写的航天专家，荒唐幼稚，违背常识，其原因是“不了解我们当年所经历的坎坷……”

送我下楼的时候，他让我欣赏他养的几株绿油油的小树苗，高兴地说：“从南方弄来的……”

---

① 采访钱维崧记录，2012年10月17日。

邢球痕

邢球痕院士传记

Academician Xing Qiuhen's Biography

第十七章

雷震海天
一代玲珑神工手

1982年10月12日，是中国航天历史上划时代的大日子。潜地导弹像一条白色的鲸鱼钻出海面，呼啸着飞向万里晴空，雷震海天。中央军委副秘书长张爱萍和航天工业部部长张钧亲自接见四院代表邢球痕和崔国良。

1. 黄土高原的陆台试验

1981年1月2日，晋西北黄土高原上的岢岚试验场，苍凉辽阔，朔风凛冽，周围的深褐色群山，如卫士般拱卫着这片神秘的土地。

邢球痕和四院的参试人员凝目注视着进入倒计时的第一发遥测弹。随着一声巨响，第一级发动机点火，白色的导弹直飞云天。然而，人们很快发现，导弹在空中拐弯时飞成S形，大有杂技表演之势。不容大家多想，“轰隆”一声，导弹在空中自毁。

邢球痕心头一阵收紧，莫非是我们的发动机出了什么问题？试验失败的原因不明，所有参试人员的心头都压了一块大石头。作为脚踏实地的科技人员，既有享受胜利喜悦的时候，也有遭受挫折后必须忍受痛苦的时候。好在时间不长，分析结果就出来了：由于惯性平台帽盖加厚，没有在地面做好充分的空中飞行模拟试验，造成导弹拐弯时平台框架受阻，不能转动，导弹失去基准，姿态无法稳定，导致试验失败。①

---

① 黄纬禄，《研制固体运载火箭》//《中国航天50年回顾》，北京航空航天大学出版社，2007年，第66页。

“我们的发动机怎么样？”邢球痕要听的是这个评价。总设计师室的专家们伸出大拇指：“发动机工作正常！”

这次陆台发射的总负责人、七机部副部长宋健也夸四院的工作比较扎实。

黄纬禄总师评价这次试验，虽然失败了，但也有重要收获：惯性安全自毁系统得到实际考核，当然代价过于昂贵了。邢球痕认为，这次“帽盖事故”教训深刻，兄弟单位的教训也是四院的教训，要胜不骄败不馁，从失败中吸取教训，就会产生前进的动力。

半年后的6月17日，继续进行第二发遥测弹的飞行试验，由邵爱民带队的四院试验队再次登上黄土高原。发射前，大家小心翼翼，对发动机进行了严格的检查。飞行结果如愿以偿，中国第一枚固体潜地导弹陆台飞行试验获得成功！

中央军委发来贺电说：固体导弹首次飞行成功，标志着我国导弹技术有了新的突破。这次飞行试验的成功，是中国固体战略导弹发展进程中的一个重要阶段。

在陆台飞行试验成功的基础上，1982年1月7日和4月22日，在发射基地进行了两次陆筒发射遥测弹的飞行试验，均获得成功，突破了固体导弹冷发射和空中点火的技术难关。潜射导弹下一个方向就是蓝色的大海了，等待它的是最严格的考核——水下发射飞行试验。

陆上飞行试验结束后，邢球痕向国防科委呈送了一份工作总结报告。钱学森副主任看过后对丁衡高说，看来固体火箭发动机研究实验阶段可以结束了，可以进入自行设计大型发动机阶段了。①

① 王有富，《追忆》//《丰碑如山》，航天四院，2012年，第81页。

2. 雷震海天

1982年10月1日，经国务院、中央军委批准，新华社受权向全世界发布禁海公告：

“中华人民共和国将于1982年10月7日至26日，向以北纬28°13′、东经123°53′为中心，半径35海里的圆形海域范围内的公海上发射运载火箭。”

十年磨一剑。十余年来为中国固体潜地导弹熬尽心血的航天科技人员迎来了收获的金秋。参加“巨浪一号”水下发射试验的各路分队秘密地向大连海军试验基地集中，在规定的时间里与舰艇一起各就各位。刚刚出任中央军委副秘书长的张爱萍担任试验组长，他和其他领导同志集聚在临海山坡上的指挥所内，对各方面实施联络指挥。

此前，七机部刚刚改称航天部。四院的试验人员，除了崔国良副总师外，从内蒙古基地赶来的试验队由邢球痕带队，成员有陈立学、项建杏、王有富、朱懋诚、张柏柱、胡永强、卓庆先等人。

10月7日，大连海军试验基地，烈日当空，海水湛蓝。指挥人员和参试人员精神抖擞，等待那庄严时刻的到来。

试验潜艇奉命起航，驶往预定海区。接近发射时间，潜艇放出浮筏，浮筏上的通信设备与指挥所保持通信联系。潜艇下潜至要求的深度并缓慢前进，潜艇内导弹操作手做好了一切准备，等待发射指令。此时浮筏上的指示灯点亮，标出潜艇所在的位置，让光测仪器和摄影机对准方向。

一切准备就绪，人们心情紧张、全神贯注地注视着浮筏灯光闪烁的海面。扬声器里传出艇长的倒计时口令。那是多么漫长的三四秒钟啊，只见一枚潜地导弹破水而出，随着一团火光直飞起来。意外发生了：导弹姿态异常，失去控制，偏离方向，超出安全范围。数秒钟后导弹自毁，无数燃烧着的碎片洒落在海面上。

第一次发射失利，邢球痕神经绷紧，双眉拧成一个疙瘩。他马上召集四院的参试人员分析研究，先从自身检查起，是否是四院两级发动机的责任。总师黄纬禄和副总师崔国良等人更是焦急万分，寝食难安。人们面色凝重，在“追查责任”的传闻下，有的参试人员不免惶惶不安。

在北京的中央军委叶剑英副主席和徐向前副主席闻讯后做出指示，鼓励参试人员放下包袱，继续努力。后来，邓小平主席也做出了同样的指示。

但试验指挥所里的空气依然冷飕飕的。人们明白，必须迅速查清故障的原因，否则，下一发导弹就不能发射，而超过海上禁航日期就得另行公告，那在全世界的影响就大了。在这困难的时刻，张爱萍安慰总师们说：“我们发射第一发的目的就是试验，导弹能从水下发射出来，又在水面上点着火，并飞了起来，就是成功。试验嘛，之所以叫试验，就是因为谁也没有把握一次成功，为了下次、下下次或今后的成功进行的工作才叫试验嘛！何况我们还不能说是失败呢？只能说是没完全成功。现在要紧的问题，是你们几位把头抬起来，带头振作起来，稳定大家的情绪，查找原因，我们重新再干！至于国务院、中央军委方面，由我来汇报，一切责任由我来承担。”接着，他安排基地领导、有关干部分赴各参试单位做安抚、总结工作。他拉着黄纬禄进舱单独交谈。张爱萍说：“你是总设计师，责任重大。你的当务之急是需要休息几天，然后再带领技术人员查找原因。”

北京有急事，张爱萍暂时离开了大连。

黄纬禄哪里肯休息，他对大家说：“我是总设计师，我应负主要责任。试验失败主要是弹的问题，大家要认真总结经验，坚定信心，打好第二发。”

各系统研制人员不放过任何蛛丝马迹。经过对多种数据进行分析，迅速查找出故障原因，最终的结论是控制系统一对分离插头座在一、二级尚未分离时提前脱开，造成一级伺服机构供电中断，发动机喷管没有得到控制信号，就一直拐弯，导致飞行试验失败。在国防科工委[①]、海军和参试各单位领导的联席会议上，黄纬禄做了故障分析汇报。[②]

邢球痕和战友们终于松了一口气，但不能大意。邢球痕不断提醒大家："我们是来工作的，不是来参观的。"在整改时，邢球痕发现弹体尾罩脱落时，打到了发动机的喷管上。他立即向航天部副部长程连昌汇报，表达了自己的意见。

这个意外非同小可，总师们连夜研究，表示接受四院同志的批评，必须消除隐患。对喷管受到撞击后是否会影响发射，一时不好下结论。

程连昌和黄纬禄分别找邢球痕商讨，第二发弹喷管有裂纹怎么办？可否按计划发射？邢球痕告诉他们，尾罩脱落不应该打到发动机的喷管上，但他还是同意继续发射。程副部长心里没底，对他说，邢所长，你可不能拍胸脯啊，你说没有问题，要拿数据说话。

邢球痕就把他曾做过榔头击打喷管的试验说了一遍，程副部长才将信将疑地不说话了。

10月12日，渤海碧波万顷，风平浪静，试验潜艇如五天前那样悄无声息地驶入预定海域，下潜待命。

下午3时许，指挥所下达发射指令后，第二发潜地导弹像一条白色的鲸鱼钻出海面，一声脆响，尾部骤然喷出一团橘红色的火焰，裹着巨大的水柱，呼啸着射向万里晴空，身后留下一道白色烟云长龙，在海天之间绘出一幅壮美的图画。

此刻，指挥所里的人们屏住呼吸，静静地聆听着从喇叭里不断传来的令人振奋的消息：

"导弹发射正常！"

---

① 1982年5月，国防科委、国防工办和军委科装委合并为国防科工委。

② 黄纬禄，《研制固体运载火箭》//《中国航天50年回顾》，北京航空航天大学出版社，2007年，第66页。

“一级发动机点火！”

“某某站跟踪正常！”

“二级点火，两级分离！”

“头体分离正常！”

……

每一个消息都扣动着成千上万人的心弦。数百秒钟后，一个礼炮般的捷报震撼着人们：

“末区发现目标！弹头命中预定海域！”

中国第一代固体潜地导弹“巨浪一号”试射成功！

指挥所里、舰艇上和海域周边的山坡上，参试人员和海军官兵欢呼雀跃，热泪盈眶，高声呼喊。年轻战士把水兵帽抛到空中，有的水兵帽被大风吹进了海里……

邢球痕和四院的同志们相互拥抱，拍打着肩膀，除了忘情地大笑，竟说不出话来。15年的心血汗水，酸甜苦辣，都由那条白色长龙书写到了海天之间。

1982年10月12日，“巨浪一号”发射成功

不久，中共中央、国务院、中央军委发来贺电，祝贺“巨浪一号”海上发射成功。贺电说：“这是党的独立自主、自力更生方针的又一胜利。它标志着我国运载火箭技术又有了新的发展。”

3. 张爱萍接见

根据上级指示，取消了第三枚固体潜地导弹的发射试验。但在此命令下达之前，各单位仍在紧张地进行检查整改，积极做好第三次发射的准备。邢球痕和项建杏、朱懋诚等人在做点火保险机构的插拔试验时发现，保险锁有时不灵。邢球痕吩咐加大电流，仍拔不出来。这就怪了，在家里试验过无数次，保险锁都很灵敏，为什么现在不灵了？朱懋诚急得直流泪。邢球痕安慰他说，别急，有问题我这个所长负责。

他们在潜艇里忙了一个通宵。清晨，他们把点火保险机构从潜艇带回技术阵地，拆开后发现，有一个小蜡珠藏在了里面。

“原因找到了，”邢球痕长出一口气，“混进多余物了！”

原来，41 所实验室里温度高，蜡滴成液态，没有影响；旅顺海滨气温低，蜡滴凝固了，形成了蜡珠，卡住了保险锁，问题就出来了。[①]

问题虽然解决了，邢球痕仍然向指挥所做了报告，检讨自己的工作有漏洞。

知道取消第三次发射试验后，邢球痕约崔国良到哈尔滨出差。他们与哈尔滨玻璃钢研究所要谈一项重要的合作协议，火车票已经订好了。恰在这时，丁衡高来找邢球痕，对他说：“张副秘书长马上要到大连来，老头子要约你谈话呢！”

邢球痕吃了一惊，还是念念不忘点火保险机构的事儿：“我要向张老检讨，我们第三枚导弹的点火保险机构存在纰漏……”

---

① 采访项建杏记录，2012 年 8 月。

“那你就好好检讨吧！”丁衡高笑道，“哪儿都别去，把火车票退了！”

邢球痕正坐在房间里思考如何总结这一次海上试验的事儿，又来了新通知：“张钧部长找你！”

“张部长也来了？”邢球痕高兴得很，赶快出门去看非常熟悉的老首长。“文革”浩劫中，当年五院一分院的张钧政委挨整了八年，1975年恢复工作后，任七机部副部长。1982年5月，航天部领导班子调整，张钧出任部长兼党组书记。

张钧部长告诉邢球痕：“张副秘书长从北京飞来，要约你谈话。”他特别叮嘱一句：“你见到老头子的时候，必须要提提战略性的问题。”

邢球痕有点发懵：“哎呀！张部长，我才是个所长，战略性的问题，那得您来提呀！”

“那我不管，”张钧语气干脆，“你老邢来提！”

10月21日下午，邢球痕和崔国良去见张爱萍。他们一前一后走进房间，张爱萍向他们招招手，说：“坐，坐。”他让邢球痕坐在自己的身边，国防科工委陈彬主任，航天部张钧部长，以及黄纬禄总师、丁衡高局长、汪永肃副局长等作陪。

邢球痕也是一根筋，他真的把点火保险机构带来了，从手提包里掏出来，放在茶几上。

张爱萍目光柔和，和蔼地望着邢球痕和崔国良。多日的劳累，使他声音沙哑。他瞥了一眼点火保险机构，缓缓地说：“今天请你们来，不是谈保险栓，‘巨浪一号’是体态天工巧。这次试验成功在技术上是一次飞跃，你们在内蒙古艰苦创业，流血流汗，敢想敢干，成功地研制出我们国家自己的固体发动机，我向你们表示感谢！”

邢球痕还想向张爱萍检讨点火保险机构的问题。他刚一开口，张爱萍就笑着打断了他：“只要你们尽到责任，就没有必要检查了。”

张爱萍又接着说："我1975年就想去内蒙古看看，没去成。粉碎'四人帮'以后就更没有时间喽。1975年有个方案，内蒙古基地全搬到蓝田去，后来没有同意这个方案。如果按这个方案，发动机就出不来了。今后的工作，你们首先要抓好'巨浪一号'02批的完善工作，提高可靠性。武器重要的是可靠性，出个问题就不得了，艇上100多人哪！"

张钧部长朝邢球痕使了个眼色。邢球痕连忙发问："张老，关于发动机，中央目前对搞固体和搞液体的方针是什么？"

张爱萍说："搞液体不是我们的目的，搞固体才是我们的方向。"

邢球痕心里一阵悸动，他又问："我们现在已经具备搞大口径发动机的能力，我们能不能搞？"

张爱萍眼睛一亮，高兴地说："搞出大型发动机？那是我梦寐以求的呀！有了这个东西，我们的远程机动就好办了。要抓紧搞！"①

看到在场的所有人都面带喜色，张爱萍又问邢球痕："我写了不少的诗词，为这次试验写的新词你看到了吗？"

邢球痕摇摇头说："还没有看到。"

"我这首词，中心意思就是一个'敢'字。"张爱萍说，"你们四院敢把自己的发动机搞出来，通过你们的努力缩短了研制周期，了不起！内蒙古我还没有去过，以后要去看看，叫记者也来。"

张爱萍送邢球痕和崔国良出门的时候，大声重复说："我们感谢你们，一定要向四院的同志们问好！"

那天晚些时候，邢球痕跟汪永肃副局长要了一份张爱萍谈话记录稿，同时抄了那首新词《浪淘沙·喜潜艇导弹水下发射成功》：

---

① 邢球痕，《排除万难，攀登高峰》//《航天事业三十年》，航天工业部，1988年，第123页。

形胜渤海湾，
浩荡无边，
群龙追逐雪花翻。
一代玲珑神工手，
险峰敢攀。

奇鲸龙宫潜，
红火凌烟，
虎啸腾飞破云山。
哪怕狂风激恶浪，
雷震海天。

翌日，大连海军试验基地为参试人员举行了隆重的祝捷庆功会，共同完成固体潜地导弹研制和试验的战友们举起酒杯，同贺胜利。

张爱萍代表中央军委向所有参加试验的人员表示祝贺。他说，我国战略核武器不仅将有陆上机动能力，而且又将有海上机动能力，这是一个质的变化。

国防科工委主任陈彬、政委刘有光也在大会上讲了话。刘有光还特地到四院那一桌上敬酒。

邢球痕和崔国良从哈尔滨回到内蒙古，院里催他们快点总结此次大连海上试验工作，准备在全院汇报。

他们忙了好几天，写出了书面总结，由邢球痕代表“巨浪一号”参试分队在总结大会上做报告。内蒙古自治区的有关领导也赶来参加，大会空前隆重和热烈。因为邢、崔二人单独受到上级首长的亲自接见、亲切慰问和大力表扬，四院人感到扬眉吐气，认为这是上级首长对四院的特殊奖励。连日来，呼和浩特都是蓝天白云的好天气，秋阳和煦，秋风习习，从东门到南地，人们沉浸在一派喜气盈门、欢欣鼓舞的氛围中。

邢球痕

邢球痕院士传记

Academician Xing Qiuhen's Biography

第十八章

蓝田履新
攻关夺隘两突破

1983年1月，邢球痕被任命为四院院长。春节过后，他冒着风雪到陕西蓝田走马上任。他以大刀阔斧的魄力，带领全院职工排除万难，苦干一年，拿下了两级大发动机。

1. 提出潜地导弹新方案

早在1979年4月，张爱萍视察工作时，就批评不该把四院撤销。他对刘有光说，四院要合起来，不能再分散。不久，他派国防科委副主任马捷到内蒙古基地实地考察。马捷回京后，向张爱萍汇报说，四院的工作和生活条件太差了，住土房子，烧煤炉子，图纸都是黑的，牛羊随便进园区。张爱萍断然道："要求七机部解决固体发动机'天女散花'的局面。"

1980年1月16日，国防科委政委刘有光在听取蓝田基地领导人张杰的汇报时说：四院搞到现在这个规模，来之不易。我国过去没有搞固体导弹的经验，完全靠自力更生，艰苦创业。四院这支队伍是很好的，同志们为固体导弹事业流了血和汗，有的甚至献出了生命，突破了许多技术难关，取得了很大的成绩。今后要准备承担更重要的任务，在研制第二代战略武器中发挥更大的作用。刘有光特别提出，蓝田基地和内蒙古基地要形成一个整体。

根据中央的调整方针，国防科委1981年5月发文，批准恢复七机部四院建制，把内蒙古七机局改为四院驻内蒙古指挥部，从而解决长期以来管理分散、缺乏统一领导的问题。当时四院领导机关设在蓝田，阎玉瑚为党委书记，张杰为院长，杨南生为副院长。6 月，分家多年的 41 所前方与后建两套班子统一成一套班子。邢球痕虽然家还在内蒙古，但可以指挥蓝田那一摊的工作了。

院长张杰迅速到内蒙古考察，他找 41 所的“二邢”谈话，重申 41 所合起来后，邢球痕为所长，邢琳为书记。是年底，二邢到蓝田跑了一圈儿，本来都是一个锅里吃饭的老熟人，竟因为“文革”和三线建设分隔多年，大家见面后，感慨不已。

“巨浪一号”为第一代固体发动机画上了圆满的句号。海上试验结束后，在领导全所为明年的水下试验做准备的同时，邢球痕思绪活跃，他打电话给阮崇智、余利风等四院独当一面的领军大将，越过千山万水说说自己的想法：现在应该考虑第二代固体发动机的研制问题了。他对“巨浪”新型号的初步设想是：三级发动机，F-06、F-07、F-08……

邢球痕和邢琳共同署名的关于大型发动机的预研报告书送到蓝田的四院机关后，听到的是一片反对声：

“我们没有这个条件，搞不了！”

“这个老邢，就是胆子大！”

“真是个邢疯子！”

但是，杨南生副院长和董全副书记明确表态支持邢球痕。近几年，杨南生主持了三级大口径综合试验发动机的研制。在上海加工的壳体，尽管是厚壁，但成功的地面热试车已经为今后大型发动机的研制工作探索出了正确的方向。邢球痕认为，认真学习杨南生大口径综合试验发动机的研制经验，就一定能加快三台新发动机的研制进度。

阮崇智给邢球痕打来电话，透点口风：“老邢啊，你要有个思想准备，院里不安排你的预研计划。”

这天，院计划部部长特地来呼和浩特市南地找邢球痕，话说得不是太好听：

“你只是所长，怎么能够更改院里的计划呢？”

邢球痕淡然一笑：“那好吧，我能指挥41所，我要求他们在一年的时间里，完成F-06、F-07、F-08三台发动机的设计。”

2. 走上院长岗位

在海上试验期间，张钧部长和邢球痕在一个饭桌上吃饭。吃完饭，他拉着邢球痕出门走走，问道：“你对四院的干部怎么看？”

邢球痕一时语塞，不知道怎么回答才好。

“比方说，是否可以增加几个副院长？”张钧补充了一句。

“杨先生一直是管全面技术工作的副院长，”邢球痕说，“我认为应该有推进剂专业的副院长，我看崔国良、刘国雄都行。”

张钧部长点点头，没有再说什么。

年底，邢琳给邢球痕下了点毛毛雨：“听说，部里可能提你当副院长。”

邢球痕吓了一跳，连连摇头：“不行，不行，我哪有那个水平！”

“你要有组织观念，”邢琳认真地说，“上面要你当，你就当。”

一场瑞雪迎来了1983年。1月中，四院院部打来长途电话，通知邢球痕到北京开会。几乎同时，内蒙古指挥部也收到了会议通知，让张剑仲与邢球痕一起去北京开会。

1月20日，在航天部三层会议室召开大会。张钧部长主持会议，干部部部长宣读中组部的通知：中央同意，张杰任航天部四院党委书记，邢球痕任航天部四院院长……

邢球痕一下就傻眼了，觉得脑袋里“嗡嗡”的，后面宣读的人名，他一个也没有听清。轮到邢球痕表态讲话的时候，他诚恳地说：“张部长，我连当副院长都不行，当院长就更不行了。再说，杨南生是我们的老副院长，院长应该他当啊……”

张钧不容邢球痕推辞，他指着张剑仲大声说：“我们让张剑仲当副院长，送你上马，再陪你一程，你有什么怕的！还有我们呢！”

邢球痕无话可说了，他只能硬着头皮走上四院院长的岗位。

回到呼和浩特后，消息在四院传开，41 所的同志们兴高采烈。老邢当了十多年的所长，现在要离开南地去陕西蓝田了，人们真有点舍不得他走。全所同志在门前台阶上一起合影，欢送老所长。

马上就要过春节了，邢球痕挨家挨户地与老同志们道别，尤其与老搭档邢琳书记促膝长谈，感谢他多年来对自己的支持和帮助。

1983年2月26日，41所同志欢送邢球痕去蓝田履新（第一排左起：2. 胡继来、5. 谢云霞、6. 宋惠茹、8. 冯玉清、11. 霍福祥；第二排左起：白树滋、罗厚清、张恩慈、陈立学、刘希伟、邢球痕、邢琳、朱明、叶定友、张扬中、李水和、杨开高；第三排左起：2. 王有富、5. 郭玉琪、6. 陈云海、8. 姚崇卿、9. 陆向荣、10. 黄祖荫、11. 刘连生；第四排左起：1. 姚玉彩、2. 黄东奎、3. 张柏柱、5. 王秀、6. 赵殿礼、8. 刘道诗、10. 杜先荣）

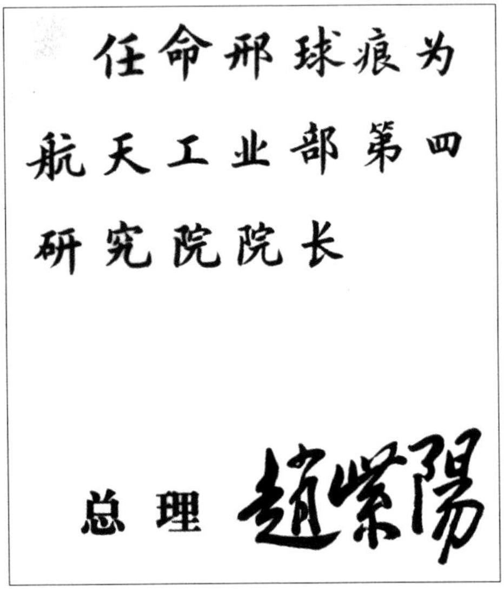
任命邢球痕为
航天工业部第四
研究院院长

总理 趙紫陽

院长任命书

3. 苦干一年，拿下两级大发动机

春节假期一过，邢球痕冒着风雪严寒，一个人奔赴秦岭大山，到蓝田四院走马上任。部里派程连昌副部长到蓝田，在千人大会上宣布四院新一届领导班子的任命。与会的干部群众有两点意外：一是 61 岁的杨南生副院长改任科技委主任，二是 53 岁的邢球痕没有经过副院长这个台阶，就直接从所长晋升院长。

新官上任总得在大会上讲讲话吧，就权当"就职演说"了。邢球痕没有讲稿，一个人站在台上，即席讲话非常直白坦率："我这个人不行，组织上要我当院长，既然来了，就得好好干，请大家多支持我。我这个人毛病多，你们反对我什么都行，但是在工作上不要反对，因为我们四院的工作不是我老邢个人的事。如果你一定要反对我的工作，我也会动员一切力量来阻止你。"

会场里一片窃窃私语声。

邢球痕简明扼要说了当年全院的重点工作，他最后说："我们一定要把 F-06、F-07 两台大发动机拿下来，年底的时候要地面热试车。"

会场里一阵骚动，"嘁嘁喳喳"的声音不绝于耳。

会后，有的干部悄悄对邢球痕说，"有人对你的讲话不服气，说你吹牛啊"。还有的说，"要他吃点苦头""好好整整他"。

邢球痕一笑置之。他先要与张杰交换意见，还要与院领导班子的其他同志谈谈心，彼此没有共事过，必须尽快进入角色，相互间从了解到熟悉。

张杰当年是任弼时的警卫员，资格老，人也很爽快。他对邢球痕说："干部的问题我来管，其他的琐碎事我包下来，你就一心一意地抓好科研生产工作，我坚决支持你！"

邢球痕去看望老领导杨南生，见面就做检讨。杨南生说："你是高射炮，敢给上面提意见，对下面的同志很爱护，这一点很好。我对你没有意见，一定支持你的工作。"

家还在内蒙古南地没有搬来，邢球痕过起了单身汉的生活。一日三餐全在食堂，一天除了工作还是工作。有一天，他发觉自己那身破旧的衣服实在是该补一补了，晚上去老同事姜祚银、雷庭菊家借根针。1974 年起就在水陆庵工作的姜祚银夫妇，说起了这些年的山里人生活，大家常年没有菜吃，全所人买粮要靠大卡车去蓝田县城拉回来。邢球痕叹口气说，你们真是太苦了，我一定想办法改善职工的生活。

第二天晚上，邢球痕敲门还针，雷庭菊喊了起来："哎呀，老邢，一根针你也要还，当了院长还是老作风啊！"

下基层调查研究是邢球痕的基本功。他的身影出现在蓝田山区各个厂、所、站的每个角落，与大家一起商量，全身心地带领全院职工向固体发动机尖端技术发起总攻。然而，“文革”浩劫仍留下诸多后遗症，派性痼疾很难一下子自愈。他到水陆庵的陈家滩43所检查工作，由于班子不团结，职工工作积极性不高，职工连喝水都困难，非金属复合材料研制工作进展缓慢。他在全所会上点了陈明义副所长的名，要求他加速改造生产线，确保完成缠绕2米直径玻璃钢壳体的任务。他鼓励职工坚持科学态度，克服恶劣环境，敢字当头，创造条件，搞好科研。

长期紧张的工作，使邢球痕积劳成疾。他身患低血压、美尼尔氏综合症等疾病，可仍把自己当成一台永动机。一次，他到43所307室察看壳体缠绕情况，走着走着犯病了，呕吐头晕，大汗淋漓。室主任关国山要送他去医院，他执意不肯。休息了一会儿，察看完生产全过程，他才放心地回去。

在邢球痕的激励下，43所职工吃大苦，耐大劳。厂房高度不够，就挖地两米，那可是布满石头的河滩地啊！又拆装了50多台设备，终于改装好我国第一代机械式缠绕机，适用于大型复合材料壳体缠绕作业。43所对配方、张力测试、排纱等技术问题进行了反复研究，在较短时间内，便缠出了F-07发动机的玻璃钢壳体。

7416厂在浇注装药的紧张时刻偏偏出了问题。在现场的邢球痕发现尾部灌浆怎么也灌不够，谢丰沛厂长问他怎么办。邢球痕说，肯定是壳体脱粘了，绝对不能带着问题送去试车。他要求工厂尽快拿出解决方案。这时有人提议，由一人钻进壳体用钢刀切药，先挖出壳体内的部分药，然后再修补。当时已装药若干吨，众多反对者认为这样不安全，怕摩擦引起爆炸。邢球痕与一线工艺技术人员探讨其可行性。工艺员小熊说他曾用过钢刀切药，因钢刀锋利、坚硬，摩擦小，不容易出事故。邢球痕果断拍板，批准了用钢刀切药的方案。

时值盛夏，狭小的壳体内闷热难当，药味刺鼻。邢球痕先钻进壳体察看情况后，才让工人师傅开始挖药。开始时每半小时换一次人，以后每 15 分钟换一次。这样连续工作了一天一夜，才挖尽脱粘部位的药剂，挖药过程顺利而安全。工人对脱粘部位进行了修补，满足设计要求后，邢球痕才离开。[①]

7 月，张杰、邢球痕、崔国良到北京，向张钧部长，李绪鄂、宋健、程连昌副部长汇报工作。部领导指示，固体发动机事业的发展必须抓紧加快。

邢球痕好像是高速公路上的司机，加大油门，驾驶四院这辆大型汽车风驰电掣，要实现当年设计、当年测试、当年试车的目标。张杰做好后勤保障工作，被人们戏称为“张妈妈”。以杨南生为主任的科技委出谋划策，为全院科研生产保驾护航。

几场小雪飘过，蓝田大山里的白皮松更显得郁郁葱葱。四院人整整苦战了一年，正在期盼着一桩全院议论多日的大事件。

12 月 25 日，新一代潜射导弹第一级模样发动机 F-06 就要在 401 试验站进行地面热试车了。四院邀请到了很多重要客人光临蓝田，贵宾有国防科工委政委刘有光和副主任马捷，陕西省委书记马文瑞、省长李庆伟，以及航天部和海军的有关领导，还有四院老领导林爽和李乃暨等人。

---

① 李威，《足迹深嵌星球间》//《丰碑如山》，航天四院，2012 年，第 152 页。

蓝田深山里的四院401试验站

那天，客人们乘车进山，401 试验站的山谷里车水马龙。

山窝窝里的 401 试验站插满彩旗。在试车台上，大口径钢壳体稳稳地躺在那里。“点火”命令下达后，轰鸣声震天撼地，固体推进剂化为巨龙般的橘红色烈焰，从喷管尾部喷薄而出。各种测试仪器显示正常，试车完全成功。

四院人喜极而泣，放开喉咙尽情欢呼。刘有光政委等上级领导与张杰、邢球痕等四院领导握手祝贺。老院长林爽和邢球痕握手的时候说：“老邢，你胆子真大！一下子就敢试这么大的家伙！”

刘有光政委为四院题词：“自力更生方针的再次胜利。”翌日，在四院召开的庆祝会上，刘有光发表了热情洋溢的讲话，他祝贺新一代潜射导弹第一级模样发动机试车成功。他说，四院从创建到现在，没有外国援助，完全靠自力更生、艰苦奋斗，现已成为一个现代化的、有一定规模的固体发动机研究院，为研制出我国的固体导弹作出了贡献。他要求四院遵循周总理提出的“严肃认真，周到细致，稳妥可靠，万无一失”的十六字方针，全力以赴，做好工作，确保完成下一阶段的重大任务。

见到当年哈军工的老首长，邢球痕执弟子之礼，向刘有光汇报四院的工作。哈军工学子邢球痕的杰出表现，令刘有光深感欣慰。

仅仅过了两天，12 月 27 日，第二级模样发动机 F-07 的地面热试车试验进入倒计时。邢球痕在 7416 厂召开会议，逐项检查试车前的准备工作。会议当中，总装车间技术人员进来报告：在充气检查时发现前封头部分漏气。大家分析，是由于前封头玻璃纤维壳体发生了脱粘。

邢球痕问谢丰沛厂长："你不是搞过常温灌浆吗？你准备怎么解决？"

谢丰沛厂长回答说："我们组织人力，马上进行灌浆。"

"好！"邢球痕看着7416厂的领导们，态度严肃，"一定要保证明天试车成功。"

当夜，谢丰沛和五车间主任苏玉山等人干了一个通宵。

翌日，在401试验站的试车台上，第二级模样发动机F-07静静地躺在那里。谢丰沛把昨夜灌浆时特地留下来的一小块推进剂放在试车台的一角，不时用手摸一摸。

从北京赶来的张钧部长和黄纬禄总师等航天部专家在四院领导陪同下到现场观看。国防科工委、海军及西安市的有关党政领导也来了不少人，等待地面热试车点火那一刻。

谢丰沛发现那一小块推进剂已经完全固化，就去告诉邢球痕："院长，可以点火了。"

邢球痕又最后检查了各个试验测试环节，这才下令："点火！"

这台发动机首次应用43所研制的大口径玻璃纤

维缠绕壳体，随着喷管尾部的烈焰最终消失，试车获得了圆满成功。

喷管设计人毛正森激情难耐，瘫坐在地上。他刚刚还在想，以前没有制作过这种喷管，万一失败了，可怎么办哪？现在一颗悬着的心终于放了下来，这是航天人经常遭遇的情绪波动。

试车成功后，张钧部长异常兴奋，他对张杰和邢球痕说：“你们获得了伟大的成功！”

黄纬禄总师也说：“看来，我们可以研制战略导弹了！”

张钧部长言犹未尽：“我要马上向张爱萍副秘书长报告。”

邢球痕说：“张部长对我们的评价太高了！”

张钧瞪了邢球痕一眼：“这是你的事儿吗？这是我们部长的事儿！”

“下一步有什么设想？”张钧又问邢球痕。

邢球痕把早就想好了的腹案说出来：“张部长，我们今年只用了1000万元，我想，部里给我们3年时间，给5000万元，我们一定拿下射程7000公里的海地两用战略弹道导弹。再给我们4年，也是5000万元，我们一定拿下射程12000公里的战略弹道导弹。”

张钧慢慢琢磨着邢球痕的话，最后总结道：“哦，357；4512啊！”

临走的时候，张钧部长为四院题词："为加速建设强大的火箭军作出更大贡献而继续努力。"

1984 年 1 月 18 日和 25 日，海军和航天部分别向四院发来贺电和贺信。

大型发动机的试车成功，为以后远程战略导弹的立项奠定了坚实的技术基础。

邢球痕

邢球痕院士传记

Academician Xing Qiuhen's Biography

第十九章

八字题词 中央贺信如春风

1984年1月15日，张爱萍风尘仆仆地来到蓝田，视察四院，挥毫写下了“攻克险关，才智无穷”八个大字。不久，中共中央、国务院、中央军委给四院发来贺信，祝贺大型固体火箭发动机热试车取得圆满成功。

1. 张爱萍来到蓝田

1984 年元旦，四院人喜气洋洋地过了一个新年。1983 年的科研生产计划全面完成，特别是两台大发动机的试车成功，给全院人以莫大的鼓舞。在 1 月 13 日召开的党委会上，邢球痕提出“勇攀高峰，攻克险关，奋战三年”的口号，大家热烈讨论如何落实明年和后年的科研任务。1 月 15 日是星期天。9 点刚过，邢球痕接到院办周永权主任从山里打来的电话，张爱萍首长来了！

中央军委副秘书长、国务委员兼国防部长张爱萍到渭南视察后，在宋健和丁衡高的陪同下，穿越关中原野，驶过崎岖山路，风尘仆仆地来到位于秦岭腹地的蓝田基地，他要亲眼看一看四院。

邢球痕知道张钧部长邀请张爱萍到蓝田视察，但没有料到张老来得这么快。他与张杰等院领导匆匆驱车进山。

张爱萍的车在 401 试验站停了下来。四院的人围拢上来，热烈鼓掌欢迎。74 岁的张爱萍精神矍铄，腰板挺直。他问道：“邢球痕到哪里去了？”

邢球痕很快站到张爱萍的面前。他先请张爱萍观看两台大发动机试车成功的录像。张爱萍笑容满面地说：“我很高兴，在大连讲话才一年多点，你们就把大发动机拿出来了！取得这么大的成绩，我将来要给你们一个惊喜！”

在四院领导的陪同下，张爱萍一行人来到西杆庙，走进隐匿在山窝窝里的7416厂，看大型固体火箭发动机装药车间和43所的玻璃钢壳体和碳/碳喉衬喷管等实物展览。邢球痕把谢丰沛厂长喊过来：“这是你们厂的成绩，你给首长汇报！”

谢丰沛忙往后缩：“哎呀，邢院长，我怎么能讲呢？应该是你讲……”

“你讲，你讲！”邢球痕硬把谢厂长拉到前面，为他举着话筒。

张爱萍听完汇报、看过实物展览后，环顾车间。看到高高的装药台直立在10多米深的装药井上，他走过去扶着栏杆，要上去看一看。随行人员上前搀扶，他示意辞谢，径直走到台上细细查看。

下了装药台，张爱萍向围观的职工走去。他举手行军礼，朗声道：“同志们好！同志们辛苦了！我代表党中央、国务院和中央军委来看望你们了！”

人群里响起经久不息的掌声，表达了四院人的激动心情。

1984年1月15日，张爱萍（前）视察四院（右为邢球痕，左为宋健）

张爱萍（中）给四院干部讲话
（左为邢球痕，右为宋健）

时近中午，张杰小声对邢球痕说：“张老爱吃狗肉，我让周永权弄条狗来。”

中午，在蓝田院部摆了三桌，招待张爱萍一行。饭间，邢球痕问起一个他想了很久的问题：“张老，您的名字为什么叫爱萍呢？”

“爱萍，就是爱火箭嘛！”张爱萍兴致勃勃，“古时候有两把宝剑，一把叫青龙，一把叫青萍。”

“萍不是浮萍吗？”邢球痕也“咬文嚼字”了。

“不是的，这里是指宝剑青萍。我参军时候就叫爱萍，现在说来，就是爱你们呀，我们把火箭导弹叫‘神剑’嘛！”

“张老，请您给我们四院题个词吧！”

“好啊，”张爱萍说，“题个什么好呢？”

吃罢午饭，张爱萍在院子里走走。他信步来到四院机关活动室，看到正面墙壁上挂着一行草横幅，上书“神剑生辉”。

张爱萍眼睛一亮，驻足欣赏，称赞这字写得好。

下午3时许，张爱萍欣然命笔，为四院题写了八个大字：

“攻克险关，才智无穷”

随后，张爱萍由四院领导陪同，来到设在篮球场上的会场，先与四院干部合影，然后坐在一个折叠椅上给大家讲话。他说：“这次来四院看望同志们，实在非常高兴。1982年10月到现在，只有一年多的时间，你们就把一级、二级大型发动机试验成功了，这是固体火箭技术一个新的重大突破，使我国的运载火箭技术进入了一个新时代。这是一个伟大的成绩！”他指示说：“还有第三级也要抓紧搞。战略武器已经发展到中、远程，由液体转向固体。你们要尽快把这些成果应用到型号中去。我们讨饭，也得有个打狗棍嘛！”

虽是隆冬时节，云静风轻，阳光和煦。四院职工拥挤在道路两旁，依依不舍地欢送张爱萍一行离开蓝田。邢球痕代表四院领导钻进面包车，再送张爱萍一程。在车上，张爱萍问道：“下一步打算怎么干哪？”

邢球痕把向张钧部长汇报的“357，4512”的思路讲了一遍。

张爱萍仔细听完邢球痕的话，思忖片刻，点头说好，嘴里轻轻念叨：“357，

张爱萍为四院题词

张爱萍的题词：“攻克险关，才智无穷”

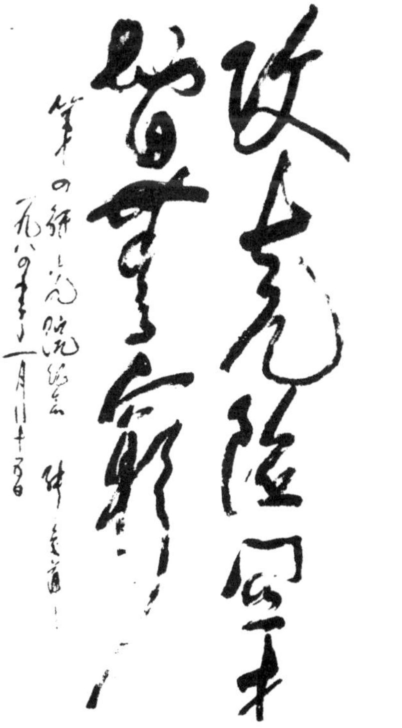

4512……”又问，“F-08发动机什么时候能研制出来呀？”

邢球痕说：“我们上半年一定试车。”

张爱萍高兴地说：“好，好！又是一个‘一弹两用’。”他沉思了一会儿，缓缓问道：“邢院长，你们四院还有什么要求没有啊？”

邢球痕迟疑片刻，鼓起勇气说：“张老，我们四院分散在蓝田的山沟里，不利于发展，孩子们上学都困难，职工的生活更不用说了。可不可以让我们搬出山沟啊？”

张爱萍马上转过身，对陪同他的陕西省副省长说：“四院要迁到西安市，希望你们多多支持。”

回到蓝田，邢球痕让周永权起草给张爱萍的感谢信，他与张杰书记等领导一起研究，组织全院同志认真学习和领会张爱萍的指示。

2. 中央贺信

张爱萍离开蓝田还不到一周，1984年1月20日，中共中央、国务院、中央军委给四院发来贺信：

航天工业部转第四研究院：

你们于1983年12月25日和28日进行的远程导弹一、二级大型固体火箭发动机的热试车，取得了圆满成功。我们十分高兴，特向参加研制工作的科技工作者、工人、干部致以热烈的祝贺和亲切的慰问。

这次试车成功，表明我国战略固体火箭发动机技术又取得了可喜的新突破，标志着我国战略武器研制工作进入了新的阶段。这一成果是在全国各有关部门大力协同、积极支持、密切配合下取得的。希望你们认真总结经验，戒骄戒躁，继续发扬大力协同、自力更生、艰苦奋斗的革命精神，为加速我国固体发动机战略核导弹的发展，实现国防现代化作出新的贡献！

中共中央、国务院、中央军委

1984年1月20日

在中国航天事业的发展史上，由中央党政军最高机关联名给航天部一个下级单位直接发贺信，这是破天荒的第一次。这是中央对四院全体员工的特殊奖励，四院创造了历史。消息传开，四院人奔走相告，喜庆盈门，好像一场浩荡的春风，吹遍蓝田各条山沟。邢球痕对张杰说，张老当时说要给我们一个意外的惊喜，现在才明白是什么意思。没有张老的视察，中央怎么会知道我们四院的情况呢？

4月，在四院党委会上，邢球痕提出“战略战术并举”的建议，获得全体党委委员的赞同。四院立即着手研制为短程战术固体导弹配套的F-28发动机。不到5个月，首发F-28试验发动机试车成功。

邢球痕马不停蹄，又组织了短程小型固体导弹的自主研制。不到一年时间，两台小型发动机地面试验取得成功。

6月30日，四院再传捷报：第三级模样发动机F-08首次热试车成功，从设计到试车，仅用了半年时间。新一代潜射导弹的三级发动机都齐了，四院人向世界先进水平又迈进了一大步。试车成功后，邢球痕立即向国防科工委陈彬主任汇报。陈主任报告了张爱萍，之后给邢球痕打电话，传达张爱萍副秘书长的批示:“可喜可贺，赶快形成武器。”

在中央贺信的鼓舞下，邢球痕快马加鞭，带领四院人去开创新的佳绩。

3．“三抓”大战最后一役的考验

1984 年是完成“三抓”大战最后一役的关键年。因为在洲际导弹和固体潜地导弹发射成功后，要完成第三个目标——发射地球同步轨道通信卫星。这是一项宏伟的国家工程，涉及 20 个省市、30 个部委、解放军各总部、9 大军区、有关军兵种所属数以千计的单位。航天四院是其中举足轻重的单位，在这个代号为“331”的工程中，四院研制生产的远地点固体发动机将为卫星提供克服地球引力的新动力，使之最后定点在地球同步轨道东经 125° 的预定位置上。

1 月 29 日晚 8 时 24 分，在西昌卫星发射中心，中国的第一颗地球同步轨道试验通信卫星“东方红二号”由长征三号运载火箭送入太空。但是，在 940 秒后，三级氢氧发动机二次启动失败，卫星只被送入 400 公里的近圆形的停泊轨道，没有达到预定的目标。在西昌指挥控制大厅，“331 工程”总师任新民朝欢呼胜利的工作人员沉痛地说:“你们还鼓什么掌，发动机出问题了！”

此时卫星去向不明，直到围绕地球转了 11 圈后才被闽西站捕获。于是，地面连续发了两道断电指令，以节省星上电能。再测远地点固体发动机的喉部温度，断定这颗星是大翻个，底部朝着太阳，躺着飞行。情况报到北京总指挥部，已经坐等了15个小时的张爱萍面无表情，只说了一句话："通知西安，组织抢救。"在渭南卫星测控中心，包括四院杨南生在内的专家们紧急商讨，建议再次点火，但又担心弄巧成拙，把卫星推出轨道而坠落。张爱萍回复渭南请示电话说："管不了那么多了，不用你们负责，点火！"

通过遥控系统，渭南发出指令，远地点固体发动机点火成功，卫星调整到正常姿态，变换了轨道，32秒后，进入到一个远地点6480公里、近地点400公里的椭圆轨道，变成了一颗实验卫星，从而可以完成卫星各系统的测试、调姿，进行通信、广播、电视转播等试验。①

在渭南卫星测控中心，杨南生带队的四院人露出了欣慰的笑容。试验之前，宋健副部长点名杨南生，一定要来"保驾"。他们俩是老熟人，杨南生开玩笑："保驾，保驾，成功了没有我们四院的份，失败了就打我们四院的屁股。"宋健哈哈大笑。正是由于四院的发动机过得硬，使我国首发的通信卫星延长了寿命，没有完全失败。宋健给四院发来贺电，他说："四院这一炮放得很好，很成功，为抢救这颗卫星发挥了作用。"

为了第二次发射，在任新民老总的领导下，航天人艰辛拼搏了70天。其间发生了一个质量安全事故：在五院卫星总装厂，因工人操作不慎，起重吊钩撞击了四院远地点固体发动机的喷管。时任五院副院长的戚发轫很是担心，遭受意外撞击的固体发动机能否继续使用？四院试验队经过反复研究后，明确表示：能用！

4月8日19时20分，火箭再次升空，第二颗试验通信卫星发射成功。两

---

① 谭邦治，《任新民院士传记》，中国宇航出版社，2014年，第179页。

天后，挨过重击的远地点固体发动机有力地一推，使卫星稳稳地进入距地球表面 35800 公里的转移轨道上。这时，又发现新的问题，星上电池超过设计温度，紧接着卫星外壳和部分仪器温度升高。当时在渭南卫星测控中心的谢丰沛等人记得，基地司令员沉着脸说，四院的同志下去吃饭，其他单位的人继续工作！那天本来是庆功宴，70 多桌都摆好了茅台酒。

相关单位采取紧急措施，终于把温度降下来了。4 月 16 日 18 时 28 分，卫星定点于东经 125° 赤道上空。第二天 18 时，卫星开始工作。18 日上午 10 时，张爱萍正式试用，他和远在乌鲁木齐的新疆维吾尔自治区党委书记王恩茂通话，喊道：“老王，哈密瓜熟了没有？”王恩茂大声回答：“我这就派人给你送去！”①

“331 工程”的测控结果表明，四院的远地点固体发动机总冲精度为 1%，达到了国际先进水平。但很少有人知道，四院人历经了 9 年的奋斗，先后共装药 56 台，地面试车 45 台，才保证了远地点固体发动机的万无一失。在此后的 20 年里，中国先后发射过十余次通信卫星，四院的远地点固体发动机飞行成功率达到百分之百。

1984 年是中国航天事业的吉祥年，试验通信卫星上天是开天辟地的伟大胜利。4 月 30 日，在人民大会堂隆重举行庆祝试验通信卫星发射成功大会。大会由张爱萍主持，胡耀邦、赵紫阳、杨尚昆、王震、杨得志、余秋里、田纪云等中央领导出席。四院由邢球痕带队参加大会，他又见到了老师任新民，师生俩紧紧握手，一切感慨，所有的酸甜苦辣、挫折委屈，都在不言中。

后来，航天部为“三抓”任务贡献突出的航天人记功，四院邢球痕等 72 人被荣记一等功，四院又为 245 人记二等功，四院驻内蒙古指挥部为 136 人记二

---

① 张胜，《从战争中走来——两代军人的对话》，中国青年出版社，2007 年，第 441 页。

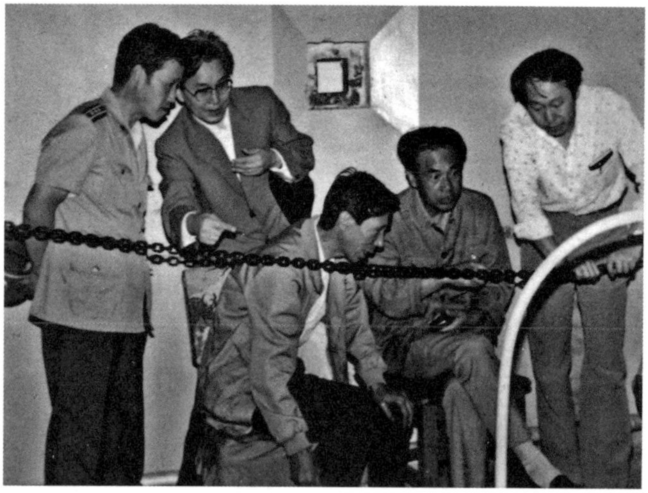

邢球痕（右二）在生产一线与科技人员和工人研究工作

等功。四院是当之无愧的航天英雄集体。

4. 鲁大东进山

航天四院在 30 年间，像一只候鸟，迁徙不止，历尽奔波创业之苦。掌握人类最尖端科学的人，却远离现代文明，陪伴他们的是“遮不住的青山隐隐，流不断的绿水悠悠”。千千万万三线人的命运是该改变一下了。

邢球痕向张爱萍面陈四院的困难，提出搬出大山沟的要求，很快就传播开来，几乎成为四院家喻户晓的热门话题。人们在眼巴巴地期盼着，当然也有个别干部说点风凉话：“这是做梦娶媳妇。邢院长净想好事，这么大个四院，西安市不可能接受。”

没想到一个多月后的 3 月 9 日，北京真的来人了，国务院三线建设调整改造规划办公室主任鲁大东带队到蓝田考察。恰好此时邢球痕到内蒙古出差了，张杰书记陪同鲁大东一条山沟一条山沟地观看。在蜿蜒窄逼的山路上，张杰讲述这些年来山洪暴发、滑坡、塌方、危岩等地质灾害对四院的威胁，天上打声响雷，也能摧毁供电系统。鲁大东不禁眉头紧锁，不住地摇头。他亲身感受到地处秦岭深山里的四院存在交通不便、信息闭塞、生产成本高等问题。特别是在西杆庙村查看职工宿舍时，看到那些“新山民”们岂止是“生活困难”？这样恶劣的环境，什么样的人才也难留得住啊！他离开四院的时候表了态：“063 基地选址不当，进山太深，布局分散，没有发展前途。你们一定得搬出来，赶快准备调整方案和论证报告吧！”

当初，邢球痕就反对063基地违背科学常识的选点方案，历史证明他是对的。现在，如果没有邢球痕的魄力，大胆向张爱萍反映意见，四院搬家的大事可能还要延迟很久。几十年后，四院人常常说，当年多亏了邢院长，我们才能搬出大山。

邢球痕从内蒙古回来，张杰兴高采烈地告诉他：“好消息！鲁大东主任答应我们，先搬出五个单位，就是两个工厂和41、43、44三个研究所。”四院一边起草调整方案，向部里呈送论证报告，一边与陕西省和西安市两级政府协商。要从西安市要一大片土地，谈何容易啊！

8月，国务院领导同志听取了三线办公室的汇报，同意将蓝田基地列入迁建规划。

邢球痕脑海里常常浮现出四院30年来多次搬迁、重复建设、随建随丢而无立足之地的情景。不能重演这一不幸的历史，这将是四院第五次搬迁，必须为四院未来的生存发展打下牢靠的营盘。他带领四院领导班子，多次与西安市有关部门协调，最终把西安东郊灞桥区洪庆镇的田王定为四院迁建的新址。年底，陕西省政府下文，批复同意蓝田基地迁往西安市。摆在四院面前的是漫长而艰

邢球痕和四院领导班子成员在田王的农田里研究搬迁计划（左起：张国勇、金天保、邢球痕、夏承志、邢鉴、张建国、张锡学）

巨的重建任务，作为院长，邢球痕开始为搬迁重建所需的巨额经费犯愁了。

四院在蓝田的山里人时时关心着他们在湖北谷城的兄弟们——42 所的山里人。1970 年搬迁到湖北谷城的 42 所，是三线建设“山、散、隐、洞”的典型“杰作”。千余名职工分布在首尾相距 7 公里的狭长山沟里，为了航天事业，他们付出了巨大的牺牲。职工们常常要克服洪水断路、大雪封山、缺粮断菜带来的种种困难，有的人因公负伤、致残，有的人积劳成疾，英年早逝，严重束缚了 42 所人才、技术、设备优势的发挥，科研队伍的不稳定日趋严重。

1980 年 2 月，郑天翔部长等七机部领导第一次冒雪进郭峪山沟，感到触目惊心，感慨万千。后来，部领导又来视察了两次。李绪鄂副部长语气坚定地说：“42 所是航天部三线建设最苦的点。如果国家允许，首先安排 42 所搬迁。”“42 所是航天部进山最深、见阳光最少、困难最多的三线单位，他们在那里奋斗了十几年，很不容易。要把老婆孩子搬出来，稳定这支队伍。”

1982 年 8 月，国家计委、国防科工委联合发文，批复航天部将 42 所迁往襄樊市重新建所的报告。1984 年 4 月破土动工，1989 年搬出大山，落户襄樊。至此，42 所人在大山里整整干了 18 年。[①]

① 姜国良，陈凤林，翟好智，《出山进城谱新篇》//《丰碑如山》，航天四院，2012 年，第 185 页。

邢球痕

邢球痕院士传记

Academician Xing Qiuhen's Biography

第二十章

战略思维
固液兄弟一家亲

两种不同类型的发动机都是航天事业不可或缺的，但燃眉之急是赶快把固体发动机抓上去，否则，在激烈的大国博弈中，中国就要错失良机。邢球痕为此奔走呼号，其耿直狷介、无私无畏的品格让航天人刮目相看。

1.1984年的两次会议

美俄等航天大国的火箭技术都是从液体发动机发展到固体发动机的，这是普遍的发展规律，中国也不例外。因此，航天系统的资深专家们几乎都是搞液体火箭出身的。毋庸讳言，长期以来，人们看问题的视角不同，在航天系统存在着“固液之争”。搞液体火箭（导弹）的京城大院大所兵强马壮，对远在内蒙古荒沙滩上、土里土气搞固体火箭发动机的四院，或多或少有点冷漠。四院人到部机关办事，有时会受到冷落或为难。曾有搞液体出身的机关干部居高临下，半开玩笑地讥讽道:“你们那个玩意儿不就是一个大锅炉嘛！”四院人回敬道:“你们那个玩意儿不就是一个大痰盂嘛！”

对于四院人长期受歧视、被边缘化的感受四院老书记薛伟民有一句名言:“我们要发扬坐冷板凳的精神。”1965年秋，四院刚搬迁到内蒙古呼和浩特时，有一天布置会议室，工作人员摆了几张从泸州带来的藤椅。大家议论说，泸州天气潮湿，藤椅没有问题，现在到了呼和浩特，这里干燥得很，藤椅很快就会开裂散架。正好薛书记进来，大家七嘴八舌，要求买几张大沙发。薛伟民生气了，大声说:“不买！我们要有坐冷板凳的精神！就是坐冷板凳，也要把固体发动机搞上去！”[①]

邢球痕当院长后，“固液之争”更趋严重。他不计较“坐冷板凳”，但为了国家利益，他不避锋芒，大声疾呼，直言不讳，为此常常得罪人。

1984年4月底，航天部在北京阜成路第二招待所召开一次重要会议，从国家战略角度研讨航天部的发展方向——在导弹研制上是上液体型号还是上固体型号。会议由德高望重的任新民主持，屠守锷、黄纬禄、庄逢甘、梁思礼等航天老总都出席了会议。刚受到中央贺信表彰的四院由邢球痕院长和41所所长叶定友参加会议。

会议一开始，就发生了激烈的争论。多数人认为，当前仍然应该以液体型号为主，因为固体型号不成熟。

邢球痕以四院大口径发动机连获大捷的事实，驳斥了“固体型号不成熟”的偏见，疾言厉色，毫不让步。

会议整整吵了一周。航天部领导决定先休会，结论是“液体继续上，固体积极干”。这实际上是个和稀泥的结论。

邢球痕不服气，回到蓝田后，给张爱萍写了封信，反映四院的意见，得到了丁衡高的有力支持。

8月，在北京继续开会，仍是任新民主持会议。与会者的范围扩大了，航天部各部门领导、一院领导、二炮代表等都来了。四院来了三位，邢球痕、叶定友和内蒙古指挥部主任崔国良。

和4月的会议一样，两种意见争执不下。大家要二炮表个态，二炮马上召开党委会，最后的意见是“两种都要”，同时强调“上固体远程导弹”。

会前，任新民私下叮嘱邢球痕，不让他在会上发言，怕这个心直口快的倔

---

① 采访廉茂林记录，2014年4月。

学生再得罪人。但是，事关四院的长远发展，事关国家的战略大局，邢球痕岂能明哲保身、三缄其口？

当时，航天一院正不惜巨资、全力以赴地研制某型号导弹，初样已经完成。该项目成为航天部万人瞩目的重大型号项目。

邢球痕却在会上针对该型号导弹凛然直说："我建议下马！"

会场出现短暂的静默，转瞬就是一片哗然。邢球痕的反对者气愤不已，会议开不下去了。大家从三楼下楼梯的时候，邢球痕听到有位领导大声说："今天，邢球痕给了我们重大打击！"

到了楼下，邢球痕解释了一句："我只是提个建议啊！"

邢球痕一行回到八里庄招待所。不一会儿，任新民骑着自行车来了。看到年近古稀的老师气喘吁吁地来找自己，邢球痕心里很不是滋味。

"老邢啊，你在会上怎么能让人家下马呢？"任新民开门见山地批评自己这位高足，"你不该这样提！"

邢球痕解释说："任老总啊，国家经费这么紧张，他们液体不下马，我们固体怎么上得去呀？"

邢球痕（右）与任新民（左）

"我是支持你搞固体的，你可以说固体，但你别让人家下马呀！"任新民还是规劝邢球痕，又劝说嘱咐了一阵，才骑车回家。

邢球痕送走任老总，独自沉思良久。老师是出于爱护自己而用心良苦，他感谢任老总，但从国家战略大局的立场看，自己的观点并没有错。邢球痕内心惆怅纠结，怏怏不乐。晚上，有人告诉他，张钧部长晚上要开党组会，是不是要拍板了？

邢球痕急了，给张钧部长写了一张纸条，主要内容是：在固体和液体的战略发展问题上，部里完全可以做出决定。

后来得知，张钧部长也不敢说让某型号下马。

过了两天，丁衡高来找邢球痕，对他说："张爱萍部长要听听群众意见，你写封信吧！"

邢球痕说："他这么高的领导，怎么能看到群众来信呢？"

"你傻啊，我给你送嘛！"丁衡高站起身要出门，"你用毛笔写，字写大点，让老头子能看清楚。"

邢球痕找了一张宣纸，用毛笔给张爱萍写信。他在信的最后，把自己的意见总结成一句话：

液体搞运载，固体搞导弹。此棋一下，全盘皆活。

指挥"三抓"大战取得伟大胜利的张爱萍，以其铁汉将军的风格对某型号果断拍板：

"下马！"

没过多久，航天部的人都知道了。有一天，副部长见到邢球痕，带着几分埋怨的口吻说："让这个型号下马，我们都流泪了，部机关可恼火了！"

邢球痕开玩笑说："哈哈，你们流泪了，我可高兴了！"

尽管国家拨给航天一院一大笔钱，弥补因为某型号下马造成的损失，但航天部相当多的人记住了四院那个倔强的邢球痕。四院的老人都为邢球痕捏着一把汗：老邢呀，你这一下得罪了一大片人。但同时，航天人对耿直狷介、无私无畏的邢球痕更加刮目相看。

邢球痕难道不明白？他难道不想做老好人？他听了那些为他担忧的话，只能苦笑而已。两种不同类型的发动机本来是亲兄弟，都是航天事业不可或缺的。但站在国家战略的高度上，燃眉之急是赶快把固体发动机抓上去，否则，在激烈的大国博弈中，中国就要错失良机，落到人家的后头。

1984 年 10 月 1 日，在国庆 35 周年的阅兵式上，巨浪一号固体潜地导弹第一次通过天安门广场，航天四院的科技成果闪亮登场，展示在世人面前。

翌年，巨浪一号固体潜地战略武器及潜艇水下发射，荣获国家科技进步奖特等奖；巨浪一号导弹第一级和第二级固体推进剂发动机，荣获国家科技进步奖一等奖；两级发动机获国防科工委重大科技成果一、二等奖 6 项，三等奖 12 项。

在党中央的明确方针指引下，航天部大胆实施改革，提出“四个转变”，其中一条就是“液体发动机向固体发动机转变”。

1985 年 1 月 19 日，中央军委批复同意总参和国防科工委《关于战略核武器项目清理和规划问题的请示》。文件要求：充分利用固体战略导弹的研制经验和技术成果，集中人力、物力、财力和技术力量，大打固体之仗，发展第二代固体陆基和海基战略核导弹；要按照标准化、系列化、通用化、规格化的要求，统一规划中程、远程和洲际固体战略导弹。

遵照中央的指示精神，一院马上停止了某型号的研制。

在中央文件下发传达的时候，邢球痕正率团访问德国。他在仔细观察我国与西方发达国家在航天技术上的差距，分秒必争地学习外国的先进经验。

1985年1月，在德国考察时留影（前排左起：叶定友、德方人员、邢球痕、陈长乐）

2. 院长之难

1984年年中，四院根据鲁大东主任的意见，向航天部呈报了关于蓝田基地搬迁的论证报告。让张杰、邢球痕等四院领导始料不及的是，上级竟为此恼火，批评四院是“越级上告，看不起我们”。后来见到邢球痕，又表示，想搬到西安？异想天开嘛，怎么可能呢？

作为当家人，邢球痕肩上的担子越来越重：在完成多个型号发动机研制、试验和落实军转民产品等科研生产任务的同时，他要千方百计为蓝田基地搬迁到西安筹措资金，几乎要跑断腿，一直面对脸难看、事难办的局面。1985年4月，一直支持他的张钧部长退下来了，四院与部里的矛盾陡然增多。

7月，航天部在昆明开会，研究三线搬迁问题。邢球痕精心准备方案，四院第一期工程需要1.25亿元。向上级汇报后，得到的回复是：没有钱，你们自己解决。邢球痕奇怪：国家三线办有钱，部里为什么不向国家申请资金呢？后来，四院的预算被砍掉 5000 万元，只能在 7500 万元的额度里安排新址的基建。

后来，部里又削减了 2800 万元，让四院去贷款。邢球痕据理力争：搬出秦岭三线基地，建立新的四院，是国家的大事，不是我老邢个人的私事！

邢球痕想在田王征地 20 万平方米的基础上，尽量再多征点地，以保证四院未来的发展。他想了个点子，四院正承担实用通信卫星远地点发动机的生产，他要求承包，这样可以从 2800 万元中节省出一部分。最后，部里只批了 1800 万元。

基建资金缺口太大，令邢球痕寝食难安。他的眼前总闪动着四院山里人那期盼的眼神。要四院自己筹钱，只有卖发动机一条路可走。四院计划与一院联合开发、生产一种出口型近程地地导弹。计划报上去，没有获得批准。发动机试车成功后，接到上级电话："先斩后奏，无组织无纪律！"邢球痕也不让步："我当院长，这一点钱我都做不了主？"

因为复杂的国际政治关系，出口某国家的近程地地导弹最后被迫中止。国家补贴了一笔钱，一院拿大头，四院拿小头。邢球痕顶住了压力，坚持生产该型号发动机，后来为四院挣了几十亿元。

1985 年，邢球痕去找 210 所谈合作，两家商定生产一种市场看好的近程小导弹。部长知道后，给邢球痕打来电话："你不要搞！"

邢球痕说："你不要管这么多了，我们四院在田王建新基地，处处都要花钱，我总得想办法挣点钱哪！"

一周后，电话又来了："怎么还不停？"

很快，部党组下发文件：部长有令，不许搞小弹。邢球痕正好到北京开会，他去找刘纪原副部长讨个说法，问问为什么不让搞？第二天，刘纪原给邢球痕出了个主意：走正规渠道，找有条件的单位搞嘛！

邢球痕心里明白，四院没有总体部。他去找二院院长刘从军和党委书记王可立，请二院出面报到部里，由 210 所抓总。二院领导很热情，积极支持两家的合作，这个小导弹项目最终起死回生。后来多年出口，为国家赚取了大量外汇。

刘从军院长是刘志丹烈士的侄子，他深深理解和同情老朋友邢球痕的处境。邢球痕这个四院院长很难当。

邢球痕

邢球痕院士传记

Academician Xing Qiuhen's Biography

第二十一章

布衣院长
群众冷暖记心头

当了院长的邢球痕，仍与“官”字无缘，不知道“官架子”为何物。他作风正派、平等待人、与人为善、助人为乐、关心群众的优良作风数十年如一日，在四院有口皆碑。

家教对人的一生影响至关重要。出身贫寒之家的邢球痕从妈妈和爷爷那里继承了人性真善美的品德。即使他当了所长，当了院长，都与“官”字无缘，不知道“官架子”为何物。他作风正派、平等待人、与人为善、助人为乐、关心群众的优良作风数十年如一日。

那年他当了所长，首先要求大家不要称呼官衔“所长”，仍要继续称呼他“老邢”。四院老人眼里的“老邢”总是这样的：他穿着一身破旧的普通衣服，迎面走来，笑容满面地先打招呼；然后伸出右手，那有力的一握，瞬间传递着同志间真诚的友谊。在南地的时候，每次他挤上班车，总有41所的年轻同志站起来让座，喊道：“老邢，你坐这里！”邢球痕要么把让座的同事摁下去，他站着；要么说：“挤一挤，咱俩一块坐吧！”

到了蓝田当院长，谁家来了老人，谁家有了病人，邢球痕都要去看一看，送去真诚的问候。机关里分点吃的东西，他总是最后才去，拿到就拿，拿不到就算了。邢球痕一家人自律甚严，口碑载道。老伴周慰君认真做好自己的本职工作，从来不干预、不议论老邢的工作，她总是笑眯眯地面对每一个人。两个孩子也同样努力工作，保持低调。在评中级职称时，本来有邢一红的名额，邢

邢球痕（左）与许定宇（右）

球痕硬是让女儿退出来，他说："你还年轻，让给老同志吧！"

1985年，46所所长许定宇从内蒙古调到蓝田，患上了头痛头晕的毛病。邢球痕夫妇俩到西安去找省医院的一个老乡，为许定宇看病。后来许定宇夫人生病，邢球痕夫妇也帮忙找人看病，跑前跑后地如自家亲人。多少年过去了，四院优秀的推进剂专家许定宇还感念老邢的战友情。①

四院原党委书记李德然告诉笔者：邢球痕的老搭档、41所党委书记邢琳离休后回到北京。2000年，邢琳脑梗中风，在航天711医院救治，邢球痕每次到北京都去看望。后来，邢琳家要换一个大点的房子，缺钱买不起。邢球痕知道后，把全家人召集起来开会，决定倾囊相助，给邢琳夫人周医生寄去了8万元，以解邢琳的燃眉之急。邢琳去世前，全家终于乔迁新居。周医生为此感激不尽，几年后，陆续把钱还给了邢球痕。"他对老战友、下属，特有人情味。"李德然说，"我与老邢相识多年，深深钦佩他的人格。"②

邢球痕的心里装着千家万户的疾苦和冷暖。让笔者在这一章里讲几个小故事吧。

---

① 采访许定宇记录，2012年8月。
② 采访李德然记录，2012年8月。

1. 电风扇和电视机

在西安丈八沟三所的时候，王有富就跟着组长邢球痕研制固体发动机，那时他还是个单身汉。从西安到泸州，再到内蒙古，几年过去后，王有富成家了。1966 年他和爱人拌嘴，小夫妻俩几天不说话。室主任邢球痕把王有富找去，耐心开导：“女同志一般都比较脆弱，男同志要多关心，处处让着点……”王有富一辈子都忘不了，老邢像老大哥那样苦口婆心地教他怎么处理好家庭关系，保持夫妻间的恩爱感情。

研制“巨浪一号”那些年，邢球痕带领大家摸爬滚打。没有人把他当成领导，他就是大家最信赖的兄长，好话、赖话、牢骚话，无话不可以对老邢讲。为了准备 1981 年的陆台试验，1980 年 8 月，邢球痕派王有富带队押车，把 F-04 发动机送到南京的总装厂。他叮嘱王有富：路上一定要小心，车一停就去检查我们的“宝贝”；在总装厂，跟人家相处好，总装的时候，一刻也不要离开现场。

那是盛夏时节，邢球痕告诉王有富，到了“火炉”南京，不管住几个房间，一定保证给每个房间买一架立式电风扇，保证大家晚上休息好，南京的夏天是最难捱的啊!

离开南地那天，邢球痕又把王有富叫去说：“把所里那台彩电装到产品车里，到南京后，大家晚上可以看看电视。”

“所里就这么一台彩电哪，”王有富不肯带，“我们拿走了，在家的同志就没有电视看了。”

“带去，带去，”邢球痕说，“你们的任务重要，先保证你们去南京同志的业余生活！”

事情虽小，但使到南京执行总装任务的同志们深受感动：邢所长，你想得太周到了!

当外面世界早就普及了彩电的时候，蓝田的山里人还无缘现代生活。劳累了一天回到家里，无非是打牌下棋，抽烟聊天，吃饭睡觉，实在枯燥无味。邢球痕当院长后，非要改变一下，他请张剑仲副院长主抓这项工程。经过努力，1985年春夏之交，在终南山门子峰上建起了彩电差转台，四院人从此能看彩色电视了。孩子们欢呼雀跃，奔走相告，山路上一片童稚的喊叫声，他们好像是一群报春的小鸟儿。

2. 买西瓜的故事

1984年年底，四院一位科技人员鲁祥发因肝病晚期而报病危。邢球痕一直关心这位西工大毕业的职工，派人与医院研究抢救方案。但医生回天乏力，让他们准备后事。

这时，有人告诉邢球痕，弥留之际的鲁祥发想吃西瓜。

邢球痕马上电告在南方出差的人带个西瓜回来，可惜没有办成。邢球痕又把项建杏找去，问道："你要到北京出差？"

项建杏点头说是。

"你回来的时候，一定要买个西瓜背回来。鲁祥发想吃西瓜，一定得满足他的要求。"

项建杏有点犯难："现在可是冬天哪，西瓜恐怕不好找。"

"你想想办法吧，"邢球痕不松口，"北京很大，应该会找到的。"

项建杏满北京城找西瓜，最后真的买到了。

病榻上的鲁祥发看到西瓜，手哆嗦着，流下了热泪。

或许这西瓜真有神奇的作用，鲁祥发的病情竟有所好转，又坚持了几年，才病故而去。

3. 面对堵路的山民

对大山里的三线工厂而言，山洪、泥石流、山体滑坡等自然灾害已经是见怪不怪的现象了。就以蓝田基地为例，1974 年 9 月 13 日，一场特大暴雨引发山洪爆发，辋川河发出雷鸣般的吼声，7414 厂被洪水包围，40 吨重的挖土机转眼间就被卷走了。在抗洪抢险中，该厂财务组副组长沈恒福被洪水吞没，光荣牺牲，连尸体都没有找到。

1975 年秋季，40 多天的连阴雨形成泥石流，造成多处山体滑坡，401 试验站两位守护工房的职工被活埋在坍塌下来的土石之下。

说起这些伤心事，四院人只有一声叹息。

1986 年 7 月末，蓝田地区暴雨不止，终于引发山洪和山体滑坡，沟里通往山外的交通中断。当时，7416 厂的通信卫星远地点发动机正准备出厂发运，坍塌的烂泥碎石把道路封死。大雨一停，厂里马上派出推土机。要尽快恢复交通。正在这个时候，蓝田一大群山民包围了推土机。他们说，道路是生产队的，清理泥土、恢复道路是他们的活儿。厂里只要给钱，他们马上就干。

电话打到院计划部杨举林部长那里，老杨赶快向邢球痕报告。邢球痕和老杨商量了一番，做了安排后，就爬大山朝着 7416 厂的方向赶去。

一身泥水的邢球痕到了现场，看到山民们手握铁锹，吵吵嚷嚷，就是不准推土机前进一步。

“你们谁是头啊？”邢球痕和和气气，来到山民中间。那个时候，虽然人民公社早已不存在了，但人们习惯上还是把村称作生产队。一个中年汉子走了过来，自称是生产队队长。

杨举林介绍说：“这是我们的邢院长。”

生产队队长睨视着邢球痕，大概怀疑这个黝黑清瘦、衣着朴素的人不像是个当官的。

邢球痕小声吩咐四院宣传部的年轻人扛起录像机，然后和队长谈判：“你们这样做是不对的。我们承担着国家任务，你们堵住路，不让我们打通道路，是要耽误大事的。”

生产队队长歪着脖子讲横理，非要利用自然灾害向四院讹一笔钱不可。

邢球痕始终态度友善平和。他继续用大道理劝说：“我们工农是一家人，你们要以国家利益为重啊！”

最后，邢球痕严肃地说：“我们把你们堵路、影响我们完成国家任务的行为都录了像，你可以看一看。我们要向陕西省委汇报，还要向航天部汇报。”

生产队队长看看正对着自己的录像机，镜头里闪着幽光，不禁慌张起来。他大概明白了再继续对山里的保密单位蛮干胡来，可不是闹着玩儿的。于是，他向山民们喊道：“走，走，我们全都回去！”

竹杠没有敲成，山民们垂头丧气地撤退了。

7416厂的工人们喜笑颜开，大家说邢院长真有办法。邢球痕笑道：“我们平时应该尽可能帮助一下农民兄弟。但在关键时候，也要吓唬他们一下。趁‘水’打劫，没有道理嘛！”

邢球痕

邢球痕院士传记

Academician Xing Qiuhen's Biography

第二十二章

民品难寻 双肩如铁担道义

在国家经济体制转型时期，国防工业企业处于十分困难的局面，四院也不例外。作为院长的邢球痕，深为开发民品的压力困惑纠结，党委内部的矛盾更令他心力交瘁。

1984年9月，航天部调整四院领导班子，邢球痕仍任四院院长，党委书记张杰退下来，由邢鉴继任。这两年，老革命张杰一直为邢球痕保驾护航，两人紧密团结，配合默契。之前，张剑仲因为种种原因，主动要求调回内蒙古，党委会中少了一位了解和支持邢球痕的老同志。

现在，四院又出现一个新的"二邢合作"格局。当年在内蒙古41所时的"二邢合作"被人们传为佳话，现在这个新的"二邢合作"还会再续写佳话吗？

1. 民品的困惑

邢球痕出任院长那几年，正值国家经济体制大转型、国防工业企业处于十分困难的时期，四院也不例外。军品任务锐减，企业办社会，负担很重。中央针对国防工业和科研单位提出了16字方针："军民结合、平战结合、军品优先、以民养军。"

1983年，四院的事业费被砍掉四分之三，院里号召积极开发民品，各单位都分配了指标，压力很大。在山沟里的国防科技人员，长期与外面世界隔绝，既无信息，又无经验，三句话没有说完，就会让对方摸到老底。要搞民品，涉足经济领域，根本不是沿海开放地区企业的竞争对手。

邢球痕对搞民品想不通：我们是学固体发动机专业的，军品是立院之本，如果结合我们的专业特点搞民品还行，怎么能去搞些杂七杂八与专业毫无关系的民品呢？宋健副部长来四院做他的工作，他只能服从部里的决定，天天为开发民品的事犯愁。院党委动员大家，搞民品赚了钱算你们的，赔了钱我们顶着。科研骨干们心情烦躁，漫无头绪地寻找能赚钱的项目。

有一天，邢球痕找401所所长冯培林讨论民品工作。他说："老冯，你们搞试车架赚了30万元，拿出来开发民品，搞点经营嘛！"

冯培林自1959年从北京工业学院毕业后，一直在老五院跟着李乃暨研制推进剂，是个忠厚老实的技术型干部。他表示一定去找找门路。过了些日子，冯培林向邢球痕汇报：他的爱人侯向荣提供了一个信息，她弟弟在开封农机局下属一个纺织企业工作，他们急需从新疆购买羊毛，资金不够，可否投资联合经营羊毛原料？邢球痕详细了解情况后表示同意，同时叮嘱要小心谨慎，不能赔钱。401所领导开会集体研究后，与开封农机局所属企业签订了合同，同时向四院领导写了报告。

邢球痕出差在外，院党委给冯培林定个"以权谋私"的罪名，并上报陕西省立案，声称要抓人。

冯培林和侯向荣夫妇一下子成了四院众目睽睽的"罪人"，如五雷击顶，痛苦不堪。他们是1966年第一批进入蓝田的先遣队队友，在建设063工程时相识相恋，结婚后拼死拼活地忙工作。在建试车台大会战时，夫妻俩夜夜加班，只好把年幼的女儿锁在家里。孩子半夜醒了，惊吓得大哭不止，爬到门边找妈妈，全身冻得冰凉，以致得了终身不愈的气管炎。他们是献了青春献子孙的好干部，怎么就突然变成了坏人呢？既然如此，项目也别办了，开封合作方很快归还了30万元投资款，并附加了利息。

邢球痕出差回来，才知道这个刚刚开始的民品经营项目酿成了一件“大案要案”，而且还要抓人。他说：“要抓人就先抓我好了，因为是我同意401所上的项目。”

在党委会上，邢球痕提出投票表决。结果赞成处理冯培林夫妇的只有一票，站在邢球痕一边的是八票。

在整党时，继续给冯培林罗织罪名。比如：欢送老同志离开时，经邢球痕同意，401所摆了两桌酒席，花了400元；试车台试验工作需要拍照，买了一架照相机。最后，硬给冯培林戴上一个“党内严重警告”的帽子。

冯培林夫妇拒绝在党纪处分表格上签字。冯培林在表格上写道：“如果查出我有一分钱的贪污，可以枪毙我。”邢球痕赞成冯培林夫妇拒绝签字的坚定态度。

一生悲天悯人的邢球痕，最反感无端整人的不良行径。“文革”结束几年了，这种为人们所不齿的“文革”遗风——“斗争哲学”、无线上纲、罗织构陷，仍在航天四院领导层里大行其道。邢球痕不得不敝精劳神、挺身而出，去保护身陷冤案、无辜挨整的同志，怎么能够集中全力抓好科研工作呢？

谢丰沛24岁从大连工学院化工系毕业后分配到东山沟，第一次认识邢球痕是在食堂里听他讲“543”导弹课。邢球痕言谈举止都带着军人的刚毅作风，让年轻人好生佩服。在西安845厂，装药要靠人工，谢丰沛搅拌完药浆，手臂都被腐蚀成了绿色。1972年，他从内蒙古调到蓝田，1983年担任7416厂厂长。他是个埋头苦干的人，阮崇智对笔者说起他：一次发动机脱粘，谢丰沛让工人远远地离开，自己光着膀子，用钢锯锯开玻璃钢外壳。

“这要有不怕死的精神才行啊！”阮崇智说，“一个好干部，后来竟莫名其妙地挨整。”

强将手下无弱兵。邢球痕担任院长期间，谢丰沛领导7416厂出色地完成了各项生产任务，成为四院的先进单位。

每次装药，邢球痕都亲临现场，和工人们在一起。夏天，为“东方红二号”远地点发动机装药时，厂房温度高达 40℃，闷热难耐，气味刺鼻。邢球痕对谢丰沛说，工人师傅们太辛苦了，一定要照顾好工人们。大家劝他出去，他硬是不走。

曾经有两次，发动机在车间吊装时，螺栓断了，几吨重的发动机意外坠落，操作人员的脸都吓白了。有人说，这是责任事故，应该处分某某人。邢球痕摆摆手说：“不要处分人，重要的是总结经验教训。”

邢球痕和谢丰沛等技术干部来到现场，仔细检查受撞击的发动机，经多项测试，壳体和药柱质量完好。谢丰沛问：“院长，打不打？”邢球痕抿着嘴唇，沉默片刻，吐出一个字：“打！”

这两台受到撞击的发动机被送上 401 所的试车台，火焰喷薄而出，试验成功了。四院人知道，自己研制的发动机，可靠性是过得硬的。但对于受到撞击的发动机，谁敢拍板打不打？只有邢院长敢，他的勇敢源于他对严格的研制程序有信心。

1984 年年底，7416 厂账面上有 40 万元结余。谢丰沛去蓝田找邢球痕，话说得吞吞吐吐：“院长，账上有点钱，我想给我们厂职工装暖气……”

邢球痕放下手里的文件，望了望窗外，寒风阵阵，枯树摇曳。他叹口气说：“我们的职工太辛苦了，这么多年，连暖气都没有。老谢，你写申请，我批！赶快装！”

1987 年，一封诬告谢丰沛的信送到了四院党委。在没有征求邢球痕意见的情况下，谢丰沛在大会上被点名：“谢丰沛不适合做厂长。”随后，撤掉了谢丰沛的厂长职务。

在外地治病的邢球痕闻讯，气愤地说：“一个老同志，为工厂取得了那么高的利润，还折腾人家，一句话就给撤职了，这符合党的政策吗？”

受到诬陷的谢丰沛到北京上访，找航天部领导。刘纪原副部长给四院打电话，要求为谢丰沛平反。

邢球痕也去了航天部，找李绪鄂部长谈了两个小时，仗义执言地为谢丰沛鸣冤。最后，李部长同意为谢丰沛平反。邢球痕马上给谢丰沛打电话：“老谢，你快来！”

谢丰沛见到李绪鄂部长。李部长说：“咱们边走边说。你的问题都搞清楚了，一定给你解决。回去后，代问你全家人好！”

为了搞民品，谢丰沛被折腾了三年。

时任41所副所长的阮崇智，比冯培林和谢丰沛都幸运。他自有主意：说以民养军，国家再不给钱了。我就不信，把我们饿死，你们院里吃什么？

阮崇智带人到西安市进行调研，哪个企业不亏损？他坚守一条原则：绝不投资。西安人爱吃一两一个的“罐罐馍”，阮崇智找到一家馒头机厂，和对方商量：我给你设计、画图，咱们合作制作专做一两馒头的馒头机。

41所设计的馒头机赚了点钱，阮崇智给每位职工买了一件棉大衣，相当于给每人发了5元钱。院里下文批评说：挪用科研经费，收回来！

谈起当年搞民品，晚年邢球痕仍然困惑不解。这许多不幸，或许是国家经济大转型初期，山里人不得不忍受的阵痛。

1986年，邢球痕（右四）向刘纪原（左三）介绍四院产品研制情况

2. 发动机试车失败之后

按照国家“陆海兼顾，技术共用”的精神，1986年年中，国家重点型号、陆基机动导弹正式在国家立项。四院承担了以F-06、F-07、F-08为基础，研制三种模样发动机及其配套装置的任务，这是一项艰巨任务。邢球痕废寝忘食，把这项任务作为压倒一切的重中之重，动员全院力量，协同攻关，确保发动机不拖整个导弹型号的进度。

1986年5月，荣获国家科技进步奖一等奖的邢球痕代表四院到北京参加全国科学技术奖励大会。7月，他组织四院资深专家，认真审查陆基机动导弹三级固体发动机方案，努力实现高性能、高精度、高可靠性的目标。四院呈报的研制方案严谨缜密、无懈可击，得到了航天部和国防科工委专家的认可。12月16日，国务院和中央军委批准陆基机动导弹的研制。

1987年注定是四院甩开膀子大干的一年。年初的全院工作会议提出了一系列工作任务，除了各种型号发动机的研制工作外，西安田王新基地也要在当年破土动工。邢球痕调兵遣将，把最好的专家放到关键岗位上：张扬中任三级发动机主任设计师，余利风和仲瑞昌为副主任设计师。8月，四院下发（1987）院科字第493号文件，明确各系统的职责和负责人。其中，邢球痕为院行政总指挥，叶定友、阮崇智为技术总负责人，陈立学为总调度，等等。

12月10日下午，一向寂寞的试验站山沟里热闹起来，大车小车接踵而来。

四院邀请的海军、二炮、航天部和陕西省、西安市的参观团，以及四院的科研人员，快把山沟塞满了。附近的山民看到这样的阵势，知道又有“大爆炸”了，赶快回家躲起来。

虽然秦岭山区寒气袭人，但人气旺如火，人们互相握手问候，轻松交谈，四院人更是信心饱满。

第一台某模样发动机首次热试车。点火后，测试人员发现燃烧室压力急剧上升。刹那间，一声轰响，发动机壳体圆筒段爆破，立时浓烟滚滚，火光冲天，试车台严重受损，试验失败了。①

长期超负荷工作，加上心情压抑，此时的邢球痕已经重症在身，他的一只左肾被发现有癌变的可能。刚刚主持完某发动机研制工作会议，他感到精疲力竭。看到试车失败，他痛苦地拍打了一下前胸，垂下了头，泪水模糊了双眼。虽然这次试验他没有亲自主抓，而是交给了其他领导主持，但自己是院长啊！从来都是推功揽过的邢球痕马上表态：“责任全在我！”

邢球痕带病主持试验失败分析会，找出了试车失败的原因。

在次日的干部大会上，航天部领导和兄弟单位领导反复讲“失败是成功之母”的辩证法，安慰神情沮丧的四院人。二炮杨副司令表示，二炮仍按原计划向四院拨款，以确保该重点型号的研制经费。

谁都知道，科学试验难免失败。四院就是在总结失败教训的过程中，夺取了一个又一个的胜利。但是，四院党委却抓住“12.10”试车失败这件事不放。邢球痕到第四军医大确诊肾癌后刚回到蓝田，就受到点名道姓的批判，有人在会上一连提出 29 个质问邢球痕的问题，咄咄逼人。可是这些缺乏基本常识的问题过于离谱和荒唐，被邢球痕一条一条地驳了回去。

---

① 王直翔，邓丁荣，《M5 备忘录》//《风雨三十年》，宇航出版社，1992 年，第 338 页。

最后，邢球痕忍无可忍，站起身来，痛心疾首地说："你们这个批判会可以收场了！我还有最后两个头衔，一是院长，你们可以撤掉；一是党籍，你们可以开除！"

离开火药味浓烈的会议，邢球痕静下心来，以个人名义写出详细的长篇总结报告，承担了试车失败的责任，分析了失败的原因，提出了弥补的措施，特别提出要建立探伤系统。报告写好后，他先给张扬中和朱明看，征求他们的意见，然后又仔细斟酌修改后，才分别寄给国防科工委主任丁衡高和航天部副部长刘纪原。不久，丁衡高主任回复说，要认真总结经验，找出失败原因，以利再战。

邢球痕

邢球痕院士传记

Academician Xing Qiuhen's Biography

第二十三章

病魔袭来 卸任院长自从容

长期超负荷工作，使劳累过度的邢球痕身患多种疾病。1987年秋，医生切除了他的癌变左肾。部里考虑到邢球痕的身体状况，决定调整四院领导班子。邢球痕从院长岗位上退了下来，改任科技委主任。

1. 切掉左肾

1987年秋，四院的航天医院对全院职工做年度体检。医院院长周喜义给周慰君打电话，问邢院长为什么不来体检。周慰君说，部里有急事，老邢去北京出差了。

邢球痕回到蓝田，周慰君催他去医院体检。邢球痕说，现在工作这么忙，哪有时间去医院？身体好好的，检查什么身体？

周喜义打来电话，好说歹说，才把邢球痕从山沟里请到了医院。杨明医生用黑白B超为他检查，结果出来了：左肾异常，有阴影，建议再查。这是个危险的信号。

周喜义劝说邢球痕："你工作再重要，也得注意身体呀！身体垮了，就什么也干不成了。跟我到西安跑一趟，找名医会诊一下。"

在第四军医大的西京医院，彩超室的大夫仔细检查完邢球痕的肾脏，确诊为癌变。周喜义请老朋友、泌尿科主任看片子。老专家看过后，口吻不容置疑："要赶快做手术！"

邢球痕试探着问专家："现在能判断出来是良性还是恶性的吗？"

“一般情况下是恶性的。”专家说，“不管良性恶性，都得开刀。”

邢球痕闷闷不乐地回到蓝田。周慰君干着急，可他一直拖着不吭气。周喜义打电话催他：“邢院长，不能再拖了，你快下决心哪！”

“年终了，科研生产太忙，试车失败的事儿还没有完。”邢球痕声音沙哑，“等等再说吧！”

“这是关系生命的大事，开刀不能错过最佳时间啊！”

“好好，我想先看看中医，吃点中药……”

“我反对吃中药，一吃就怕扩散到全身。不能拖了，要保住那只好肾。”

两位“院长”在电话里说了大半天，可邢球痕还是像大象的屁股推不动。那个时候，党委会的大批判还没有完，他心里像压了一块大石头。一直拖到1988年3月初，邢球痕部署完各项工作后，在老伴和周喜义的陪同下，坐上了从西安去北京的火车。

之前，周喜义曾派医生到北京联系301医院，希望能安排一个单间病房。人家说，那是省军级干部的待遇，邢球痕级别不够。

邢球痕到北京后，自然要先到部里报告一下。刘纪原副部长很关心邢球痕的病情，马上吩咐开出部里的介绍信，先住进301医院再说。

邢球痕拿着航天部的介绍信到301医院办住院手续，人家回答要排队等待。等多久？两个月！老天爷，这怎么行啊！邢球痕安慰大家说，别急，咱们再想想办法。

邢球痕生病后，很多老领导都十分关心，想方设法帮助他早日恢复健康。有一位老领导还特地带来一位气功大师为他检查，那位大师在邢球痕身上比划了半天，竟断言道：“没事！没事！”

邢球痕惊愕地望着这位老领导，大声说：“怎么可能呢？医生已经查出来问题了！”

送走这位好心肠的老领导，大家嘻嘻哈哈地乐了好一阵。

多亏了哈军工老同学金宏猷的帮忙，使邢球痕顺利地住进了医院，并由最好的医生主刀。

上了手术台，邢球痕对麻醉师说："我这个人最怕疼了，请多用点麻药啊！"

麻醉师笑道："您放心，我保证让你没有感觉。"

用药后，邢球痕觉得自己飞进一条闪烁着耀眼白光的无尽隧道，片刻之间，他就什么都不知道了。

医生切断邢球痕的两根肋骨，打开左肾，马上送检，确认为水溶细胞癌。没有迟疑，柳叶刀直奔病肾。左肾切除后的十天里，异常疼痛，邢球痕咬牙坚持着，常和医护人员说说笑话，这样会减轻一点痛苦。庆幸的是手术非常成功，医生告诉他，下一步要做化疗，每年做一个疗程，共六个疗程。

2. 在杭州化疗时的思考

邢球痕在北京做完手术，四院老同志们都牵挂在心，一直惦念着邢球痕的术后情况。院办主任周永权有个侄女，在杭州解放军117医院当医生。他建议邢球痕到杭州做化疗，那里是邢球痕的家乡，环境、气候都适合养病，而且周慰君的小舅舅住在杭州。于是，在周永权的陪同下，邢球痕偕老伴南下杭州，住进灵隐寺附近的117医院做化疗。

让邢球痕预料不到的是，化疗这种全身性的治疗手段相当痛苦，他对杀灭肿瘤细胞的化学药物反应强烈。每周三次的化疗，害得他吃不下饭。老伴周慰君可受累了，每天要在舅舅家熬好粥，步行几公里，给老邢送饭，还要去买小蜜桔，因为老邢只喜欢吃这种水果。

护士先是在邢球痕左手上打吊针，后来打不进去了，要改右手。邢球痕同护士商量："我要用右手写字，能不能改到小腿上打针？"护士奇怪地说："你这个老专家，住院还忙工作？就不能好好休息休息？好吧，好吧，把你两只手都解放出来吧！”

病床上的邢球痕，时时挂念着四院的工作。1987 年，蓝田基地的经济指标创历史最高水平。在新的一年，要参加实用通信卫星发射、返回式卫星发射以及某型号研制飞行试验。他相信，在四院领导和全体职工的努力下，各型号固体发动机一定能经受住严峻的考验。听说 42 所要从谷城搬迁到襄樊，邢球痕心里很高兴，可惜自己不能去亲眼看一看。

有时，他回忆起在哈军工的读书生活，想想当时老师讲了些什么。想多了，就会失眠。

第一个疗程结束后，他和周慰君匆匆返回蓝田。脱去病员衣服的邢球痕，立即换上了工作服。

1989 年 6 月，邢球痕第二次去杭州做化疗。周慰君又要顶着骄阳，拎着粥罐，奔波于舅舅家和医院之间。邢球痕继续他去年的回忆，他想起周曼殊老师在课堂上讲过二战时德国的 V-1 和 V-2 导弹的原理。周老师说，如果把航空喷气发动机和固体火箭发动机结合起来，就能收到“一加一大于二”的效果。顺着这个思路，邢球痕竟在大脑里勾画出一种新型机载导弹的雏形。有时，护士看到他在病床上写写画画，就劝他注意休息。他乐呵呵地答应，可就是不改。

第二个疗程结束后，邢球痕要求不再做后面四个疗程的化疗了。医生为他检查完身体，说他恢复得很不错，化疗到此为止。

3. 卸任

1988 年 4 月，中央决定航空部与航天部合并，称为航空航天部。中央免去李绪鄂的部长职务，任命他为国家科委副主任。

李部长卸任前，电邀四院的“二邢”到北京谈话。那天，刘纪原副部长也在座。

憋了一肚子的话，邢球痕尽量保持克制，最后，还是难免一场激烈的争论。

那天晚上，李绪鄂把邢球痕请到自己家里，两杯绿茶，悠悠飘香，氛围友好而温润，俩人都愿意心平气和地交换意见。邢球痕很高兴，就开门见山，有话直说。

“1986年7月，李部长到内蒙古视察，推翻我们院里的计划，还在大会上点名批评，说邢球痕是从内蒙古出去的，内蒙古是他的老师，现在连老师也不让了。”邢球痕举出这个实例，“我是你任命的院长，你到内蒙古应该我来陪你，你不让我陪也就罢了，为什么背后说这样的话？你不尊重我！”

李绪鄂点点头：“这个我承认，我不尊重你。可是你也不尊重我呀！”

“我每个月都打电话向你汇报，”邢球痕辩解道，“你规定只能汇报半个小时……”

“这个是我的不对。”

“那我什么地方不尊重李部长了？”

“去年12月，你们试车失败，你给丁衡高写报告，为什么不给我写？”

“部里规定，由刘纪原副部长管，我向刘副部长写了报告，特别写上‘请刘副部长阅示并请转李部长阅示，难道你没有看到这个报告？”

“噢，噢，那就不说这个问题了。”

“还有，今年部里三次派人到四院调查我，”邢球痕继续举例，“说我‘以权谋私’，后来就无声无息了，你为什么不告诉我一下，应该对下属负责呀！”

“那是有人瞎告状，你没有任何问题。”李绪鄂解释说，“说你女儿到基地参加飞行试验是以权谋私，乱弹琴！你女儿就是干这个型号的嘛！还有老谢的问题，都是诬告！”

两个人秉持君子坦荡之风、同志真诚之谊，开诚布公地交换意见，消除了心中的块垒与误会，最后都感到心情愉快。李绪鄂挽着邢球痕的手臂，以老朋友的身份将他送出老远。

之后，刘纪原又找邢球痕进行个别交谈，告诉他部里准备调整四院领导班子，方案是“二邢”一起下。

“老邢啊，主要是考虑你的身体，刚动过大手术，不能太累了，身体要紧哪！”刘纪原关切地说，“不当院长了，让你到科技委当主任，从行政压力下解脱出来。”

邢球痕表示，完全听从部党组的安排，愉快地离开院长的岗位。

11月24日，航空航天部下发文件，任命袁人锐为四院院长，叶定友、李德然、王士宝、张锡学、阮崇智为副院长，邢球痕为科技委主任。

群众的心里都有一杆秤。邢球痕当了六年院长，四院的工作突飞猛进，职工的生活日渐改善，蓝田山里的孩子们可以到西安自由选择学校了，田王基建的轰鸣声给人们带来了对新生活的憧憬。很多人感到不解：老邢为什么不当院长啦？他应该继续当院长，领着大家干社会主义呀！

邢球痕

邢球痕院士传记

Academician Xing Qiuhen's Biography

第二十四章

老骥伏枥 航天事业无穷期

邢球痕带领科技委为四院领导出谋划策，保驾护航，扎扎实实地工作了十余年。1998年年底，他正式退休后，并没有回家颐养天年，而是不辞辛劳地创办了一家科技企业。他“下海”了。

1. 在科技委主任的岗位上

在航天四院的历史上，第一任科技委主任是肖淦。“文革”浩劫摧毁了他的身体，1984 年 5 月 2 日，这位为祖国兵工和航天事业作出重大贡献的老专家在西安病逝。

1983 年 1 月，杨南生出任第二任科技委主任，手下只有一个秘书廉茂林，科技委有将无兵。1985 年 10 月 6 日，在国际宇航联合会第 36 届大会上，他与中国 11 位航天专家一起，当选为国际宇航科学院院士。誉满中国航天界的杨先生，除了为四院发展献计献策外，还受聘在西工大做研究生导师，讲授“弹塑性断裂力学”，培养了多名硕士生和博士生。1988 年，他由西安移居北京。

1984 年 9 月，杨南生改任四院技术顾问后，推进剂专家崔国良继任科技委主任。这时候，科技委才配备了工作人员。翌年 3 月，四院举行科技委成立大会，叶定友、许定宇任副主任，阮崇智任秘书长。1999 年，崔国良当选中国工程院院士。

1990 年 8 月 9 日，四院科技委第二届委员会成立。邢球痕出任第四任科技委主任，从技术和行政总指挥的角色转换为技术参谋长的角色。他终于从繁重的行政工作压力中脱身了，有了较多的时间去考虑科学技术问题。

1990 年春，做完第二次化疗半年后，邢球痕的身体在逐步康复。到北京出差的时候，他去看望已经退休的张爱萍。

几年未见，张爱萍明显苍老了，但是精力依然充沛。他问邢球痕：“你们那个大家伙怎么样了？”

邢球痕回答：“我现在不管了，从院长岗位退下来了。”

张爱萍不悦：“你回去跟刘纪原说，给我写封信，说说为什么把你撤了？”

刘纪原后来给张爱萍写了信，说明“邢球痕动了大手术，身体不好，所以让他改任科技委主任。”

张爱萍在刘纪原的信上批示道：“年龄没有问题，病也不是什么问题，他当科技委主任，要与袁人锐搞好关系。”

在担任科技委主任期间，邢球痕带领科技委为四院领导出谋划策，制定四院中长期技术发展规划，多次组织技术发展战略研究。1997 年 5 月和 11 月，在 42 所和院部分别召开了“四院可持续性发展战略研讨会”和“四院可持续性

1990年张爱萍到北京香山看望参加会议的航天老同志，邢球痕等向张爱萍汇报工作（前排右起：张爱萍、林爽、孙家栋、邢球痕）

1997年，邢球痕（右）在“四院可持续发展战略研讨会”上讲话

发展战略青年研讨会”。

十年来，邢球痕主持和参加了固体发动机各个研制阶段的技术评审和方案论证，对重点战略型号做好技术把关工作。

邢球痕历来重视老专家的作用，充分发挥他们的聪明才智。他很早就组织起科技委常委会，尽可能扩大常委的人数，形成四院强大的“智囊团”。

张扬中是四院优秀的发动机专家。邢球痕爱才，推荐他到美国做访问学者。张扬中曾写了一本书，总结四院历史上失败的教训，分析每一台发动机失败的原因。1998 年，这位才华横溢的专家不幸在车祸中遇难，英年早逝，令邢球痕痛惜不已。之后，固体远程战略导弹发动机总师的重任压在了余利风的肩上。

“想问题，提问题”是邢球痕经常强调的一个科技民主的好方法。1998 年，邢球痕要求余利风自己准备 100 个问题，他也准备若干问题，通过专家和职工上下结合，一起分析研究，做出回答，使“绝不带疑点和问题上天”的航天铁律深入人心。

固体远程战略导弹交付使用后，连续三次飞行试验，弹无虚发，壮我国威、军威。在邢球痕的主持下，四院完成了开发微型全固体运载火箭、发射微型卫星的可行性研究；提出了空中机动发射小型运载火箭的方案。

培养青年科技才俊，使固体发动机事业后继有人，是四院科技委的主要职能之一。邢球痕以几十年成功与失败的实践经验和敏锐的前瞻视角，把创新精神和忧患意识，如春风化雨般传递给青年一代。他要求年轻人牢记周总理提出

1997年夏，邢球痕与四院老专家李乃暨及四院科技委成员合影（左起：杨英、许定宇、邢球痕、阮崇智、李乃暨、林德春、陈立学、王连生）

的十六字方针："严肃认真，周到细致，稳妥可靠，万无一失。"要他们在一点一滴的工作实践中，培养出良好的科学作风。

1992年，在邢球痕的领导下，科技委设立了若干专业组。邢球痕对固体发动机专业组的陈汝训说："老陈，我们得给年轻人出题目，让年轻人去钻研。现在就要编写青年科技基金项目指南，让41所带头，由我们这些老家伙出题目。"

在邢球痕的倡导下，四院启动青年科技基金项目。老同志们的积极性很高，纷纷把自己过去的科研经验拿出来，让青年人学习。然后让他们写科技报告，在老同志面前讲，接受老同志的指导。截至2011年，四院共开展了11批、数百项青年科技基金项目研究工作，培养了青年科技人才200余人。这些青年同志逐步成长为四院及各个研究所和工厂的科技骨干。①②

①《航天四院简史》，2012年，第177页。
② 采访陈汝训记录，2012年8月。

1999年10月1日，建国50周年大阅兵，固体远程战略导弹方队通过天安门广场

建国50周年国庆阅兵式的压轴节目，就是固体远程战略导弹方队通过天安门广场。当国人欢呼、西方注目的时候，为祖国立下历史性功勋的邢球痕平静地坐在电视机前，虽然他只是无语微笑，可心中早已涌起万丈波澜。

2. 将军与老兵的友谊

四院的老人常说，邢球痕事业有成，多亏了张爱萍将军赏识他，支持他。那么，为什么邢球痕有这种机遇呢？

张爱萍比邢球痕大20岁，俩人差不多是两代人。建国初期，当邢球痕穿上军装、成为军校的一名年轻学员时，戎马一生的张爱萍正担任华东军区暨第三野战军参谋长，早已是名扬三军的儒将。因为“两弹一星”的国防现代化事业，邢球痕这位航天老兵才进入张爱萍的视野。他们都是军人，军人需要一种“居安思危”的情怀和直觉，军人就要魂系国防大业，誓死报效国家。共同的使命感，成为了联系将军和老兵最本质的纽带。

他们的确很投缘，这成为航天四院的历史传奇。如果我们把张爱萍和邢球痕的性格做一番比较，就会发现他们的相似之处。

毛泽东说张爱萍“好犯上”。

航天部的领导和四院的老同志谈起邢球痕，都会说，他敢“抗上”“顶领导”。

为人正直无私、襟怀坦白、光明磊落，这是他们共同的政治品格。张爱萍的座右铭是“勿逐名利自蒙耻，要辨真伪羞奴颜！”

1959年庐山会议结束后，蒙难的彭德怀元帅下山。在九江机场，众将军们怕受牵连，避之犹恐不及，不愿与彭老总乘同一架飞机。只有张爱萍不怕，他手牵着小女儿，坦然自若地陪彭老总上了飞机。全军大批“彭黄”时，张爱萍心情压抑、痛苦难言。

从哈军工毕业才一年半，只是五院任新民麾下一名工程组长的邢球痕，也经历过全军声势浩大的批“彭黄”运动。他一言不发，内心郁闷，默默地为彭老总鸣不平。

秉性豪放坦荡，言语尖刻直率，厌恶阿谀奉承尤其是整人的恶习，意志刚强，严于律己，独立思考，崇尚实干，敢于决策，敢于担当。这些性格特点在张爱萍和邢球痕的身上都有令人信服的一致性。特别是这个“敢”字，是他们安身立命的魂魄。

于是历史就把将军与老兵——张爱萍和邢球痕联系在了一起：在“文革”浩劫的尾声里，这边厢，北京国防科委和七机部“批邓联张”，大批判、大字报，气势汹汹；那边厢，内蒙古四院党委开会逼迫邢球痕“反戈一击”，交代他与张爱萍的“黑关系”。

张爱萍的儿子张胜评价自己的老爸：“一个天真的共产主义者。”

四院的老哥们儿评价邢球痕：“一个典型的布尔什维克。”

张爱萍说过，选邢球痕当四院院长是对的。他对1988年11月让邢球痕提前卸任院长很不以为然。

1988年春天，张爱萍正式离职休养，解甲归田，他曾作词一首纪念之。

斗转星移飞快，
风华岁月依稀。
回首向来风雨路，
万里长征任疾驱。
轻鞍马奋蹄。

战罢归来尘洗，
鬓霜度势栖息。
了却平生寻胜愿，
远树蓬蓬自怡。
小园听晨鸡。

到北京出差时，邢球痕经常去看望归隐在家、读书吟诗、生活恬淡的张爱萍，每次先由四院驻京办主任王永峰联系。张爱萍在电话里总是说："欢迎，欢迎！"

四院41所想请老将军题词，特地准备了两瓶西安特产黑米酒，托老所长邢球痕去完成这个任务。张爱萍欣然挥毫，为41所题词，然后说："老邢啊，不能送东西，这是老规矩嘛！酒你带回去，谢谢41所同志们的好意。"

四院医生杨明去求邢球痕："我特别崇敬张老将军，特别想得到他的一幅墨宝。邢院长，只有求你帮忙了。"

当年在蓝田大山里，杨明为邢球痕检查出肾癌，彼此都是好友。邢球痕本是热心肠，专门为了杨明去找老人家求字。

张爱萍没有听明白，以为邢球痕是为自己求字，便展开一大张宣纸，沉思片刻，认认真真地写了一首题为《无险不可攀》的五言诗：

合金钢不坚，

中子弹何难。

群英攻科技，

敢破世上关。

邢球痕特别喜欢这首诗，他真想自己留下老将军的墨宝做纪念，因为他从来没有向张老求过一个字。但既然答应杨明了，就不能失信。不用说，这可把杨明乐坏了。

邢球痕从没有请张爱萍为自己题过字，仅有的两次，都是为四院题词。张爱萍除了为四院题写“攻克险关，才智无穷”以外，还题写了“国家至上，争创一流”八个大字，这八个字已经成了四院企业文化的基础。

邢球痕也有碰钉子的时候。一次，第四军医大的著名牙医来求邢球痕，他想为张爱萍雕刻一座头像，想要一张老人家的正面照片。邢球痕也真好求，到北京出差时，又去看望张老，汇报完四院的近况，说了这件事。张爱萍笑道:“牙医手巧，能当雕塑家，这我相信。但不要搞这种事。把我雕刻出来干什么？一个脑袋摆在那里，多吓人！”

张爱萍的次子张胜这样评价自己的父亲：像父亲这样一个很透明、很率直、

1998年9月，邢球痕（左）看望张爱萍（右）

1998年9月，邢球痕（左）与张爱萍（右）合影

很孤傲的人，在党内能做到这样高的位置，实在是个奇迹。这也许要归功于残酷的战争，归功于创业的艰难，归功于开国元勋们独具的包容海量和雄才大略。实事求是地说，党内最高领导层的人，是了解他、器重他、信任他的，但未必都喜欢他。

比照张胜这一段精彩的话，笔者以为，耿直敢言的邢球痕从所长一下提为院长，是张爱萍的雄才大略和慧眼识人。可以说，总体上，航天部的历任领导是了解他、器重他、信任他的，但未必都喜欢他。

在为固体发动机事业多年的风雨拼搏中，邢球痕与丁衡高建立了深厚的友谊。他们是同龄人，邢球痕只比丁衡高大半岁。

笔者曾问过丁衡高主任，你为什么要支持邢球痕？

丁主任说，我多次到过内蒙古四院，他们的生活环境如此恶劣，工作条件如此艰苦，却能研制出世界水平的固体发动机，所以，邢球痕给我留下了深刻的印象。老邢是个心直口快的人，这样的性格容易得罪人。所以我一定要支持他，为他铺一条能施展才智的路。他积劳成疾，得了癌症，动了大手术，还不忘为国家研制新型导弹，难得呀！我很关心他，我每一次到西安，总是想着要去看一看老邢。

2003年7月5日，93岁的张爱萍将军在北京阖然长逝。首都上万人为他送行，八宝山人潮无边。在西安的邢球痕获知噩耗，悲痛至极，潸然泪下。

1998年8月，丁衡高（前排中）看望邢球痕（前排右二）时，与其全家合影

1998年8月，邢球痕（左）与丁衡高（右）合影

1997年，邢球痕（左）与丁衡高（右）在聂荣臻元帅铜像前合影

1997年，邢球痕（右一）与聂力（右二）、钱维崧（左二）、王永峰（左一）在聂荣臻元帅肖像前合影

3. “下海”

1998年11月，邢球痕从科技委主任的岗位上退了下来。他从容淡定，心宽神闲，担任了四院天风科技转化中心的董事长兼总经理。按现今社会上的俗话，他“下海”了。

10年前在杭州化疗时所构思的新型机载导弹“天威”，邢球痕习惯上叫它“小弹”，已经萦绕脑际多年。经过深思熟虑，方案日趋成熟。可把这个尚在纸面上的设计变成国家需要的御敌利剑，或者可供出口的军贸产品，那要走多远的路啊！邢球痕知难而进，他创办的这个叫“中心”的科技公司，就是要做这件事。

1999年9月18日，在建国50周年前夕，中共中央、国务院、中央军委决定，表彰为研制“两弹一星”作出突出贡献的23位科技专家，并授予他们“两弹一星”功勋奖章。

邢球痕参加了在人民大会堂举行的表彰大会。在中央领导同志与科技专家集体合影时，他坐在第一排。

会后，他向老师任新民汇报了自己组建的科技公司，并请任老总来西安主持导弹方案论证会，任老总欣然应允。第二天，师生俩就飞抵西安。

公司开张了，邢球痕请了一批退下来的四院老战友、老专家加盟公司。邢球痕给大家发点工资，自己却一分钱不拿，有些躲不过去的应酬，他还要自己掏腰包。

邢球痕等与程安东省长合影（左起：李江东、程安东、邢球痕、谢丰沛）

公司面临最大的困难——缺钱。邢球痕知道四院不会给钱，他要自己想办法，于是去向省长程安东汇报。陕西是军工大省，程省长的态度是积极支持，先给 10 万元进行论证，然后在国内外寻找投资者。在哈军工学弟、省经贸委主任邱世杰的大力帮助下，邢球痕找到了 500 万元启动资金。但真正要干起来，起码需要几亿元的投资才可望成功。

邢球痕考虑，美国的许多先进国防装备，都是由洛克希德·马丁之类的大牌民企生产的。如果我们效仿之，在中国的军工领域引入民企，通过市场调节作用，既可为军队减负，又有利于增强国防科研生产的活力和竞争力。中国的导弹开发可否允许从私营企业融资呢？

他的超前想法遇到了体制上的强大阻力。他跑了几个相关部委，领导的答复都是一个词：NO。国防科研生产历来都是国企的事，岂容私企染指？邢球痕毫不灰心，继续锲而不舍地苦苦奋斗。他密切关注着美国等发达国家导弹武器的发展前沿，思考着如何应用我国最新科技成果和集中专业人才，研制赶超国际先进水平的新型导弹。正所谓“老骥伏枥，志在千里”。这一晃又是十年。

这位遭遇癌症袭击而切去一只肾的耄耋老人，没有超脱红尘，去颐养天年，享受含饴弄孙的清福，反而锐气不减当年，一腔热血，两鬓萧然，为富国强兵去奔波操劳。“国家至上”的信念已经融入了他的血液，常人很难理解邢球痕这种情系航天的家国情怀。

邢球痕

邢球痕院士传记

Academician Xing Qiuhen's Biography

第二十五章

壮心不已
晚霞似火红满天

2003 年 11 月，73 岁的邢球痕当选中国科学院院士。四院人奔走相告，喜形于色。邢球痕宝刀未老，壮心不已。他的晚年宛若一朵绚烂的晚霞，映红了中国航天事业的天幕。

1. 当选院士

1955年，中国科学院成立学部，一批最杰出的科学家入选学部委员。38年后的1993年10月，学部委员改称中国科学院院士。

1994年，国家又成立了工程技术界最高荣誉性和咨询性的学术机构——中国工程院。

两院院士是国家设立的科学技术和工程科学技术方面的最高学术称号，为终身荣誉。

世界上的事物都是复杂的。院士遴选制度，使很多著名科学家和工程技术专家成为两院院士。但由于种种原因，也有一部分科技精英未能跻身两院院士之列。

航天界的资深专家大多是最早的两院院士。然而，在航天四院，为固体发动机事业作出重大贡献的杨南生和李乃暨两位专家，却未能当选两院院士。

和邢球痕一起奋斗了几十年的四院老同志，把邢球痕申报院士的事当成自己的事。早在1995年，四院的张扬中就组织王秉勋、王有富等老同志，自发为邢球痕准备申报院士的材料。1998年夏的一个雨天，张扬中打着雨伞去找王秉勋，把一大卷材料交给他，叮嘱说：“我要出差，可能时间比较长。这是老邢申报院士的材料，你一定要保存好。”

张扬中消失在雨幕中。谁也没有想到，他会一去不复返，在北京出差期间遭遇了车祸。他生前留给四院的话就是关于邢球痕申报院士之事。

邢球痕申报院士之路十分曲折，第一次申报名落孙山。毋庸讳言，因为固体与液体之争，他得罪了不少人。

一向举贤荐能、提挈后辈的任新民始终关心着邢球痕申报院士之事。他认为自己的学生为固体发动机事业奋斗一生，当选院士理所当然，邢球痕不应该被拒于院士大门之外。

1998 年秋，任新民来到西安，他对院领导说：“你给邢球痕写材料。”

1999 年春节，任新民给邢球痕打电话，问道：“你怎么不申报中国工程院院士呢？”

邢球痕说：“我不知道啊！”

任新民说：“你快去找啊！”

第二次申报，时运不济，机缘不合，又一次错过了机会。①

两次挫折，令邢球痕内心纠结。既然已经超龄了，那就断了院士之梦吧！他心态平和，带领他的团队，继续“天威”导弹的研制，再也不关心申报院士的事了。

然而，四院的老同志们都为邢球痕落选院士而耿耿于怀，因为这不是他个人的事情，这关乎国家对四院人为中国航天事业几十年胼手胝足、艰苦奋斗、贡献至伟的历史定位问题。四院没有院士，岂非四院人庸碌无能，矮人一截？

了解邢球痕的丁衡高和谢光选等院士也为他鸣不平。谢光选院士说：“不给

① 采访王秉勋记录，2012 年 8 月。

邢球痕（左）与谢光选（右）合影

邢球痕评院士，那是亏待四院，对四院不公道啊！”

2003年春天，事情出现了转机：年龄超过65岁的，只要有六位以上中国科学院院士推荐，就可以不经过单位审批盖章，直接申报中国科学院院士。四院同志向任新民报告了这个消息。任新民说，赶快告诉邢球痕，抓紧报材料啊！

在西安田王那个安静的大院子里，四院的老战友们不动声色，悄悄地传递着这个好消息。他们为邢球痕拿主意、出援手，心情之焦虑甚于当事者。一开始，邢球痕还有些犹豫，淡淡地说：“算了算了，不报了。”在大家的一再鼓励下，邢球痕同意再试一次。谢丰沛和王秉勋要为邢球痕印一大堆申报材料，去找孙凤周帮忙。孙凤周说，在我们所，你随便印，一分钱不收。

4月25日，北京阜成路航天大院里桃红柳绿。中国航天科技集团公司机关干部王德英带着公文包，直奔三里河中国科学院综合处。他小心翼翼地从公文包里拿出邢球痕申报院士的全部文字资料和计算机软盘，交给收件人员。其中，有8份《中国科学院院士候选人推荐书》，在推荐书上签字的中国科学院院士分别是：顾诵芬、朱森元、余梦伦、庄逢辰、刘宝镛、欧阳予、胡文瑞、鞠躬。

推荐院士们都对邢球痕的道德学风给予高度评价：

“他热爱事业，学风严谨，勇于探索、实践，有敏锐的洞察力，基础理论系统扎实……”

“作风严谨，淡泊名利，以培养青年才俊为己任……”

“严于律己，勇于探索，勇于实践，大胆创新，无私无畏，不计报酬，甘为人梯。”[1]

11 月 24 日，黄土高原的寒风掠过三秦大地，西安田王大街上行人稀疏。突然，一条新闻震动了静谧的四院大院：新一届中国科学院院士名单公布，邢球痕成为技术科学部的新院士。

“老邢当上院士了！老邢当上院士了！”四院人奔走相告，喜形于色。喜讯如一阵温暖的春风，传遍田王家属区的家家户户。

第一个到邢球痕家里道喜的是老战友阮崇智。他一手拎着一瓶葡萄酒，一手举着两只高脚杯，一进门就大声喊道：“苍天有眼哪！”

当天晚上，航天四院领导周为民院长和赵晓晨书记主持祝贺邢球痕当选中国科学院院士座谈会。李乃暨、叶定友、武仲璋、阮崇智等四院老领导，以及众多老战友们都前来祝贺。邢球痕接受孩子们的献花后，激动地说：“固体发动机事业的发展壮大，是几代航天人艰辛努力的结果，成绩是大家的。我的当选，表明整个固体发动机事业为国家作出了巨大贡献，国家对发展固体发动机事业寄予厚望。我当选为院士，不是我个人的荣誉，是我们四院的荣誉，是我们四院全体科研人员、干部和工人的荣誉，是我们固体发动机事业的荣誉！”他表示自己尽管早已退休，但还将继续努力工作，为推动我国航天事业的发展贡献力量。

2003 年 12 月，邢球痕获得何梁何利基金科学与技术进步奖。在钓鱼台国宾馆举行的颁奖典礼上，他和戚发轫等老朋友悄悄交谈，说的还是他那个“小弹”的研制情况。这一得来不易的奖项，对刚刚当选中国科学院院士的邢球痕来说，可谓是锦上添花。

2004 年 1 月 13 日，中国航天科技集团公司领导把新当选的两院院士请到北京，召开座谈会，向新院士们表示祝贺。

---

① 摘自《中国科学院院士候选人推荐书》。

在航天四院举行的祝贺邢球痕当选中国科学院院士座谈会上，邢球痕接受孩子们的献花

中国航天科技集团公司领导祝贺新当选的两院院士（左起：许达哲、叶培建、胡鸿福、王礼恒、张庆伟、孟执中、马兴瑞、吴宏鑫、金壮龙、邢球痕）

邢球痕（前排中）在2003年度何梁何利基金科学与技术进步奖颁奖典礼上

2. 薪火传承50年

随着我国市场经济体制的不断完善和国防科技工业的深化改革，航天四院迎来了新的发展机遇。2009 年 10 月，中国航天科技集团公司任命四院新一届领导班子，45 岁的田维平为院长，52 岁的张康助为党委书记。他们以老前辈邢球痕院士为榜样，兢兢业业，带领全院职工书写四院历史的新篇章。

在新一届班子的领导下，全院总收入以每年平均 29% 的速度递增，利润增长也达到了 15%，综合实力显著增强。让四院职工引以为荣的是，四院圆满完成了以多型战略导弹武器为代表的国家重大武器装备建设工程，以“神舟”飞船逃逸系统动力装置为代表的中国载人航天工程和以星载压力传感器为代表的绕月探测工程等国家重点工程的研制生产任务，为构筑我国“两位一体”核战略国防安全基石和我国空中、陆上、水下全方位的“钢铁长城”，为推动我军装备现代化建设、维护国家主权和领土完整作出了非同凡响的贡献。

2012 年 7 月，是四院成立 50 周年纪念月，四院海选“感动四院的十个人物”，作为四院奠基者中的两人，杨南生、邢球痕名列第一、第二。人们驻足在他们的照片前仔细端详，老人们感叹：“唉，杨院长调走了，老邢也变老了！”年轻人好奇：“这两位老人家是谁？”老一辈会告诉年轻人那些久远的故事。

50 年弹指一挥间。当年在四川泸州和呼和浩特市南地出生的孩子大多已是 50 岁上下的人了。四院人献了青春献终身，献了终身献子孙。现在，大约 70% 的四院人的第二代在父辈的岗位上传承着四院的薪火，发扬着四院的光荣传统。他们中的佼佼者，例如邢球痕的女儿邢一红、陈立学的女儿陈红斌、余立风的儿子余贞勇等，都在重大项目上挑起重担，建功立业。

3. 故乡情

从浙东山区走出来的邢球痕夫妇对家乡怀有深深的感情。在他们最困难的时候，家乡亲人无私地支持帮助他们。特别是老岳母邢嫣卿，从泸州到南地，为邢球痕夫妇带大了两个孩子。没有老人家尽心尽力的支持，就没有邢球痕全家的今天。1989 年，这位默默支持中国航天事业发展的可敬老人在家乡逝世，享年 86 岁。

家乡的人们也时时挂念着远在大西北的游子。邢球痕在杭州化疗期间，周慰君的小舅舅常来病房看望，一陪就是大半天。

邢球痕从院长岗位上退下来后，一有机会，就偕夫人回家乡看看。他关心着家乡的发展，特别是教育事业的发展。当地党政领导几乎都熟悉邢球痕院士。嵊州中学和绍兴一中更以邢球痕老校友为荣，把他的大照片放进校史展览馆。老师教育学生们：要像邢球痕爷爷那样，刻苦学习，在任何艰难困苦的条件下，都不动摇人生的目标。

近年来，为了冲破国防工业管理体制的藩篱，把嵊州企业家引入新型导弹研制事业，邢球痕作出了坚持不懈的努力。人们满怀希望地注视着天边的那一线曙光。

2013 年 10 月，嵊州市继绍兴市之后，也建立了院士工作站。市领导邀请

1999年，邢球痕（前排左二）回浙江嵊州探亲时与亲友们合影

2012年10月，邢球痕（左二）与乡亲们合影

2012年10月，邢球痕（后排右二）在锦水小学与师生合影

邢球痕来家乡讲学，并希望通过邢球痕院士的名望，为嵊州市引进高科技项目和科技精英人才。

4. 莫道桑榆晚

中国科学院院士的身份，为邢球痕搭建了一个新的英雄用武之地。他先后受聘为航天四院高级技术顾问、中国航天科技集团公司科技委顾问和中国航天科工集团公司科技委顾问。

国内曾有几所著名高校慕名来找邢球痕，热情相邀，承诺高薪和豪宅，想把邢球痕从四院调入大学去工作。邢球痕一概婉言辞谢。他说，我不能把自己给卖了，我是四院培养的院士，一生与四院血肉相连，我是不会离开航天四院的。如今，他依然与四院的老战友们一起，住在 1995 年从蓝田搬迁田王后的那栋宿舍楼里，保持着与大家基本相当的生活水准。四院领导多次要给他换一套大一点、好一点的房子，他都谢绝了。

邢球痕夫妇同甘共苦，相濡以沫，相敬如宾，琴瑟甚笃。他们是四院家喻户晓的模范家庭。女儿一红和儿子一星都已成家立业，继承了父亲的固体发动机事业。邢一红长期从事逃逸火箭的研制工作，参与了中国载人航天工程的研制，曾荣获陕西省“三八红旗手”荣誉称号。

2000年春节，邢球痕一家在西安兴庆宫合影（左起：女婿李坚、女儿邢一红、外孙女李炯卉、夫人周慰君、邢球痕、孙女邢诗萍、儿媳孙芸、儿子邢一星）

终日忙工作的邢球痕（右）难得与儿子邢一星（左）对弈

孙辈恪守庭训。外孙女李炯卉留学美国后回国，正在攻读博士学位；孙女邢诗萍在西工大读书，学业骄人。姐妹俩极为佩服科学家爷爷的正直品格和奋斗精神。

邢球痕宝刀未老。他精神矍铄，腰板笔直，步履矫健，每年都风风火火地奔波各地，以只争朝夕的精神，活跃在两大航天集团公司的各种学术会议、技术咨询、调研考察活动中。

邢球痕（右二）与宋文骢院士（右一）一起参加科技咨询活动

邢球痕（右三）与徐滨士院士（右二）一起参加科技咨询活动

2010年，邢球痕参加中国航天科技集团公司科技委年会

邢球痕在四院为他举办的80寿诞祝寿会上

2010年9月3日，是邢球痕80岁生日。四院院长田维平和党委书记张康助等院领导以及邢球痕的老战友们济济一堂，为他祝寿。白驹过隙，往事如烟，80年弹指一挥间。邢球痕在人们的祝福掌声中，吹灭八根红烛，与老伴周慰君、与众多同甘共苦的老战友们分享生日蛋糕。他在答谢辞里依然不忘表达为固体发动机事业奉献余生的雄心壮志。他说，不把“小弹”搞出来，死不瞑目。

中国固体发动机事业从无到有，从小到大，从战术到战略，邢球痕是亲历者和奠基者之一。他历尽沧桑，宠辱不惊，以其高风亮节，成为四院的号角、四院的骄傲。

唐人有诗云：“莫道桑榆晚，为霞尚满天。”

耄耋之年的邢球痕，目睹四院的固体发动机事业蒸蒸日上，年轻一代茁壮成长，甚感欣慰，心情愉悦。人老了，格外怀旧，他经常怀念那些创建四院的

邢球痕（左）与田维平院长（中）握手。右为张康助书记

邢球痕与老伴周慰君分享生日蛋糕

元老们，林爽、肖淦、路九牧、薛伟民、杨南生、李乃暨……他们都先后驾鹤西去了。人生苦短，逝者如斯。当年的老同志们逐年凋零，难免令人凄然。每年年终岁尾，只要得闲，邢球痕都要请老战友们吃顿羊肉泡馍，大家一起回忆在泸州、南地、蓝田的那些峥嵘岁月。他还关心着那些工资颇低的老同志，常为改善他们的生活待遇奔走呼号。

2009年，四院原党委书记邢鉴病危。邢球痕捐弃前嫌，登门探视这位老同事，在病榻前亲切询问病情，送去真诚的慰问。邢鉴夫妇惊诧之余，感动不已。

邢球痕极重感情，特别是哈军工的老师和同学，更是他念念不忘的。他常去看望德高望重的任新民老师，半个多世纪的师生情谊重于泰山。2012年10

月，笔者随邢球痕到航天大院探视97岁的任老总。一见面，虞霜琴老师就说：“哎呀，他一大早就等着你们，老问，邢球痕怎么还不来？”

2013年9月1日，是哈军工创建60周年纪念日，邢球痕应邀到哈尔滨和南京参加校庆活动。他每天从早忙到晚，仍要拨冗去探望师长同学、故交新知。在南京理工大学，他和老同学池俊结伴去看望94岁的金家骏老师，令金老激动万分。

2012年10月，邢球痕探望任新民院士及夫人虞霜琴老师（左起：邢一红、滕叙兖、任新民、虞霜琴、邢球痕）

2013年9月，邢球痕在南京理工大学探望金家骏教授（左起：滕叙兖、金家骏、池俊、邢球痕）

邢球痕和周慰君在家属区散步

2014年春节过后，中国人迎来了甲午马年。这是生肖属马的邢球痕第七个本命年。夕阳火红，晚霞满天，邢球痕与周慰君相搀相扶，在田王四院家属区的林荫道上缓缓散步，路上的年轻人向他们投来钦慕的一瞥。

6月9日，2014年度两院院士大会在北京隆重开幕。邢球痕在老伴儿周慰君的陪同下，与1000多名代表着中国科技界最高荣誉的两院院士一起，走向庄严雄伟的人民大会堂，他们是国家的财富、人民的骄傲、民族的光荣。今天，他们要聆听习近平主席的重要报告。

习近平主席在报告中说："实践告诉我们，自力更生是中华民族自立于世界民族之林的奋斗基点，自主创新是我们攀登世界科技高峰的必由之路。""我国科技发展的方向就是创新、创新、再创新。"

邢球痕觉得习主席是在说我们四院呢！从东山沟起步，50多年来，四院之路就是自力更生、自主创新啊！

"多年来，我国一直存在着科技成果向现实生产力转化不力、不顺、不畅的痼疾，其中一个重要症结就在于科技创新链条上存在着诸多体制机制关卡。"习主席这一段话深深打动了邢球痕的心。回想十多年来在"小弹"研制上走过的艰辛曲折的道路，他感慨不已。

在分组讨论会上，邢球痕就科技体制的改革和科技成果转化问题发表了自己的意见。

2014年6月，邢球痕（右）看望99岁的恩师任新民院士（左）

四天紧张的会议之后，邢球痕不忘去看望 99 岁的任新民老师。

2015 年 9 月 3 日，是邢球痕 85 岁生日，恰逢中国人民抗日战争胜利 70 周年。这一天，纪念中国人民抗日战争暨世界反法西斯战争胜利 70 周年阅兵式在天安门广场隆重举行。85 岁的邢球痕虽然不能到北京参观盛大的阅兵式，但却没有忘记与老战友共享这一幸福时刻，他与戴轶群一起收看了阅兵式的实况转播。当他们看到自己参与研制的固体远程战略导弹威武地通过天安门广场，想到自己能为维护祖国统一、促进世界和平贡献一份力量时，心中满满的都是幸福感。这场精神上的饕餮盛宴，无疑是送给邢球痕最好的生日礼物。

秋高气爽，云淡风轻，又是枫红菊黄、瓜果飘香好个秋。仍在孜孜以求、辛勤工作的老人家可曾听到，剡溪淙淙的流水、泸州沙沙的春雨、南地习习的轻风、蓝田阵阵的松涛，还有西安灞柳摇曳的枝条，都在向他道一声祝福：生日快乐，健康长寿！

邢球痕大事年表

1930 年

9月3日， 出生于浙江省嵊县（今嵊州市）长乐镇太平村。

1937 年　7 岁

9月，就读于太平乡锦水小学。

1943 年　13 岁

8月，就读于嵊县白泥墩村春泉中学（初中）。

1944 年　14 岁

8月，就读于嵊县县立中学（初中）。

1946 年　16 岁

8月，就读于浙江省立绍兴中学（高中）。

1947 年　17 岁

2月，就读于浙江省立宁波高级工业职业学校。

1949 年　19 岁

5月，赴杭州投考华东军政大学，后被录取，因经济原因未能前去报到。

7月，在太平村初级小学任教师。

10月，赴上海投考华东野战军特纵特科学校（简称“特校”，后改为中国人民解放军第三炮兵学校），并被录取。

1950 年　20 岁

5月，任特校宣传教育科文化教员。

1951 年　21 岁

6月，参加华东军区炮兵政治部理论训练班。

1952 年　22 岁

9 月，在华东军区炮兵速成小学任历史教员。

1953 年　23 岁

2 月，就读于中国人民解放军军事工程学院（简称“哈军工”）。

1954 年　24 岁

12 月，加入中国共产党。

1957 年　27 岁

8 月，完成毕业设计。

1958 年　28 岁

3 月，从哈军工毕业。

4 月，分配到国防部五院一大队四室一组。

5 月，与周慰君结婚。

8 月，任国防部五院一分院三部固体发动机设计组组长，国防部五院一分院一部“上游二号”设计组组长。

1959 年　29 岁

1 月，作为“543”导弹总设计师单位驻厂代表，到太原 743 厂参加“543”导弹的仿制工作。

1960 年　30 岁

7 月，0687 部队协作分队成员。

1961 年　31 岁

3 月，到五机部西安三所，任二室一组组长，设计“红旗一号”固体火箭发动机。

1962 年　32 岁

1 月，女儿一红出生。

7月，随750部队搬迁至四川泸州。

10月，任二室一组组长。

1963年　33岁

9月，任二室技术副主任。

1964年　34岁

任国防部五院四分院工程师。

1965年　35岁

9月，在酒泉试验基地参加发动机飞行试验。

9月，随四院搬迁到内蒙古基地。

9月，儿子一星出生。

1966年　36岁

12月，F-03试验发动机试车成功，因受“文革”影响结束研制工作。

1967年　37岁

2月，固体潜地导弹“巨浪一号”立项，邢球痕分工主抓配套的F-04和F-05两级固体发动机的设计工作。

1972年　42岁

9月，任41所所长，领导“巨浪一号”固体发动机的技术攻关工作。

1974年　44岁

下放到河津“五七”干校劳动一年。

1979年　49岁

11月，访问日本。

1980年　50岁

9月，被评为高级工程师。

1981年　51岁

6月，“巨浪一号”遥测弹陆台飞行试验获得成功。

1982年　52岁

1月，“巨浪一号”遥测弹陆筒飞行试验获得成功。

1月，向四院党委提出预研三种大型固体发动机F-06、F-07、F-08的计划，并安排41所开始设计。

10月，“巨浪一号”水下发射试验获得成功。

1983年　53岁

1月，任四院院长。

12月，大型固体发动机F-06、F-07地面热试车成功。

1984年　54岁

1月15日，陪同张爱萍、宋健、丁衡高视察四院蓝田基地，提出研制一弹两用的远程战略导弹和调整三线基地、搬迁西安的建议。

4月，代表四院到北京参加庆祝试验通信卫星发射成功大会。

6月，主持F-08发动机首次地面热试车并获得成功。

9月，被教育部批准为四院研究生指导教师。

9月，航天部调整四院领导班子，邢球痕继续担任四院院长。

10月，荣立航天部一等功。

1985年　55岁

1月，率团访问德国。

1986年　56岁

5月，获国家科技进步奖一等奖。

12月，某型号陆基机动导弹立项，邢球痕主持以F-06、F-07、F-08试验发动机为基础的三级发动机研制。

1987 年　57 岁

8 月，任某型号陆基机动导弹固体发动机行政总指挥。

12 月，被评为研究员。

1988 年　58 岁

3 月，因肾癌动手术。

11 月，四院领导班子调整，邢球痕改任科技委主任。

1998 年　68 岁

11 月，退休后，出任天风科技转化中心董事长兼总经理。

2003 年　73 岁

11 月，当选中国科学院院士。

11 月，任四院高级技术顾问。

12 月，获 2003 年度何梁何利基金科学与技术进步奖。

2006 年　76 岁

6 月，任中国航天科技集团公司科技委顾问。

2009 年　79 岁

12 月，任中国航天科工集团公司科技委顾问。

参考文献

[1] 航天四院院史编辑委员会．航天四院简史．2012.

[2] 航天四院院史编辑委员会．航空航天工业部第四研究院大事记(1962—1989). 1990.

[3] 中国航天科技集团公司．天之骄子——邢球痕．2011.

[4] 航天四院院史编辑委员会．丰碑如山．2012.

[5] 张胜．从战争中走来：两代军人的对话．北京：中国青年出版社，2007.

[6] 李威．蛟龙吼天．北京：中国宇航出版社，2007.

[7]《当代中国的航天事业》编辑委员会．当代中国的航天事业．北京：中国社会科学出版社，1986.

[8] 航天工业部．航天事业三十年．北京：宇航出版社，1986.

[9] 国防科学技术工业委员会．中国航天50年回顾．北京：北京航空航天大学出版社，2007.

[10] 石磊，等．钱学森的航天岁月．北京：中国宇航出版社，2011.

[11] 谭邦治．任新民院士传记．北京：中国宇航出版社，2014.

[12] 宋瑶．崔国良院士传记．北京：中国宇航出版社，2014.

[13] 黄道群．黄纬禄院士传记．北京：中国宇航出版社，2015.

[14] 中国航天科技集团公司离退休干部工作部．航天岁月．北京：中国宇航出版社，2008.

[15] 阮崇智．现代固体推进技术．西安：西北工业大学出版社，2007.

[16] 杨红．我的父亲杨南生．2012.

致 谢

谨向以下接受笔者采访的航天四院人和其他有关人士表示衷心的感谢！

（以采访时间先后为序）

叶定友、许定宇、李德然、施玉昆、刘志学、谢丰沛、朱明、侯晓、项建杏、王秉勋、陈汝训、阮崇智、赵锡良、陈长乐、张康助、孙凤周、杨英、邢一红、李威、卢金广、赵春龙、贡瑞珍、赵殿礼、杨思孝、周凤春、陈克明、杨世杰、徐兰如、吴一正、钱维崧、任新民、谭邦治、叶万举、周蔚如、马亦年、周永权、袁菊凤、池俊、王永峰、陈立学、顾雪林、姜祚银、雷庭菊、常平西、余利凤、杨举林、张泰祥、杜金安、王有富、陈明义、张嘉蕙、伍箴国、周喜义、邢一星、冯培林、侯向荣、田维平、王德英、丁衡高、陈大亚、陈中青、谢昌年、杨红、廉茂林。

后 记

2002年2月16日，农历壬午年正月初五，为撰写《哈军工传》，我乘火车到古城西安，采访那里众多的哈军工校友。2月21日上午，哈军工老学长戴轶群教授带领我去航天四院，在一栋非常普通的职工宿舍楼里，见到了曾担任过四院院长的邢球痕老学长。

面前这位清瘦黝黑的老学长紧紧握住我的右手，他极富特色的外表——炯炯的目光、扬起的剑眉，还有他爽朗的笑声和语速极快的话语，说到快意之处总有斩钉截铁之势。老学长鲜明的军人气质顿时吸引了我。哈军工的校友情，让我们一见如故，特别投缘。那天我们促膝倾谈，我第一次听到闻所未闻的航天四院传奇的创业史，深受震撼和感动。

2003年7月，我的处女作、长篇传记文学《哈军工传》在长沙出版发行。在该书的第九十六章里，我以"航天功臣邢球痕攻克险关才智无穷"为题，首次把邢球痕感人的故事用传记文学的笔法展现在广大读者面前。但是限于全书的篇幅，邢球痕数十年为固体发动机事业拼搏的历史难以尽述。

是年底，我从网上新闻中得知邢球痕当选中国科学院院士，马上向老学长打电话，表示祝贺。电话那边，73岁的邢球痕亲热地与我交谈，他还告诉我："我从西安校友会那里买了十套《哈军工传》，特别给任老总送去一套，他可高兴了！"十多年来，我与邢球痕老学长一直保持着密切的联系。

撰写《邢球痕院士传记》，我原来是没有思想准备的。2012年8月，因为邢球痕院士的诚恳推荐，四院科技委热情邀请我到西安签约。之后，在四院有关领导的大力支持下，特别是在科技委秘书长孙凤周、处长杨英两位同志的帮助下，我开始了广泛的采访工作。三年间，四次到西安采访和征求书稿修改意见。此外，还多次到北京、内蒙古以及邢院士的家乡——浙江省嵊州市采访调研。四院编辑的《航天四院简史》等基本院史读物，包括中国宇航出版社出版的相关图书，则是我需要认真研读和浏览的历史参考资料。

写这本传记既给了我沉重的伏案压力，也使我得以学习中国航天事业发展的历史知识。在多次采访邢院士的过程中，在和四院老同志广泛交谈的过程中，我较为详细地了解到四院50年来所走过的艰难而光辉的道路，深受教育和启迪。在四院的历史上，仅全院大搬迁就达五次之多。他们所经受的磨难和波折，他们所建树的功勋和辉煌，称得上世界航天史上可圈可点的传奇史诗。

越走进四院历史的深处，就越是觉得四院人精神境界的伟大。四院50年的发展史，是中国人民宝贵的精神财富。它不仅是属于航天系统的，也是属于整个中华民族的。这样一种民族的精神财富，不把它认认真真地记载下来，用文学形式表达出来，留传给后世，那我们真是犯了历史性的错误。所以，承担这份写作任务，我感到非常荣幸。通过这本院士传记，以传主邢球痕的人生描写为主线，折射出四院这一英雄团队可歌可泣的光荣历史，是笔者真诚的心愿。

在古今中外的文学殿堂里，人物传记始终占据着重要的地位。其不可违背的写作原则是非虚构性，即要说真话实话。但当下个别传记文学作品却借助小说的写作套路，作者用丰富甚至怪诞的想象力去大胆虚构情节、杜撰故事，结果自然是在制造假的历史，失去了传记的可信性和严肃性。

据笔者的调查研究，在近十余年来公开发行的传记文学作品中，第一次涉及邢球痕本人事迹的是《张爱萍传》这本书。在该书第23章，把1982年10月7日“巨浪一号”潜射试验第一发弹自毁的责任算到了邢球痕的头上。书中写到“……保险柱插拔不灵，导致试飞失利。而发动机技术总负责人是时任发动机研制设计所所长邢球痕。这对当时在场的他，不啻于当头一棒……邢球痕懊恼不已……邢球痕脸上没有一丝笑意，心里仍然感到沉甸甸的，他还在为保险栓导致试验失利而追悔。”看，描写得多么生动细腻，可惜完全是错的。笔者在2002年2月第一次采访邢球痕老学长时，他告诉我，《张爱萍传》的作者打来一个电话，谈了谈，结果没有弄清楚当年在大连那次“巨浪一号”潜射试验的情况，造成了“张冠李戴”。真实的情况是，由于某单位负责的控制系统一对分离插头座在一、二级尚未分离时提前脱开，导致飞行试验失败。黄纬禄总师的文章讲得明明白白，与航天四院完全没有关系。至于“保险柱插拔不灵”是出现在第三发弹上，而第三发弹的飞行试验最后取消了。

邢球痕在谈及该书作者这件“摆乌龙”之事时，只是宽容地淡淡一笑。

所以，笔者必须在这本《邢球痕院士传记》中，澄清事实，为传主辩诬。

航天院士是我们中华民族的科技精英，是真正的“共和国的脊梁”。为航天院士立传，不仅要记述传主的生平和业绩，更要写出他们的精神境界和大家风范。笔者在写作过程中，特别注意从细微的故事情节里，反映出邢球痕丰富感人的内心世界和高尚品德。

当读者追寻邢球痕的人生足迹，从浙东山区到哈军工大院，从内蒙古南地的“干打垒”宿舍到蓝田深山沟里的三线工厂，或许会想，一个大山里长大的贫农子弟，是怎样一步一步成长为中国航天的著名专家和科技精英的？如果读者能从这本书中找到答案，并对人生有所感悟，受到教益，笔者将会备感欣慰。

受种种因素的掣肘，全面而准确地描写邢球痕院士85年跌宕起伏的人生之旅，不是轻松容易的事。在写作过程中，笔者仍感到史实和具体情节的欠缺。因而，书中错讹与遗漏之处在所难免，敬请熟知航天发展历史的老师和朋友们批评指正。

滕叙兖

2015年9月

于深圳香山居